By
David Buckingham

塑造孩子消费习惯的第一本书

[英]大卫·柏金翰 著
李若曦 译

THE
MATERIAL CHILD:
GROWING UP
IN
CONSUMER
CULTURE

图书在版编目（CIP）数据

塑造孩子消费习惯的第一本书／（英）柏金翰（Buckingham，D.）著；李若曦译．—北京：新世界出版社，2014.1
ISBN 978-7-5104-4490-6

Ⅰ.①塑… Ⅱ.①柏…②李… Ⅲ.①消费习惯－儿童教育－家庭教育 Ⅳ.①C913.3②G78

中国版本图书馆CIP数据核字（2013）第291970号

著作权合同登记号：图字01-2013-3767号
本书译自大卫·柏金翰著、第1版
The Material Child: Growing Up in Consumer Culture
由北京新世界出版社与剑桥政治出版社签定协议后翻译出版

塑造孩子消费习惯的第一本书

策　　划：	纸间悦动
作　者：	[英] 大卫·柏金翰
译　者：	李若曦
责任编辑：	熊文霞
特约编辑：	薛　瑶
责任印制：	李一鸣　黄厚清
出版发行：	新世界出版社
社　　址：	北京西城区百万庄大街24号（100037）
发行部：	(010) 6899 5968　　(010) 6899 8733（传真）
总编室：	(010) 6899 5424　　(010) 6832 6679（传真）
http：//www.nwp.cn	
http：//www.newworld-press.com	
版权部：	+8610 6899 6306
版权部电子信箱：	frank@nwp.com.cn
印刷：	北京旭丰源印刷技术有限公司
经销：	新华书店
开本：	710mm×1000mm　　1/16
字数：	200千字　　　印张：17.25
版次：	2014年3月第1版　2014年3月第1次印刷
书号：	ISBN 978-7-5104-4490-6
定价：	38.00元

版权所有，侵权必究

凡购本社图书，如有缺页、倒页、脱页等印装错误，可随时退换。
客服电话：(010) 6899 8638

致　　谢

2008年4月，我受英国政府（儿童、学校与家庭部以及文化、媒体与体育部）邀请，主持一次独立评估，调查"商业世界对儿童健康的影响"。评估报告迟迟未能付梓，直到2009年12月才得以出版。当时布朗的首相任期即将结束。本书撰写期间，人们仍然可以在英国教育部的网站上查到那份调查报告（包括一系列的补充报告和材料）。本书有部分内容出自当时的评估项目，还有部分资料来自那份评估报告。在此，我要感谢当时和我一起进行评估的杰出的学术团队，他们是：帕蒂·巴维斯、休·康宁汉、玛丽·简·克利、索尼娅·利文斯通、玛丽·麦克雷欧德、莉迪亚·马腾思、金妮·莫罗、艾格尼丝·奈恩和布莱恩·杨。尽管他们并不同意书中的所有观点，但我还是要感谢他们对本书的专业贡献，以及他们对书中观点所提出的挑战。另外，我还要感谢来自拉夫堡大学、开放大学、斯特灵大学和社会问题研究中心的同事，他们撰写的文献综述是本书研究的基础。我最应该感谢的人是儿童、学校与家庭部的简·格拉迪。在本书的写作过程中，是她帮助我保持头脑清醒，并让我对政府的工作有了更深的了解。本书属于个人观点，所有责任由我本人承担。

同时，我还要感谢在过去几年和我一起研究这些问题的同事，他们是：伦敦大学教育学院的丽贝卡·魏乐特和莎昆塔拉·巴娜吉，挪威儿童科学研究中心的维约格·汀斯塔德、图拉·科斯沃德和英古恩·哈根，以及开放大学的萨拉·布拉格。我还要感谢许多学术机构和组织，在过去几年里，他们为我提供了机会，让我能够就本书涉及的话题发表见解，并对我的观点提出了意见：世界学前教育组织（利斯塔·库提），开放大学（玛丽·简·克利、瑞秋·汤姆森和利兹·麦克法），雪城大学（萨利·毕克伦），谢菲尔德大学（艾莉森·杰姆斯），伦敦大学哥德史密斯学院（安其拉·麦克罗比），伦敦大学亚非学院（安娜贝尔·斯里伯尼和马克·霍巴特），Onscenity 研究网络（费欧娜·阿特伍德），哥本哈根商学院（波基特·塔夫特），比利时根特大学（丹尼尔·比特雷斯特），童年与文化研讨会（莉琴·西罗塔和西尔维·奥克托博雷）。最后，我要感谢维约格·汀斯塔德、马丁·里士满和另外两名匿名审阅人以及他们对书稿所提出的意见和建议，另外，我还要感谢 Polity 出版公司的安德里亚·德鲁根和劳伦·穆霍兰和他们对我的支持。

序　言

在过去的十年里，儿童消费者的形象一直是人们争论的焦点，吸引了越来越多的目光。一方面，儿童消费者正在变得越来越重要（这也的确是一个利润丰厚的市场），他们本身就是一个巨大的市场，同时还能够帮助商家影响成人市场。商家使用的营销手段也越来越多样化，早已超出传统广告的范畴；而且这些营销手段的目标人群的年龄也越来越小。商家往往声称在这种新型商业环境下，儿童正在被赋予力量：市场似乎正在满足儿童的需要和渴望，由于成人对整个社会的主导作用，这些需要和渴望以往多半是被忽视或是边缘化的。

但另一方面，有越来越多的人发表文章哀悼童年的"商业化"，而且这一观点变得流行起来。这一论点假设儿童曾经生活在一个基本非商业化的世界里；在过去的几十年间，儿童逐渐接触商业化的市场，这对他们的福祉产生了广泛的负面影响。商业化不仅从许多方面伤害了儿童的身心健康，而且还引发了对性化①和物质主义等问题的担忧。这些文章通常不认为儿童得到了充权②，相反，在他们眼中，面对商业

---

① 根据美国心理学协会的报告，性化有四个主要特征。即当一个人的价值仅仅来自于他的性诉求或性行为，而排除掉其他特点；当一个人固执坚持保持性感、保持外表吸引力；当一个人性对象化，即变成他人的性需求对象后，便不再具备独立行动和自我决策的能力；当性方面的事不适当地强加于某人。——译者注

② 充权理论。充权，英文为 Empowerment，也被译为增权。充权最初被西方政治学家理论用来解决种族问题而提出，Empowerment 的观念是起源自 20 世纪七十至八十年代社区心理学、心理健康与社会工作的许多文献中。Empowerment 指个体发展、增加力量的过程。——译者注

操纵和剥削，儿童仅仅是无助的受害者。

此外，许多评论家认为，消费主义者导向普遍存在于资本主义社会的各个方面，非商业性服务（如卫生、教育等）的使用者正逐渐被定位为消费者（他们自己也这么看）。但是，儿童也有可能接触到有关消费主义与物质主义之危险的宣传，或是被劝告要对废物回收利用、要学会享受生活中不用花钱就能得到的乐趣，比如友谊和自然——矛盾的是，这也是商业媒体自己所宣传的。

当前人们普遍认为儿童是毫无行为能力且脆弱的消费者，本书力图驳斥这种流行的观点；但本书也不同意消费是儿童权力及自主权的体现。确切地说，本书试图挑战的是那些为儿童消费这一社会问题设定理解框架的术语；而在这一过程中，本书还将探讨人的能动性和身份认同在后现代的消费社会中是怎样一种体验。仅以非此即彼的两分法（操纵或充权）看待儿童和商家的关系及儿童在消费市场中的地位是对这一问题的过度简单化。

作为替代，我提出了一个新的观点，即儿童消费是根植于一个更加广泛的社会关系网络中的。我认为，在现代工业（以及"后工业"）社会中，消费这一领域不仅包含限制与控制，还包含选择和创造性。这种看待问题的方式能够带领我们超越支配当前儿童消费相关讨论的那种说教式的、感情用事的观点，还能够帮助我们认识到当代消费文化的一些出乎意料的地方和复杂性，尤其是目前出现的那些更加具有互动性和参与性的消费模式。

我对"消费"的理解更加宽泛。消费不仅仅是购买商品，它还包括个人和集体对商品的使用、分配及调整适应。消费也不仅仅有关商品，它还包括服务——不仅仅在于你拥有什么，还在于你能做什么。研究儿童消费意味着不仅要研究广告和营销，还要研究商业力量和市

序言

场关系影响儿童生活环境及其社会、文化体验的许多其他方式。儿童消费并非只涉及玩具、服装和食品，还包括媒体、休闲和教育。最终，消费并不仅限于实物和商品，更涉及社会意义和社会愉悦。

正是由于这些原因，我才讨论消费文化，而不仅仅是消费。当然，"文化"这个词含义复杂且丰富；但于我而言，"文化"一词意味着对两点的关注，一是如何在特定的社会背景下创造意义，二是消费是一种交流或表明意义的手段。就像唐·斯拉特（Don Slater）所说的：消费文化代表一种社会安排，在这种安排下，生活文化和社会资源之间的关系以及有意义的生活方式与其所依存的象征性的物质资源之间的关系是通过市场来调停的。从这个角度来看，我们需要抵制那种商业和文化之间的简单对立，而许多关于这一问题的讨论正是以这种简单对立为前提的。这种对立在关于儿童消费的讨论中尤为明显：正如丹·库克（Dan Cook）所说，儿童与市场之间的关系常被看做是神圣与亵渎的对立，而在这种对立下，对"儿童消费文化"的讨论看起来几乎成了对神圣的亵渎。

当然，这种对意义和沟通的强调并非在暗示消费者有自主权或是拥有很大权力，也不是说消费者可以随意创造意义：显然，生产厂家和商家设定了限制和范围，并提供、塑造资源，让消费成为可能。社会关系构筑并传播消费文化，而消费文化反过来再塑造社会关系的本质与内涵。我们会发现这一动态是复杂的，它的后果常常是难以预测且难以确定的。

尽管如此，本书主题并非童年的商业化。商业影响并非是从外部冲击或侵害童年；商业影响也不是那种可以完全决定儿童生活体验的、不可阻挡的力量。确切地说，当代童年就根植于市场关系中，通过市场关系而存在——事实上，这种情况在过去的几百年间一直存在。最终，消费是生活体验的一部分；儿童也不能例外，他们并非生活在什么百分之百纯净的空间，尽管有些评论家的确是这样想象或是希望的。

本书的前三章为全书提供了理论基础。第一章回顾了有关儿童消费的辩论，把反对儿童消费的言论和新一波以儿童为主要消费群的商家的论点进行了对比。第二章介绍了一些消费理论，其研究对象主要是成人消费。第三章则讨论了不同理论和研究处理儿童消费的不同方式。从整体上来说，这三章主张采取一种更广泛的社会—文化途径来理解儿童消费，而不是像上文中所提到的简单地两极化。

第四章和第五章分别讨论了儿童消费的历史和当代儿童市场。这两章指出，商家采取的策略和家长与孩子面对这些策略的矛盾态度具有一贯性，这种情况值得注意。但是，第四章和第五章也指出了儿童市场发生的一些重大变化，尤其是数字化营销的出现，同时也讨论了这些变化所带来的伦理问题。

第六章和第七章对目前争论中两个最关键的问题（即肥胖和性化）进行了批判性分析。无论是在公共的辩论中，还是在心理学研究中，这两个问题都处于由术语构建的框架中，而第六章和第七章对这些术语提出了挑战，并提出了与公共辩论和心理学研究结论相悖的实证研究证据。

第八章和第九章研究了社会关系中有关儿童消费的两个方面，即儿童与父母的关系和儿童与同辈的关系。这两章再次挑战了为理解这一问题设定框架的一系列术语，如现在流行的"儿童缠功"[①] 和"同侪压力"[②] 等。同时，本书认为儿童消费并非简单的因果问题，并试图对

[①] 我还是倾向于儿童缠功，儿童消费力比较笼统。——译者注
[②] 同侪压力，指某一群体（尤其是儿童群体）对群体成员的影响，使该成员的行为与团体中其他成员的行为趋同。——译者注

此提供另一种观点。

第十章和第十一章讨论的重点不再停留在消费本身，转而讨论市场关系如何更加广泛地塑造儿童体验。这两章重点讨论了两个领域——儿童电视节目和儿童教育。近年来，这两个领域逐渐为商业利益和商业模型所引导。这些新的发展趋势对儿童的影响是重大但矛盾的。

第十二章对全书进行了一个简短的总结，讨论的主题为不平等，这一主题也是贯穿全书的线索，在本书的最后几章这一线索尤为明显。本书认为，消费社会往往会加剧不平等的负面影响；但是仅仅管理商家的行为并不足以改变从根本上造成不平等的社会结构。

本书旨在为这个复杂且多样化的领域提供一个概述，但本书也具有明确的立场。书中用到了各种各样的研究，由于篇幅原因，一些研究不得不以摘要的形式出现。希望本书能够起到抛砖引玉的作用，并帮助公众对儿童消费问题的讨论变得更有根据，也更富有成效。

目　录

第一章　别让商家偷走孩子的头脑 …………………………（1）
　　儿童是不是消费者 ……………………………………………（3）
　　儿童消费引发的社会恐慌 ……………………………………（4）
　　媒体的担忧 ……………………………………………………（7）
　　岌岌可危的童年 ………………………………………………（11）
　　消费是否引发"有毒童年综合征" …………………………（13）
　　现代生活毫无价值？ …………………………………………（16）
　　逐渐显现的"儿童力量" ……………………………………（18）
　　结　论 …………………………………………………………（21）

第二章　孩子用消费表达自己的想法 ……………………（25）
　　对消费的谴责 …………………………………………………（27）
　　关于消费的两个新视角 ………………………………………（30）
　　乐观一点看待消费 ……………………………………………（33）
　　消费并非一无是处 ……………………………………………（35）
　　消费不可或缺 …………………………………………………（39）
　　消费的涵义、风格和美学意义 ………………………………（43）
　　结　论 …………………………………………………………（46）

第三章　教会孩子判别广告和电视节目 …………………（49）
　　儿童作为消费主体的形象 ……………………………………（52）

儿童是不是"文化傀儡" …………………………………… (54)

　　成为成熟消费者的过程 …………………………………… (57)

　　儿童的"广告素养" ………………………………………… (60)

　　儿童成为消费的焦点 ……………………………………… (62)

　　儿童对消费的适应性 ……………………………………… (65)

　　先了解，再引导 …………………………………………… (68)

　　结　论 ……………………………………………………… (71)

第四章　识破玩具中的营销谎言 …………………………… (73)

　　消费大背景 ………………………………………………… (75)

　　儿童成为消费者 …………………………………………… (78)

　　家长的矛盾情绪、玩具与游戏 …………………………… (79)

　　儿童的消费权利 …………………………………………… (83)

　　市场对儿童的迎合 ………………………………………… (84)

　　不同文化里的消费 ………………………………………… (87)

　　儿童消费带来文化的衰弱？ ……………………………… (88)

第五章　数字时代：更大的消费压力和更少的亲子时间 …… (91)

　　儿童被赋予了权利？ ……………………………………… (95)

　　媒体与文化产业 …………………………………………… (97)

　　了解针对儿童的营销手段 ………………………………… (99)

　　《宠物小精灵》的案例 …………………………………… (102)

　　儿童的玩与学 ……………………………………………… (105)

　　了解营销新策略，发现新问题 …………………………… (108)

　　结　论 ……………………………………………………… (112)

第六章　"小胖墩"是如何养成的 …………………………… (113)

　　肥胖与食物和消费的关系 ………………………………… (115)

肥胖流行病波及儿童？ ……………………………………… (116)
　　广告导致肥胖的证据 ………………………………………… (119)
　　广告之外的因素 ……………………………………………… (121)
　　了解儿童饮食 ………………………………………………… (125)
　　饮食体系 ……………………………………………………… (129)
　　后现代饮食 …………………………………………………… (131)
　　控制孩子的身体 ……………………………………………… (132)

第七章　孩子穿着过于成熟带来的隐忧 ……………………… (137)
　　营销和媒体使儿童"性化" …………………………………… (139)
　　儿童"性化"的历史 …………………………………………… (140)
　　"性化"引发的担忧 …………………………………………… (143)
　　从女性主义视角看待"性化" ………………………………… (146)
　　传媒中的"性化"体现 ………………………………………… (149)
　　儿童自己如何看待成人化服饰 ……………………………… (153)
　　结　论 ………………………………………………………… (157)

第八章　父母怎样摆脱孩子哭闹磨人的梦魇 ………………… (159)
　　儿童如何影响家庭消费 ……………………………………… (161)
　　家庭结构转型带来的新问题 ………………………………… (163)
　　家庭内部时间与空间的重新分配 …………………………… (166)
　　零用钱赋予孩子多大的消费权利 …………………………… (169)
　　"缠功"引发的家庭冲突 ……………………………………… (171)
　　父母应了解"缠功"之外的协商 ……………………………… (174)
　　不平等和关爱矛盾 …………………………………………… (177)
　　结　论 ………………………………………………………… (181)

第九章　孩子之间的"面子经济" ……………………………… (183)
　　理解孩子通过消费获得身份认同 …………………………… (187)

儿童如何在同伴中获得认同 ……………………………… (189)
　　参与式媒体和品牌化的身份认同——儿童获取认同的方式 ……… (191)
　　儿童服装品牌化 ……………………………………………… (193)
　　"风格失败"带来的焦虑 …………………………………… (194)
　　关注儿童在"物质主义"中的心理健康 …………………… (199)
　　结　论 ………………………………………………………… (203)

第十章　来自电视节目的冲击 …………………………… (205)
　　儿童电视节目应具备公众服务功能 ………………………… (208)
　　儿童观众在市场中的分量 …………………………………… (209)
　　童年与公共服务 ……………………………………………… (212)
　　儿童电视节目的两个案例 …………………………………… (216)
　　儿童电视节目应该体现的价值 ……………………………… (222)
　　结　论 ………………………………………………………… (226)

第十一章　学习如何花钱 …………………………………… (227)
　　学校与营销的矛盾 …………………………………………… (230)
　　校园里的营销 ………………………………………………… (231)
　　英国校园里的营销和广告宣传 ……………………………… (233)
　　教育服务业的崛起 …………………………………………… (237)
　　教育市场化对儿童的影响 …………………………………… (240)
　　孩子是否应该参加校外学习 ………………………………… (242)
　　对儿童进行消费教育 ………………………………………… (246)
　　结　论 ………………………………………………………… (248)

第十二章　塑造孩子的消费习惯 …………………………… (251)

注　释 ………………………………………………………… (258)

别让商家偷走孩子的头脑

| 第 一 章

现在的孩子从出生之日起就成为家庭中的消费主力,然后在一个充斥着广告和商品的世界中度过童年。当前基本上每个小家庭中只有一到两个孩子,这些孩子受到的祖辈和父母的关注远远多于以往的任何年代,因此现在的孩子们越来越不能忍受等待,越来越不易满足,也是更容易产生心理问题的一代。消费习惯和理念是影响孩子未来性格的重要因素,因为它与欲望的宣泄以及自控能力的养成密切相关。父母很有必要关注孩子在消费中的成长。

第一章　别让商家偷走孩子的头脑

儿童是不是消费者

当今社会，孩子自出生之日起就成为消费者，然后又在一个充斥着广告与商品的世界中度过童年。针对儿童的市场营销并不是什么新鲜事物，但作为消费者本身以及影响父母消费的人，儿童在消费中的地位变得越来越重要，所接触到的商业信息也不再局限于传统媒体广告，而是向着更加多元化的方向发展。孩子们的身边围绕着各种各样的消费诱惑，商业力量正不断影响着他们在公共广播、教育以及娱乐等方面的体验。

如今的消费文化给儿童提供的机会与体验花样繁多、前所未有。然而，儿童消费这一概念并不受大众欢迎，相反，它常常被看做一个亟待解决的社会问题。时常有各界人士对针对儿童的广告和营销手段表达担忧和愤怒，其中不乏政客、宗教领袖、儿童福利活动家和消费者权益保护组织，还有大量来自报纸专栏作家和媒体评论员的口诛笔伐。尽管这些人的道德观念和政治立场不尽相同（比如传统保守派和反资本主义人士，女权主义者和原教主义者等），但他们在儿童消费问题上却一致选择了谴责的态度。他们认为，儿童应该远离商业文化的不良影响：应当禁止针对儿童的广告和营销手段，家长应该尽力为孩子营造一个无广告的成长环境。在针对儿童消费的争论中，消费主义常常被认为和一系列的社会问题有着密不可分的关系。广告和营销的几大宗罪包括：引起肥胖和饮食失调，助长性早熟，宣扬物质主义价值观，激起家庭内部和同侪间的矛盾等。消费主义似乎正在摧毁童年这一概念的核心价值，同时也让儿童和家长的生活变得苦不堪言。

然而，对于商业力量的反对声却没有一个明确的焦点。无论是"垃圾食品"广告、性感却尚未成年的时装模特，还是网上的欺骗性营销，都是非常明确的攻击对象。但对消费主义和商业世界的批评所涉及的范围往往更加宽泛：事实上，争论的焦点通常会落在对童年本身大规模的破坏上。那么，我们的讨论究竟涵盖哪些主题呢？仅仅是广告和营销吗？还是也包括整个经济体系呢？"消费"所指的仅仅是"买"这一动作吗？"使用"算不算消费的一部分呢？"商业世界"的范围有多大？"非商业世界"又在哪里？"消费"行为一定和价值观与意识形态有关吗？所谓价值观与意识形态又该如何鉴别？为什么有些消费类型能被大众接受（比如购买书籍、古典乐CD，或是为孩子报芭蕾课等），而有些却不行？问题是在于过度消费还是大众消费能力过剩？另外，"过度"和"过剩"又该如何定义？

这些论点的确适用于成年人，但对于儿童却似乎具有特殊的力量。家长们时常被鼓励代表孩子抵制消费主义：似乎只有这样孩子们才能经历一个美好或者适当的童年。然而，人们是基于什么标准来判断某种消费品不适合儿童或是某个年龄段的儿童的呢？为什么有些东西成年人可以买，而儿童就不行呢？儿童是否比成年人更易受到消费文化所宣扬的有害行为和不良价值观的影响？在现代资本主义社会，我们可以或者可能让孩子远离商业影响吗？而这样做又会带来哪些不良后果呢？在商业世界之外，还有哪些价值观可供家长和孩子们选择，并能帮助他们抵制商业世界的影响？

儿童消费引发的社会恐慌

以上问题表明用来界定儿童消费问题的方式通常是非常特殊的。这涉及到两方面的假设——关于消费的假设和关于儿童的假设。关于消费的假设包括消费的定义和"好""坏"消费的区分，而关于儿童的假设则涉及儿童的本质、儿童的行为标准以及"好""坏"童年的区分。这些假设并非是对事实的陈述，也远非中立之言。相反，儿童消费者形象的构建是被框定的，同时也是以一种特定方式进行的，而这种思维定势会使其他思考问题的方式和角度边缘化或是阻碍它们的产生。

近年来，对社会问题的分析在研究此类问题时通常会采取一种"社会建构主义"视角。总的来说，社会问题可以被定义为道德上不正确的现象，而且需要正向的干预。但是我们所定义的或是归类为社会问题的事情并非是稳定的、静止的。相反，在不同的社会文化背景下，定义社会问题的方式是不同的，理解社会问题的方式也不尽相同。社会问题并不是给定的，而是在积极构建中的。人们必须对社会问题进行识别、选择和命名：问题只有经过分类和典型化才能成为大众关注的焦点。这里常常使用"框架"这一隐喻：给一个问题构建框架可以帮助人们定义问题并为问题吸引注意，但同样也会让人忽略框架外的东西，从而限制了人们理解这一问题的方式。

社会建构主义者认为，当今社会环境更具有多样性和流动性，人们对对与错的看法难以达成一致；相应的，对社会问题的构建也是一个充满争论的过程，在这个过程中，情感的影响正在逐步加大，甚至超过了逻辑和证据。"主张提出者"的行为在这一过程中起着重要作用。已经有人研究了主要的"主张提出者"（如活动家、政治家、专家、媒体评论家）是怎样界定社会问题并吸引公众关注的，他们这样做大部分是为了己方的利益。而这通常意味着煽动性的言论。主张提出者之间会互相竞争，争抢媒体注意，常用的手段包括夸大问题的重要性，关注富有戏剧性的现象，引用靠不住的专家言论或是证据等。这些主张通常是逐渐累积且互为补充的，因此问题的范围容易扩大。那些反映该文化内其它主旋律（或是成见和偏见）的主张最具有说服力。简单的主张比复杂的主张更有效；由好人和坏人演绎的老套故事（常常包含对腐败、堕落的夸张描写）一般不会受到挑战，这主要是因为这种故事能够引发巨大的共鸣。"道德恐慌"的产生就是一个典型的例子，这一现象一直是社会学和历史学分析关注的焦点。

儿童的形象或是关于童年的观点在这里是至关重要的。乔尔·百斯特（Joel Best，1990，1994）和其他学者发现，虐待儿童在现代社会中逐渐成为一个重要的社会问题就可以从这一角度加以分析。虐待儿童的形式不同，但一直存在；但是定义虐待儿童的过程，即什么行为算是虐待儿童，却经历了巨大的变化。尤其是在上世纪八九十年代，各种有关儿童受到威胁的担心主导了舆论，如无家可归的儿童、毒瘾婴儿、恋童癖的受害者等。儿童的形象逐渐变得脆弱且受到威胁；家长则被要求保护儿童，并确保他们能够拥有健全的人格。百斯特认为，在19世纪，中产阶级家庭普遍将童年理想化、感情化，而当代儿童的形象正是这一观点的延续。但是在所有主张提出者中，儿童本身的地位并不高：人们很少征求他们的意见（比如在媒体和政策辩论中），因此往往是成年人代表儿童发声。

的确，提出主张时把儿童作为焦点可以引发更大的共鸣和反响，也因此可以得到更多的支持，尽管主张的目标可能远不止儿童。如果有证据显示社会上的不良影响对儿童产生了危害，那么就会有更高的呼声来呼吁对这种不良影响进行控制。例如，菲利普·詹金斯（Philip Jenkins）对主张提出者和"道德领袖"在虐待儿童引发道德恐慌一事中所起到的作用进行了细致的研究（上世纪八十年代，虐待儿童这一话题，包括性暴力、恋童癖、撒旦仪式等，在英国变得很普遍）。詹金斯的研究显示，反同性恋运动被重新定义为反恋童癖运动；反色情运动被重新定义为反儿童色情运动；而反对道德败坏和撒旦崇拜的运动则被重新定义为反对仪式性虐待儿童的运动。如果谁胆大包天地质疑此类事件为何迅速增加，或是就审查措施的必要性提出疑问，很可能会因此被指责对儿童怀有敌意。在詹金斯提到的各种运动中,有一些已经淡出,但立刻又有新的运动取代了它们的位置,还有一些运动则越发壮大起来;而对童年的担忧已经成为"崩溃的英国"(保守党语)社会结构瓦解、道德沦丧等一系列论断的万能标题。

这里的重点不是这些问题是否真正存在,也不是非理性的恐慌——尽管对于詹金斯的某些例子来说,事实的确如此。事实上,分析的重点包括这一问题是如何定义、由谁定义的;以及其他看待问题的角度是如何被排除在外的。正如詹金斯、斯特恩海姆(Sternheimer)等学者提出的,构建某些社会问题或是为这些问题搭设框架可能会转移人们的视线,让人们忽略一些更加复杂、更加棘手的问题,尤其是那些和经济、社会剥夺、不平等相关的问题。

媒体的担忧

继娜奥米·克莱恩(Naomi Klein)的《无商标》(*No Logo*,2001)之后,关于儿童与消费文化的批判性出版物激增,其中比较著名的包括朱丽叶·绍尔(Juliet Schor)的《天生消费者:商业化的儿童与新兴消费文化》(*Born to Buy: The Commercialized Child and the New Consumer Culture*,2004),苏珊·林恩(Susan Linn)的《消费儿童:对童年的不利接管》(*Consuming Kids: The Hostile Takeover of Childhood*,2004),艾丽莎·库尔特(Alissa Quart)的《品牌:青少年购买与销售》(*Branded: The Buying and Selling of Teenagers*,2003),丹尼尔·埃克夫(Daniel Acuff)与罗伯特·莱尔(Robert Leiher)合著的《被绑架的:不负责任的商家是如何偷走孩子们的头脑的》(*Kidnapped: How Irresponsible Marketers are Stealing the Minds of Your Children*,2005),艾德·马尤(Ed Mayo)与艾格尼丝·奈恩(Agnes Nairn)合著

的《儿童消费者：大企业是如何利用儿童牟利的》（*Consumer Kids: How Big Businesses is Grooming Our Children for Profits*，2009）等。当然，这些书之间有着很大的不同。比如，绍尔的书最学术，对消费与"物质主义"的关系进行了心理学研究，并在书中提供了具体的数据；库尔特的书则以一种新闻式的笔触揭露了青少年营销产业。作为主张提出者，这些作者的立场不尽相同：比如马尤是一个消费者压力团体的负责人，林恩是一位儿童精神科医生，埃克夫和莱尔则是营销顾问。但是，对于广告和营销对儿童生活的不良影响，这些书均持一种高度批判的态度：每一本书都具有领导社会运动的潜质，还有几本书直接在结尾处放上了"宣言"和相关激进组织的链接。

从某种程度来看，书中的论点并不新颖。在上世纪七十年代，已经有人就广告的不良影响发表过相似的观点，比如美国的儿童电视节目活动团体就曾发表过类似的言论。但是，书中所表达坚持之强烈却是前所未有的：这些批评家认为，当代营销手段更加复杂，儿童被极为强大的消费文化所操纵，几乎不可能免受其影响。他们指责商家通过使用狡猾且具有欺骗性的手段来诱导儿童，并无视法律，宣传有害产品。他们认为广告营销的目标族群年龄越来越小，童年、青少年时代与成年之间的界线正在受到侵蚀，儿童接触涉及性与暴力内容的渠道越来越多。这些批评家认为，这种新型的商业文化有害于儿童的福祉和利益。

当然，书中的某些观点的确是事实。但是每一本书都把消费主义问题与一些早就存在的对媒体和童年的担忧联系起来，从而把问题的范围扩大化，并描绘了一幅整体恶化的图景。因此，除了将儿童过早地变为消费者，媒体还被指责宣传性与暴力、垃圾食品、毒品、烟草酒精、性别成见以及不正确的道德观，造成精神问题激增、焦虑加剧、压力以及成瘾（包括购物成瘾）等。今天的孩子们通常具有林恩所说的"冲动"的特质，或是像埃克夫和莱尔所说的承受着超负荷的无形信息。儿童的玩耍嬉戏受到贬低，创造性体验的能力遭到破坏，取而代之的是顺从以及肤浅的物质主义价值观。

当然，这种言论其实并不陌生，它往往将不同的效果、不同的影响混为一谈；它来自更广义的对"消费主义"的评论，即消费主义与正面的道德观和人类价值观是相对立的。例如，林恩（Linn）认为消费主义是对民主、家庭价值观、精神世界、人文主义以及生活之美的侵蚀。这又与更广义的社会与文化的衰落联系起来，在这种大背景下，儿童日益被视作是正在面临威胁的。因此，埃克夫和莱尔在书的开头就提出："家长们，如今孩子们所面临的身体上、心理上、情感上、以及伦理上的危险要甚于现代文明中的其他任何时代。"

矛盾的是，在这些文章中，言辞最激烈的竟是两位营销顾问（埃克夫和莱尔）的作品。这两人的简历中所列举的客户不乏一些高调的企业。他们所使用的语言策略具有强烈的社会问题主张提出者特色。当说话的对象是家长时，他们会使用代词"我们"以拉近立场。书中引用了大量权威来支持自己的论点，引用通常很短（常常是一些陈词滥调），看似随机地分散在全书的各个部分，这些权威来自各个领域，如葛培理、马丁·路德、爱因斯坦、詹姆斯·鲍德温、伊利诺·罗斯福等。科学论据通常来自于刚刚起步的神经系统科学以及发展心理学，并被当做无可争议的事实出现在书中。该书的主要章节罗列了"基本需求"，"主要发展要素"以及皮亚杰儿童发展各阶段的主要脆弱点。但是，这些有关于大脑"神经网络"以及"发展盲点"的科学论证却被用来证明道德上的判断，尤其是媒体中性与暴力内容的影响——如"与年龄不符的性行为"以及宣传"不负责任的态度"等。

暗藏在这些看法背后的是关于品味与文化价值的偏见。如果商业营销所推销的商品是"健康"或"有益身心"的，那它就是可以接受的，如果作者认为推销的商品是有害的，那就不能接受。针对每一个年龄层，埃克夫和莱尔都制作了一个表格，分别列出不正常家庭和理想家庭一周的生活。称职的家长会规定什么能做、什么不能做，留出供家人相处的质量时间，并倡导一种健康的学习环境，而不称职的家长则是放任的、疏忽的（他们竟然送孩子去日托），并允许自己对流行文化的喜爱成为孩子们的榜样。这里的对比过于绝对、过于刻板，简直有些滑稽。合格家庭的孩子参加教堂小组会议、听轻摇滚、读诗歌，而不合格家庭的孩子则穿风衣、穿超短裙、玩暴力的电脑游戏，过充斥着性、毒品、匪帮说唱的生活。

总的来说，这些文本讲述的是一个简单的善与恶的斗争。儿童在这里的形象基本上是单纯无助的，难以抵挡商业营销和媒体的力量。他们被诱惑、被控制、被操纵、被剥削、被洗脑、被欺骗，最后变得没有独立思想，并被贴上了商品的标签。对于这些作者来说，儿童基本上是被动、脆弱、无助的——就像"被动的广告素材""轮子上的齿轮"，或是像埃克夫和莱尔所说的"活靶子""易于捕食的猎物"。然而，就像其他和儿童相关的社会运动一样，这些书几乎没有提到孩子们自己的想法，也没有试着从孩子的角度看问题：这基本上是成年人代表孩子所发表的言论。

营销者就是流行传奇的隐藏说客。他们被认为参与了"对儿童的战争"：对儿童进行狂轰滥炸、袭击包围。营销者把儿童扣为人质，侵略、占领他们的思想，背叛他们的单纯与信任。尽管马尤与奈恩倾向于认为儿童对广告的诱惑力具有一定的怀疑能力和抵抗能力，但他们在提到营销者时还是使用了非常夸张的词汇：书的副标题实际上把营销者和恋童癖画上了等号，"跟踪"等词汇以及"捕童者"隐喻贯穿全书（该书出版时，《泰晤士报》刊登了一段节选，配图为《飞天万能车》中邪恶的罗伯特·赫普曼）。

用社会建构主义者的话来说，这种情况和主导当代社会的"情感"规则相互呼应。儿童属于最高道德范畴：他们被构建为毫无过错的受害者，单纯无辜，且道德纯洁。而营销者则相反：他们是沾沾自喜的恶棍，应该受到最严厉的谴责。

然而，父母干预的作用却是矛盾的、令人困惑的。合格的家长——书中隐晦提到的——会保护并控制孩子，而不合格的家长则采取了自由放任的态度，放纵自己和孩子的消费欲望。结果，家长一方面面对商业营销的狂轰滥炸显得无能为力；但一方面却又因发生在自己孩子身上的事而受到谴责。在这种情况下，合格的家长很容易就会变成不合格的家长，无论是因为疏忽还是缺乏自我约束。家长和孩子的消费行为都需要不断的警惕和监督，最好是人手一份此类书籍提供的一览表和工具箱。因此，尽管这些书籍都呼吁对针对儿童的营销采取某种形式的禁令或至少进行更加严格的管理，应对消费文化的大部分责任最终还是落到了家长身上；而且此类书籍中的言辞似乎旨在引发家长的焦虑和愧疚感。似乎唯一的解决方法就是由家长进行反向宣传，并对孩子对媒体的使用进行审查，或者让孩子们远离令人堕落的商业影响。只有孩子们的生活得到全面的监督和控制，他们才能再次自由地享受童年。

岌岌可危的童年

就像我说过的那样，关于广告营销对儿童的影响的担忧是包含在一种更广义的叙述中的，而这种叙述的主题则为当代童年的命运。在这种叙述中，现代童年并不是一段无忧无虑、天真单纯的时光，而是充满了危险、焦虑、痛苦和压力。可以说，童年这种暗淡凄凉的形象已经存在很长时间了，而在21世纪的第一个十年，这种形象正逐渐成为文化主导。

这种担忧最为突出的关注点自然非当代"民间恶魔"恋童癖莫属。尽管大部分的虐童现象出现在家庭内部，大部分人，尤其是儿童自身，还是认为这种危险来自于陌生人。的确，在一些流行的说法中，恋童癖已不仅仅是暗藏在街头巷尾和公共场所的危险，他们还存在于学校和幼儿园里，或是网络上。乔尔·百斯特对围绕受到威胁的儿童而产生的道德恐慌进行了分析，并指出，当代关于拯救儿童的言论通常是由儿童受到不正常者威胁的夸张形象来证明的，如恋童癖、儿童色情作家、诱拐儿童者、贩毒者、仪式强暴犯等。现在看来，营销者作为捕童者的形象也可以加入到以上这些坏人形象当中了。

对儿童安全的日益关注引发了某些评论家所认为的"过度保护"，甚至是"偏执式养育"的文化。这些评论家列举的事例包括禁止为孩子们的圣诞演出录像，以免录像落入恋童癖的手中，或是不许家长参与孩子们的体育活动，以免有虐童者混入其中。[1]本书写作期间，英国一群著名儿童读物作家提议，如果警察继续以找出性犯罪者为目的对他们的作品进行审查，不如禁止在学校阅读这些作品。[2]

然而，有人提出，现在这种对童年的保护早就超越了预防性侵害的范畴。至少在英国，和三十年前相比，孩子们更多地被局限在家里，不能像过去那样自由自主地去自己想去的地方。从20世纪七十年代开始，在户外玩耍就逐渐被家庭娱乐（主要是通过电视和电脑）所取代，在比较富裕的阶层，孩子们主要从事一些有大人监管的休闲活动，如有组织的体育活动、音乐课等。"健康安全产业"正在兴起，为幼龄儿童的家长提供重视安全的产品，这符合人们为儿童安全焦虑的整体氛围，也符合限制性立法的规定。孩子们在操场上打架原本是稀松平常的事，现在则需要进行治疗干预，还有很多常见的情绪（比如害羞）被界定为心理"综合征"，需要进行专业治疗。

在接下来的几章里，我们将会看到家长们被要求要负责确保孩子在教育上取得好成绩。"合格"的家长要不断监督孩子，确保他们进行有价值的学习活动，不断完善自己；当然，有很多企业（如教育类图书出版社、软件公司、课外辅导机构、家教机构等）把这视作能赚大钱的商机。这些观点有很多都是以婴儿决定论为基础的,神经系统科学研究显示,儿童的后期发展很大程度上取决于幼年时大脑的发育。

消费是否引发"有毒童年综合征"

一些著名的"道德领袖"参与了此类争论,在此,我们需要再次检视他们的行为。主张提出者为了能够定义或是命名他们所选择的社会问题,必须和其他主张提出者进行竞争。他们的目的是成为这些问题的"主人";尽管这样做他们需要寻求广泛的支持——有时他们和这些支持者在之前并非身处同一阵营。与儿童相关的主张在"社会问题市场"上具有相当的分量。

在英国,这种情况在最近关于"有毒童年"的讨论中尤为明显。"童年的丧失"这一观点由来已久:比如尼尔·波兹曼(Neil Postman)的《童年的消逝》(*The Disappearance of Childhood*,1983)就是一个比较著名的例子,不过,在对和媒体与流行文化相关的"道德恐慌"的讨论中,可以找到更老的例子(Buckingham,2000a;Springhall,1998)。苏·帕尔默(Sue Palmer)于2006年发表了《有毒童年:现代世界如何对孩子造成危害以及我们应该如何应对》(*Toxic Childhood: How the Modern World is Damaging Our Children and What We Can Do About It*),这本书不仅畅销,还让"童年的丧失"这一论点重新焕发了活力,并且有效地定义了一个当代"综合征"。这本书发行之后不久,《每日电讯报》于2006年9月刊登了一封公开信:这封信由帕尔默本人执笔,由各界人士联名签署,其中包括社会活动家、学者、医学专家、儿童读物作家等,受到了广泛关注。[3] 该报随即发起了一场阻止"童年死去"的运动,而这又促使儿童协会着手开展"美好童年调查",这一长期项目最终出版了《美好童年：在竞争时代探求价值观》(A Good Childhood：Searching for values in a Competitive Age，Layard and Dunn，2009) 一书，儿童协会随后又发表了《美好童年宣言》(Manifesto for a Good Childhood)。

尽管隐晦，这场讨论还是涉及到宗教内容，"价值观"等词汇的使用就是一个含蓄的信号。虽然没有明说，儿童协会实际上是英国国教会的下属组织；而幸福童年调查的资助人罗文·威廉姆斯（Rowan Williams）是坎特伯雷大主教，同时也是英国国教的领袖。在帕尔默的书发表之前，威廉姆斯多次高调接受采访，并撰文抨击世俗商业力量对英国社会的影响。[4]在政治方面，这一论点的立场难以确定：尽管《每日电讯报》属于右翼刊物，但是帕尔默公开信的签署者却有着不同的政治背景。而且，也有分别隶属于工党阵营和英国全国教师工会的出版物（The Commercialization of Childhood，2006）(Growing Up in a Material World，2007) 加入到随后有关"有毒童年"的讨论中去。

这些出版物观点不尽相同，帕尔默成功突围，成为了这一社会问题的"主人"（这主要是通过她随后出版的《为童年解毒：家长应该如何让孩子过得幸福、成功》/Detoxing Children：What Parents Need to Know to Raise Happy，Successful Children）。在帕尔默笔下，当代童年与现代家庭的形象都是苍凉暗淡的。很明显，年轻人正在经历一场精神健康危机，酗酒、饮食失调、自残、自杀的案例不断增加；多动症、阅读障碍、自闭症的患者越来越多；忧郁、焦虑、自尊心不足的情况不断恶化。儿童与他人的关系变得肤浅且越来越具有竞争性，从而导致情绪困扰、霸凌和暴力的案例越来越多；儿童的生活方式也开始越来越不健康。如今的孩子注意力更难集中，也更难容忍延迟满足："他们每天都在变得更加容易分心、更加冲动、更加自恋——也越来越无法专心学习、享受生活，或是发展良好的人际关系。"随着道德相对主义在社会上盛行，孩子们不再尊重权威：他们变得缺乏纪律、缺乏尊重、缺乏礼貌。

第一章　别让商家偷走孩子的头脑

在这一系列的不幸中,帕尔默找出了三个根本原因。第一个,也是最重要的一个原因在于儿童和媒体、科技的接触不断增加,这让他们有更多的机会接触消费文化,并对他们在各个方面的行为和态度产生了损害,导致了恐惧和焦虑的程度提高,久坐的生活方式,冷漠、孤立、"缠功"、"同侪压力"、霸凌,注意力难以长时间集中、容易分心、睡眠不足,缺乏与家人的交流与互动,行为无礼、对成年人态度傲慢,想象力和创造性游戏的削弱等。帕尔默谴责互联网已经成为恋童癖、色情作家、精神变态者和恐怖分子的狂欢之地,但她也指责媒体宣传一系列负面内容,如敌对情绪、对他人痛苦麻木不仁的态度、"性化"和性别成见、肥胖、饮食失衡、脏话、庸俗低级的生活方式、霸凌以及物质主义价值观等。这些观点中的语言并不陌生,内容也仍然是操纵、成瘾、被动、洗脑、狂轰滥炸、"即时满足",以及"削弱想象力与创造力"的当代流行文化。

第二个原因是家庭生活以及育儿观念的改变;在这一方面,帕尔默的观点和已经得到公认的现代家庭危机观点相契合。职业女性的增加、离婚率提高和单亲家庭的增加以及工作压力的加大都意味着家长和孩子相处时间的减少。一方面,家长没有担负起足够的责任,不再管孩子吃什么、做什么、什么时候睡觉等等。帕尔默认为,"传统的严父"形象已经消失了。但是,另一方面,家长又会对孩子过度保护,比如过多地监督孩子们的玩耍,对孩子们过于悉心照料,为他们安排各种旨在提高成绩的活动等。目前并不清楚忽略型、过度放纵型、过于专制型的育儿方式是否分别隶属于某个社会群体,但作者的确隐晦地提到了不同的社会阶层。关于如何为童年"解毒",帕尔默提供了不少指导。但在帕尔默的笔下,面对媒体和营销的狂轰滥炸,家长本身也是无能为力的。

最后一个原因在于政府政策。在很多方面,政府政策都被指责加重了"有毒童年综合征":如过分保护的健康及安全立法,学校教育对考试的过分重视,缺乏对家庭生活的支持,没有提供足够的儿童保育服务等。官僚主义盛行，学校教育深受其害，老师不得不以考试为目的进行教学，孩子们过早地接触正规教育，危害颇大的教育竞争文化充斥着校园内外。同时，帕尔默认为对人权立法的误读进一步地宣扬了道德相对主义文化与以市场主导的自我放纵。

在这三个原因当中，第一个最为重要：家庭的衰弱与政府政策的空白造成了一种道德真空，让媒体和消费文化的不良影响得以趁虚而入。

现代生活毫无价值？

相对于以往的此类宣传，"有毒童年"这一观点所批判的对象更加广泛，但它们之间还是有一些相同之处的。的确，世界上的很多恶都与这一话题有关。最终，这相当于厌弃所有现代事物——这种态度在帕尔默一书的副标题中得以显现。这与英国一个历史悠久的传统十分契合，这一传统至少在浪漫主义运动时期就已经出现了：现代科技、城市化、消费资本主义、竞争的压力、当代生活的快节奏，这些都被认为是邪恶的，人们怀念的是一种简单、悠闲的生活，在这种生活里，家庭像田园诗般和睦，而孩子也能保持童真并天真地玩耍。

的确，该书涉及内容的广泛是其畅销的原因之一：每个人都可以从中找到共鸣。我发现，童年作为一个符号，可以有效地让人们统一意见：持有不同意见就会被指责为不关心孩子的需要，甚至被当作是童年的敌人。帕尔默在书中的叙述十分简单，正是因为这种简单，他吸引了公众注意，并得到了大众的认同。这种叙述没有考虑到积极的一面：帕尔默没有提到孩子们现在有了更多选择、更多机会、更多自由和权利，除非首先承认这些东西本身就是错误的（帕尔默在谈到儿童权利时就是这么说的）。另外，书中对因果关系的解释也是越简单越好。帕尔默坚持她所描述的现象是复

第一章 别让商家偷走孩子的头脑

杂的,而且导致这些现象产生的原因也不止一个,但她对媒体及消费文化之影响的描述却是单向且单薄的,尽管她对家庭生活改变的态度有些模棱两可。帕尔默的书中充斥着夸大的文化悲观主义:现代世界在道德和文化上的堕落是不可阻挡的。基本上,我们都将吃苦头,而这一切都是媒体与消费文化的错。

在帕尔默的笔下,孩子是脆弱的受害者,不具有任何适应能力。作者完全不能接受那些听起来很乏味的可能性,比如,大部分孩子(以及他们的家长)适应得不错,或者我们的社会正在变得更富流动性和多样性。帕尔默在书的开头和结尾处都虚构了一个当代儿童的形象,而且这个形象相当负面:很难想象那样一个悲惨且无法处理正常社会关系的人是如何生存下来的。另外,帕尔默的论点还隐含有对不同社会阶层的偏见。她总是假定现代童年的问题在工人阶级家庭更为普遍。在她的笔下,工人阶级家庭总是最为失衡;最令人难以接受的不良行为也总是出现在工人阶级家庭出身的孩子身上。帕尔默称她是在试图引起大家对不平等问题的关注。但是她为工人阶级家庭出身的孩子所塑造的野蛮形象充满了对这一阶级品味及道德的指责。

当然,对书中观点的评价应当以作者所给出的论据为基础。但书中的很多论据无非是一些道听途说和趣闻轶事。作者也引用了一些科学权威,提供了一些民意测验的数据,但呈现的方式却缺乏系统性、批判性。作者在很多地方没有搞清关联和因果关系的区别,还会用同一根本原因来解释两个互相矛盾的现象。另外,历史比较所基于的基本原则也常常含糊不清。在后面的章节中,我将继续探讨这些问题,并提出一系列相反的论据。不过逻辑与证明几乎不在帕尔默的考虑范围之内。和其他"道德领袖"一样,帕尔默在发表观点时基本上是从情感甚至是心灵的角度出发,她的目的是说服别人并赢得赞同。她通过讲述一个有关童年的故事来触动家长内心深处的希望与恐惧。因此,这个故事是否准确并不重要,重要的是它引发的情绪反应以及潜在假设。构建一个"社会问题"包含一系列的选择，以及如何为这个话题设立框架，以排除看待这一问题的其他方式。而这里要探讨的是在构建社会问题的过程中，我们会得到什么，又会失去什么。

逐渐显现的"儿童力量"

以上所分析的儿童消费者形象与现代童年和营销者的观点产生了强烈的对比。当然，这并没有什么奇怪的，不过也的确有一些相互矛盾。本书第五章将详细讨论当代营销与儿童的关系，不过在这里还是有必要简单说明一下这种对比，这有助于理解那些关于童年的隐含假设。

儿童市场的规模和影响都在不断增长，旨在研究、定义儿童特点与消费需求的营销学论文也逐渐多了起来。在消费文化的批评者口中，孩子是商业操纵的被动受害者，而营销者的观点则完全不同。营销者通常会给儿童塑造一个强大的形象：儿童（营销者通常称儿童为"年轻人"）被认为是主动的、有能力的，而且深谙媒体之道，因此要想打动他们、说服他们并不容易。事实上，这种将儿童定义为强大消费者并赞美他们消费能力的观点存在已久，最起码可以追溯到上世纪二十年代。当时，商家和广告商开始直接面向儿童进行营销。丹·库克认为，市场研究者越来越倾向把儿童塑造为强大而自主的消费者：**他们对商品的渴望被认为是一种"表达自我"的方式，同时也是个性的体现。**

在当代，把儿童看做强大消费者的例子有不少，比如自称"品牌未来学家"的马丁·林德斯特伦（Martin Lindstrom）和他的《品牌儿童》(*Brandchild*，2003) 一书。这本书的基础是由明略行广告公司在全球范围内开展的一项调查，调查对象为 2000 名儿童。该书研究的重点是年龄在 8 至 14 岁之间的孩子。作者认为，营销者已经承认了这一新近发现的市场，并且需要加大力量满足他们不断变化的需求。林德斯特伦认为，这一年龄层的孩子是数字一代，他们很早就接触电脑和网络；他们有自己的语言，也有自己的烦恼：比如长大的压力，对国际冲突的恐惧等；但是品牌可以帮助他们享受生活。这些孩子被认为患有"精神饥饿"，而品牌和营销者可以满足他们的渴望。

这类市场研究的理论与方法论基础值得细察。林德斯特伦的这本书就受到了来自市场研究领域的猛烈抨击。但是，其最惊人的地方是对儿童消费者形象完全不同的描绘。在这本书里，儿童不再是被动的受害者，相反，他们老成且要求严苛，很难取悦。作者认为，8 至 14 岁的孩子想要控制一切，他们渴望有人倾听他们的心声，希望得到尊重和理解；他们不喜欢大人屈尊俯就的态度。这些孩子很难操纵：**他们的喜好常常变化、难以捉摸，对广告里的话常常持怀疑态度，而且也很精明，善于把钱花得划算，想要理解他们并得到他们的认可是件很不容易的事。**毫无疑问，作为消费者，他们强大且极富影响力："他们总能得到自己想要的东西。"

当然，这并不是说这些孩子不能被说服：《品牌儿童》这类书中就详细介绍了如何说服（实际上也是操纵）儿童。与批评他们的人一样，营销者们通常十分相信发展心理学，认为这一学科可以详细分析儿童在不同年龄阶段的情感"需要"。重要的是，林德斯特伦所推荐的针对这一年龄段孩子的营销策略（比如病毒式营销和点对点营销）都依赖于同年龄孩子的积极参与，而且这些营销方式正是批评者们最反对的消费文化。但是，对于营销者来说，这些行为是为了给孩子们充权——让孩子们能够表达自己的需要，发出自己的声音，树立自尊心，形成自己的价值观，并逐渐发展独立自主精神。

营销者的这种观点与消费文化批评者的论点大相径庭，这也产生了一些有趣的悖论。社会活动家声称自己是代表儿童发声，并且是为了保护儿童权益，但在他们口中，儿童成了一个弱小的群体；营销者被认为是在操纵儿童，但却将儿童描述为一个强大的群体。据称，"激进"的消费文化批判者反而持传统观点，认为儿童单纯且脆弱，他们的社会化是被动的，由外部力量推动，且缺乏成年人拥有的技巧与理性；而营销者们则强调——甚至是颂扬——儿童的独立自主与消费的能力。当然，营销者口中的儿童只能是这样的，因为只有这样才能说明营销对儿童来说不是剥削。营销者认为儿童在消费方面富有经验且具有怀疑能力，而且广告对他们的影响力也相当有限，这些观点通常是对公众批判的回应，却与当今儿童社会学与儿童权利领域的观点十分类似，它们都对认为儿童纯真脆弱的传统观念表示了怀疑，并提出儿童是合格的社会个体。

如今，有关儿童参与商业世界的观点趋于两极化，营销者与批评者截然不同的观点引起了一个悖论，同时还有一个政治上的困境。这就需要我们进行选择，是支持那些批评者吗——他们的确找出了市场运作中存在的一些重大问题，但他们对儿童的看法却是传统且保守的；还是支持那些营销者——他们似乎相信儿童权力与自主，但又为了自己的利益去伤害儿童权力与自主。在公众舆论中，甚至是在学术讨论中，都很难找到一个位于这两种观点之间的中间点，也很难超越这么一个简单的非此即彼的选择题。

但是，这两种不同的观点在构建定义儿童与童年时也有相似的地方。活动家认为儿童与童年有一个"自然"的状态，但是这种自然的状态已经被商业行为损毁或是腐蚀了，而营销者认为，在商业环境下，儿童的"真正"需求第一次得到了承认与满足。两种观点都认为儿童是特别的，而这种特别也让他们变得更加脆弱——或是变得更加明智、更加成熟，比如这两种观点对科技的看法，另外，两种观点都没有涉及成人。两种观点都以有关儿童自然或天生特点的假设为基础，而它们对这种特点的界定其实是具有社会性和历史性的。两种观点都把儿童放在社会性世界与商业世界之外。相比之下，我认为丹·库克所说的"商业认识论"正是构建童年不可缺少的一部分。商业世界不是童年的附加物，也不是对童年的侵害，而是童年无可避免的组成部分；我们需要密切关注各种观点构建、看待儿童的方式。

结　论

无疑，本章所采用的社会建构主义方法是有局限性的。这种方法在驳斥"客观主义"（客观主义认为社会问题一直存在，等待被人们所认识）的同时也面临着坠入相对主义的风险。这种方法遭到诟病的其中一个原因就是它没有为辨别社会问题真假提供判断依据：我们所面对的只有大量的主张与反主张，却无从裁定谁真谁假。但实际上，社会构建主义者似乎放弃了这种立场：他们保留了对建立社会问题真正衡量标准以及识别其实证原因及后果的兴趣。社会问题的社会构建并不意味着这些问题原本不存在，而这些问题的构建方式也对人们的生活有着实质影响，尤其是它们获得资源的机会以及相互间的关系。

然而，这种方式的特殊价值在于帮助我们理解使用某种方法构建社会问题时会得到或失去什么。"框架"的隐喻在此处十分有用。框架能够界定一个问题，并说明它的重要性以及它为什么重要；但是，在这个过程中，框架也妨碍了其他定义及解释的产生，同时也阻碍了对其他可能相关的问题的思考。框架具有包容性，但它也具有排他性。通常，社会构建主义者会对几种框架进行区分：诊断框架——详细指出问题的本质、意义以及原因；动机框架——解释人们为什么要重视某个问题；预后框架——识别需要采取的措施。在儿童与消费这一问题上，问题的构建（或主流的批判性框架）具有很大的局限性。在这一阶段，我将从大体上对这些进行界定：后面的章节将会列举一些具体的事例，而具体的事例无疑将使整个问题更加复杂化。

在诊断框架下，对问题的界定是狭义的，问题的焦点在于儿童对广告和营销的接触：其他与商品服务的生产流通相关的商业或经济活动形式很少被注意。儿童与广告（或营销）的关系通常以因果关系界定为后者对前者的单向影响。在这一过程中，儿童通常被视作被动的受害者，由于心理发展不足，很容易受到外界影响。另外，某些种类的消费，比如过度消费、不必要的消费以及产品有害或是在道德上不可取的消费等，被视作是有问题的，而其他类型的消费则很少被提及。

在动机框架下，对问题的界定更加广义。儿童与广告和营销的关系包罗万象，涉及社会、文化以及道德上的滑坡。在这种观点下，"好"与"坏"的界定清晰，营销者是邪恶的，他们把纯真的儿童作为目标，并最终损害了他们的利益。这种观点在叙述时不可避免地联系了更宏观的文化主题，并且引发情感法则，清楚地告诉人们为什么要重视这一问题。这种对童年的看法早已存在，它认为儿童受到了商业文化的威胁与危害。另外，这种观点还引发了关于文化价值的隐晦假设，反映了对过度消费、低俗消费的厌恶，并把有着这些消费行为的人定义为"其他人/对立者"。

而在预后框架下，存在着一种独特的不平衡。大部分批评家呼吁部分或完全禁止针对儿童的广告和营销；但实际上，这种禁令几乎是不可能的，大部分批评家倾向于向家长推荐他们认为正确的做法。这样，问题变得具有个人特色，而解决问题的责任在家长身上。家长们被敦促追求"好"（克制的、有益于身心健康的、趣味高雅的）的消费行为，并避免"坏"的消费行为，而且不仅他们自己要这样做，还要替孩子这样做。优秀的家长得到了大量的指导，从而学习如何监督管理孩子的消费行为，以确保其心理健康发展。

本书的一个主要目的就是为儿童消费者这一"问题"提供一个新的

"框架"。评价有关这一问题的各种主张正是构建新框架必不可少的一部分：有关这一现象各个方面的证据、原因以及后果都应该得到仔细的评估。但除此之外，本书将提出一些界定问题、理解问题的新方法，这些方法已经超越了当前争论的藩篱。接下来的两章将会探讨学术界在消费文化方面的理论与假设，这里的消费文化既包括广义的消费文化，也包括特指儿童消费者的消费文化。

孩子用消费表达自己的想法

第 二 章

商家善于赋予不同的商品不同的意义，孩子也深受影响，希望通过购买某一样东西来证明自己不落伍、很酷，或者受欢迎。对于这种趋势，如果父母不加影响，孩子很有可能在成年后变得更加物质和拜金，以至于引发更大的道德问题。所以，父母首先应该知道用金钱和名牌给自己贴"标签"和用消费表现自身内涵的不同。

我们在第一章讨论过的大众对消费问题的争论不可避免地引发了关于消费和童年本身更广泛的假设。因此,本章将跳出这些争论,更多地关注消费和消费文化研究的理论方法。事实上,尽管学者们的观点各异,但他们在这里所表达的很多基本观点都与前面章节提到的活动家和营销者的观点相似。从很大程度上来看,尽管研究者和理论家们对消费的解读趋于两极化,大多数主流观点仍对消费持否定态度。本书概述了一系列学术观点,但主要目的在于提出一些方法,从而走出毫无意义的争辩。

在学术界对消费的研究中,儿童很少会成为学者们关注的重点,所以本章对儿童的讨论并不多。第三章将对这种现象进行解释,并探讨如何从理论上理解儿童消费者。

对消费的谴责

近年来,许多学科对消费的关注逐渐增加,其中就包括经济学、社会学、人类学、史学、心理学以及文化研究等。本章旨在对这些学科的相关理论进行一个概述:关于消费有几本相当不错的介绍性著作,它们涉及的领域彼此类似,但重点有所不同。

根据雷蒙德·威廉姆斯(Raymond Williams)等人的观点,"消费"(consume)一词的使用始于中世纪,且含有贬义:消费意为耗尽、毁坏、浪费。的确,"消费"(consumption)最初指的是一种损耗身体的疾病,后来人们常常用它来指代肺结核。威廉姆斯认为，消费一词的贬义在19世纪逐渐消失，因为在当时的自由主义经济理论中，消费者是重要一环。但我认为该词的负面意义从未完全消失。在大众和学者的口中，消费一词除了做中性词，常常被认为具有负面含义，而且这种贬义是它与生俱来的。比如，"消费主义"一词有时被用来指代提倡消费者权益的运动（这种用法在美国尤其常见）；但它也常被用来指代一系列从根本上就是错误的观念。有人认为，在消费主义这种意识形态下，购买商品、拥有商品比人本身或是持久的人类价值更重要。

奥德里奇（Aldridge）认为，这种观点可能是清教主义的残留，清教徒在道德上不认同奢侈与自我放纵的生活方式。但实际上，只有某些特定的消费类型受到了批评：对消费广义上的批评通常充满了对其他人（对立者）低俗且过度的消费行为的厌恶。人们常常会表达对暴发户（他们渴望加入中产阶级，虽然有钱但却没有良好的品味）"炫耀式消费"的鄙视。所谓的其他人（对立者）通常属于较低的社会阶层。因此，自"读小说有害"这一大讨论开始，就一直有人认为女性（社会地位较低）消费本身是有问题的。当代有关"购物疗法""时尚受害者""购物狂"的笑话通常与女性有关，这些笑话也暴露出长期以来认为女性过度消费、无意义消费、不理性消费，甚至病态消费的观点，而男性的消费则被默认为是自主的、自律的、理性的。同时，工人阶级生活条件的改善（第八章将对此进行更全面的讨论）造就了另一种"不良消费者"，他们的消费方式被认为是放纵的、不得体的、有害的。工人阶级消费者的问题在于他们固执地消费错误的商品。在当代英国，所谓"没文化的年轻人"的消费行为逐渐被打上了缺乏克制与没品味的烙印。当前对儿童消费的讨论也可以在此背景下进行理解。在这一讨论中，儿童很容易就会被划为"其他人"（对立者），这很可能是因为很少有人会倾听或咨询孩子的意见：人们构建儿童消费问题的方式与构建成年人消费问题的方式是不一样的。

这些对消费的负面看法（更确切地说是对消费主义的负面看法）并非仅仅是普遍的偏见：在学术讨论中，这种看法也隐晦地存在。的确，对以生产者为导向的消费文化评论来说，这种观点是一个有力的部分。这种评论通常具有左翼色彩，但其中的某些元素也常常偏向右翼；这种评论也绝非左翼的唯一观点。该论点历史悠久，变体众多，但基本可以总结如下。

资本主义本身是一个不稳定的体系，它建立在统治阶级对工人阶级大众的剥削之上。要想阻止革命的发生，就必须欺骗工人阶级，让他们以为资本主义体系是为他们服务的，资本主义体系的存在对他们是有利的。而大众消费可以轻易达到这种欺骗效果，这不仅仅是因为大众消费提供了人们可以负担的商品，还因为它创造了一个鼓励购买与占有的意义与乐趣体系。通过广告与营销，现代资本主义成功制造了虚假需求（或是把欲望与需求混为一谈），然后又提出可以满足这些需求。现代资本主义鼓励人们购买自己不需要的商品，并为问题提供神奇的解决方式，尽管在此之前人们甚至不知道这些问题是存在的。通过误导并操纵人们追求物质占有，资本主义破坏了真正的社会关系，并以竞争性（贪婪的）的个人主义取而代之。然而，消费所带来的肤浅快感难以长久地满足人类真正的需求（如认同感、社交活动、人类价值）；而这又激起更多的消费，人们通过消费来寻找幸福与满足，但这种寻找没有尽头，也永远不会成功。最终，消费主义带给人们的不过是虚幻的梦罢了——尽管这种梦有着强大的力量，能够将社会秩序合法化，并达到对社会的控制。

这种观点的支持者常常提到，在过去的几十年里，西方资本主义已经进入了一个新阶段。在如今的后稀缺社会，人们的基本物质（比如对食品和住房的需求）需要能够得到满足，消费的驱动力主要是意义的象征系统。人们的认同感并非来源于他们作为工人或生产者的地位，而是来自他们消费者的身份。尽管消费者可能会被误导，并认为自己的需求是自己决定的，但实际上市场才是消费者欲望的操纵者和管理者，由此，市场也束缚了人们的选择和自由。当代消费文化所提供的体验是预先包装好的,这种体验是被异化了的,而且缺乏创造性,消费者所体验的快感是短暂的,难以满足人类对爱与友谊的需求,也无法满足他们对认同感和精神意义的追求。

这种对消费主义的谴责不言而喻地成为了对"自由市场"资本主义评论的一部分。当今公民社会与社会生活不断衰落,普遍存在的消费主义意识形态既是症状,也是原因。被割裂开来的个人消费者取代了公民,公共领域也逐渐为不真实的商业琐事及对即刻满足的肤浅许诺所控制。在英国等很多国家,这种观点也包含着某种程度上对"美国化"的抵制。美国的文化产业被视作商业化大众文化的供应者,这种文化被强加于工人阶级的真正文化之上,并最终将后者摧毁。

关于消费的两个新视角

毫无疑问,上文中对消费主义与大众文化让人失去人性的批判是一种简化了的版本,平时很难看到。但是,更加复杂的版本却贯穿了整个现代社会与政治思想史。这种观点的某些元素可以追溯到马克思的异化理论与商品拜物教、法兰克福学派的大众欺骗以及20世纪六十年代新左派对现代资本主义单向度本质的评论。同时,这种观点又和更加保守的社会理论有着很多相似的地方,比如高雅文化守卫者F. R. 里维斯(F. R. Leavis)与奥特加·加塞特(Ortega y Gasset)等人的著作。这种观点尽管有着清晰的政治和意识形态动机,但也充满了对于美学与品味的文化判断与道德判断(比如对自我放纵与过度消费的道德判断)。在这一方面,左翼与右翼似乎达成了一致,共同表达了对"大众"非理性、庸俗、自私等倾向的失望。

第二章 孩子用消费表达自己的想法

这种对消费主义的恶毒描述一直存在于当代社会理论中，而这些理论一直称可以为消费主义研究提供一个更加成熟的方法。最近有两个例子足以说明这一点。齐古曼·鲍曼（Zygmunt Bauman）是公认的现代消费理论领军人物，他的《消费生命》（Consuming Life，2007）就是他众多有关消费主义的著作中的一部。这本书充满了（重复着）悲观主义情绪，但缺乏充分的实证证据。鲍曼认为，目前，消费已经成为人们生活的中心：消费成了人们获得认同感的前提条件，甚至是人们存在的理由。消费主义的力量覆盖了生活的方方面面，人们避无可避：国家沦落为"市场主权"的执行者，市场的影响力渗透到了人类生活的每个角落。鲍曼还在书中提到了"人类生活的全面商品化"与"猖獗的个人与个人化消费主义的胜利"，但鲍曼未能证明这些观点的正确性。他认为消费主义中和了一切异议与抵抗。在消费主义的训练下，人们被迫服从市场法则，却还误以为市场给他们带来了自由。现在，"市场的规则与潜规则都已经上升为生活格言"，面对"商品市场对生活的占领、吞并与入侵"，人们毫无招架之力。

不过，这种力量终究是建立在幻影与谎言上的：它置理性于不顾，完全依赖情感而存在。对鲍曼来说，消费资本主义纯属虚幻的梦境，如童话般不真实：它承诺满足我们的需要，但这是不可能的，因为如果它真的满足了人们的需求，人们就不会再消费了。市场的工作原理有两方面，一方面，它激起人们的欲望，另一方面，它让人们的欲望受挫；这样一来，市场所提供的仅剩焦虑与痛苦。消费主义摧毁了人们的同情心，摧毁了人们的社交世界，也摧毁了人们对他人的责任感：消费主义让人们的"社会纽带与公共凝聚力土崩瓦解"，破坏了人与人之间真正亲密的关系，助长了政治冷漠。消费者只活在当下，不断地买东西来替换自己已经拥有的产品："消费主义综合征贬黜了持久，提升了短暂"，它的存在是以"速度、过剩与浪费"为前提的。消费者承受了过多琐碎的信息，他们的身边充斥着随时可以抛弃的产品。的确，消费主义"严加保守"的秘密是它正在把自我变为一种商品：消费主义不断地让人们觉得自己有不足之处，然后迫使人们通过购买商品来提升自己的市场价值，然后再把自己放在人际关系的市场上出售。

第二个例子是本杰明·巴伯（Benjamin Barber）的《被消费耗尽》（Consumed，2007），这本书没有第一本那么抽象，但是也认为消费主义的力量覆盖了人们生活的方方面面，而且这种力量完全是负面的。该书的副标题最能说明这一点："市场是如何腐蚀儿童、幼儿化成年人，并吞噬公民的。"尽管这本书对儿童的描述比较少，但是它举了一个有趣的例子，说明了现代社会的言论是如何激发关于童年（与幼儿化）的观点的。在这一方面，它和帕尔默的《有毒童年》（见第一章）有相似之处，尽管它们的政治主张相去甚远。

巴伯认为，商业驱动下的现代（美国）文化幼儿化主要体现在三个方面：快胜过慢，简单胜过复杂，容易胜过困难。这些特点在一系列当代现象中都有所体现，从电视、电影、电子游戏，到运动、饮食习惯、政治辩论、学术抄袭和离婚率提高（例子还有很多）。在这些例子中，巴伯找到了一些共同点，如消费资本主义的弱智化，"没有冒险精神的幼稚品味"，对成年人责任的逃避，以及强调"专注于自我的个人选择与自恋的个人所得"。在巴伯笔下，现代文明是一个充满了"强迫性注意力缺乏症"的世界，一切事物都变得"浅薄、易被忘记、毫无意义"：现代世界充满了人工的、同质化的商品，人类需求变得没有意义，成了有失体面的公开展览。消费主义已经成功控制了所有的人类生活，它破坏了社会多样性，入侵了时间与空间。个人完全受媒体垄断（"无耻且无处不在的像素大人"）的支配。消费者成为复制人，患有"强迫性购物失调"、"成瘾性物质主义"与"强迫性消费主义"等疾病。但市场力量的基石却是幻想：市场给人们提供有关幸福的梦想与承诺，但真正留下的只有痛苦。

巴伯在书中试图远离旧式对大众文化的夸张评论，同时也试图抵御所谓"错误意识"的说法，因为这种说法显得有些居高临下；但他对商业主义完全控制以及毫无意义的消费主义"有控制的退化"的看法却符合这两种历史悠久的观点。与鲍曼不同的是，巴伯从反全球化运动中看到了出路，他在书的结尾处呼吁大家抵制"幼稚病文化"——尽管这种呼吁在很大程度上呼应了守护高雅文化的保守派尝试。

乐观一点看待消费

尽管许多文化理论并未体现这种对消费主义的悲观描述，但通过与乐观描述的相互驳斥，这种悲观的观点在近年来也积累了不少人气。西莉亚·勒里（Celia Lury）曾提到这么一种说法，认为对消费主义的乐观描述是一种"以消费者为主导"的观点；且常常被贴上文化研究与后现代主义的标签，但我认为这两个标签都不准确。约翰·菲斯克（John Fiske）是这种说法的主要倡导者，但在其他作者（Paul Willis, 1990; Mike Featherstone, 1991）的作品中也能看到这种说法。

按照这种"以消费者为主导"的方法，消费被视作当代生活不可避免且非常基础的一部分。但是，消费者并非是市场的傀儡，相反，他们是主动且自主的；商品被视作有着多重可能的意义，消费者可以从这些意义中进行选择，并通过重新加工以为己用。通过利用市场中的"象征资源"，消费者可以有意识地创造个人"生活方式"，并构建或"塑造"个人身份认同。在这个过程中，消费者被认为会规避或抵抗菲斯克所谓"权力集团"的控制，而且在某些方面得到力量或解放。

为了识别消费者行为的这种潜在的政治面，学术界出现了各种隐喻。比如，菲斯克认为，消费者好像在和商品的生产者与设计者打"符号的游击战"，他们主动地为商品的意义提出自己的解释，而且这些解释通常有别于生产者与设计者的解释。在有些理论中，消费者被比作艺术家，他们创造性地利用并重新塑造商品，通过一种"自己动手拼拼补补"的方式来表达自己的需要与渴望。在另一些理论里，消费者被比作见多识广的浪荡子，他们悠闲地游荡在城市的大街小巷，漫不经心地观察着消费文化的表面，偶有动作，但不会认真，也不一定会认同消费文化的价值。还有一些理论把消费者比作偷猎者，他们侵入强大集团的领地，偷取货物，他们采取了弱者的机会主义战术，以此来对抗并破坏强者精心打算的策略。消费者们并不是被欺骗的弱者，他们见多识广，且怀着一种不当真的态度：消费者们是菲斯克所谓"符号民主"的积极参与者。

从某种程度上来说，这种论点可以解释为是对"老左派"评论清教主义的反击。在这种观点下，消费带来的快感在道德上并不可疑，也不是幻觉，而是有着颠覆现有规则的可能。大众消费对现有的文化层级、文化规范构成了威胁。因此，消费者的积极活动被视作是抵抗同质化与控制的一种方式。

有趣的是，相比于悲观评论，乐观评论的历史较短，但却很难找到其在当代的例子。在某些方面。这种观点可能也是时代的产物。在20世纪八十年代末，乐观评论大量出现，当时，撒切尔主义成功地夺去了传统工党选区的支持，英国左派对此进行了深刻反省。当时人们不愿意把工人阶级看做意识形态信任诈骗的单纯受害者；《马克思主义的今天》这一期刊进行了大量认真的尝试，试图理解撒切尔夫人及其追随者所代表的消费主义价值观，这被称作"新时代运动"。在某种程度上，菲斯克与威利斯理解消费文化的方式可以算是当代学术界的"新时代运动"。

消费并非一无是处

学术界在消费文化上的争论在某种程度上是两极化的,这呼应了第一章大众对消费文化讨论的两极化。这种两极化在媒体与文化研究领域尤为明显,究竟是以生产者为导向的方式更好,还是以消费者为导向的方法最佳,这一领域的学者在这一问题上耗费了大量精力。比如,菲斯克的著作在上世纪九十年代初的时候受到了学术界的普遍反对,如今看来,大部分反对的声音显得过于苛刻了。[1]人们指责菲斯克等人是在歌颂消费主义,认为他们对大众文化的维护陷入了浅薄的民粹主义。吉姆·麦克吉根(Jim McGuigan)的观点更为极端,他甚至把菲斯克划为新自由主义经济学家(其中就包括撒切尔的亲信弗雷德里克·海耶克〈Frederick Hayek〉)。批评菲斯克等人的声音认为他们是在为资本主义辩护,他们宣传的是新自由主义的"消费者主权"学说——这一学说认为消费者是理性的、见多识广的,他们在市场上能够自由作出选择。

这种两极化意味着某种程度的互相讽刺。如果菲斯克的形象是这样的:一个头脑简单的民粹主义者穿着破烂的牛仔裤,漫步于本地的商场,浏览着商店的橱窗;那么鲍曼与巴伯等人的形象一定是这样:他们是一群故作哀伤的文化悲观主义者,是"坏脾气的老头"。[2]这也许有趣,但无益于严肃的讨论。此外,这种两极化易于把这场辩论变为一个非此即彼的选择。我们不是相信消费者的力量,就是相信市场的力量;消费者要么是自主的,要么是被奴役的;消费主义不是文明的终结,就是一种新的"符号民主";我们要么是乐观主义者,要么是悲观主义者;诸如此类。当然,这里的问题是,两种观点都有可取的地方,而且在某些方面,这两种观点也并非看起来这样水火不容。

这两种观点可以看做人文科学中存在已久的紧张局势的两端——结构与能动。个人在多大程度上是社会力量与结构（比如社会阶层、民族、宗教与政治意识形态、经济等）的产物？又在多大程度上能够主宰自己的命运，自主选择、自主判断、自主决定自己的价值观与生活方式？是我们构建世界？还是说我们难以控制的力量才是世界的缔造者？或者更简单地问：权力究竟在谁手中？

当然，这一理论讨论过于庞大，在此无法详述。但是，它对消费与消费文化的意义是不言而喻的。许多理论家认为，问题在于平衡经济体系（结构）的力量与个人消费者（能动）的力量。概观这一领域的著作（比如上文中提到的那些），可以看到一种跷跷板效应。有时，结构在上，有时能动在上；而它们之间又互相证明。因此，有时候营销者的力量被不断强调，有时候又有人会提醒我们不要忘了消费者也不是被动的傀儡。有时候，被强调的是消费者在市场上塑造自己身份认同的创造性方式，有时候，又有人会提醒我们消费者的能动性最终是由生产者所生产的商品（或涵义）所决定的；结构与能动的关系是此消彼长的。这就像是零和博弈——力量与权力的数量是一定的，关键在于如何在参与者之间进行划分。因此，我们常常会得到简洁但笼统的结论，比如说"消费者创造涵义，但这不是他们自己可以选择的"。

这种争论的问题在于，它假定了结构与能动是从根本上对立的，认为主张消费者的能动性就是就一定是否认生产者的力量，且反之亦然。在媒体这一领域中，这种假定有时会导致消费者为主导与生产者为主导的方法之间的无益僵持。认为消费者仅仅是某种全能的意识产业的傀儡显然是有问题的，认为消费者的欲望完全来自于某种超越他们掌控的力量的欺骗与操纵也是不对的。但这也不是说消费者完全是自主的，或是能够自由创造涵义。主张消费者是"主动"的并不代表认为生产者不能影响消费者——同样，强调生产者的力量也不一定代表认为消费者就是意识形态的傀儡。

人们常常引用安东尼·吉登的结构化理论作为一种走出结构与能动两分法的可能方式。吉登认为，结构与能动是相互关联、相互依存的：能动通过结构起作用，结构也通过能动才能起作用。这两者是相互需要的。但是，吉登并未用实证说明这一过程是如何发生的。尽管如此，他所提出的观点是合理的：消费与生产并不对立，它们不过是一枚硬币的两面。生产依赖于消费：没有消费者就没有利润。而消费也依赖于生产：没有利润，厂家就不会生产，消费者就没有消费对象。同时，这并不是一个完全无缝对接的过程：很多产品上市后，由于种种原因，消费者并不买账，经济利益明显难以保障。

这种结构化理论被看做一种简洁的理论上的解决方法，但是上文中提到的两极对立仍在持续制造更加困难、更加难以解决的问题。这时就要提到三个领域的讨论。第一个讨论的主题是活动力。很难否认消费者在某种程度上经常是积极活跃的：他们做出选择、使用商品、并为自己的行为创造涵义。市场上产品的种类越来越多，这说明消费者的行为正在逐渐地多样化、个人化。当然，我们也可以认为这种多样化是种幻觉——市场的运作原理就是制造一种多样化的幻觉，而实际上商品之间的差别并不大。我们也可以认为消费者的活动力也是一种幻觉——消费者认为自己有一定的自主性，但实际上他们不过是一群经过营销者编程的"复制人"。消费如梦一般虚幻，是一场巨大的意识形态信任骗局——我认为这种观点无法得到证明。

尽管如此，主动消费者的理论开启了当代消费文化一个更加复杂的全新领域，高互动性媒体的产生是一个主要原因。当代营销方式主要依靠个人消费者（不仅仅是儿童和年轻人）的积极参与——尽管这种参与的局限性与重要性有待商榷，本书第五章将详细论述这一点。在这一背景下，强调活动力不一定等同于能动（或权力）显得尤为重要。

第二个讨论有关于欲望与需求。以生产者为导向的方法通常假设消费者真正的需求被忽略了，或者市场为消费者制造了虚假的需求，而以消费者为导向的方法则假定消费者从市场上寻找商品来满足自己本来就已经存在的（内在的，或至少是潜在的）需求。但是，两方观点都回避了一个问题，那就是如何区分欲望与需求，或是如何区分真实的需求与虚假的需求。社会学家通常会区分工具性需求与表达性需求，心理学家会利用马斯洛的"需求层次"，把需求分为基本需求（比如对食物和温暖的需求）、更复杂的需求（对安全和保护的需求）、高级需求（对尊重、自尊、自我实现的需求）。但是，坎贝尔认为，这些理论并不对应个人如何理解并排列他们的需求，从更根本的角度来说，我们可能会问需求（或欲望）从哪里来，它们为什么改变，如何改变。这些问题和儿童尤其相关：有关儿童内在需求的论点通常受到道德影响，成年人（尤其是家长）常常需要代表孩子区分欲望与需求。

最后一个讨论有关知识。马克·帕特森（Mark Paterson）认为，关于消费文化的争论通常落在如何区分知识渊博的消费者和容易受骗的消费者上。以生产者为导向的理论认为消费者是被欺骗的傀儡，而以消费者为导向的理论认为消费者见多识广且富有怀疑精神。从生产者主导的角度，营销与广告的力量在于专攻情感而避开理智。相反，消费者主导的理论则介于以下两者之间：消费是情感愉快感的狂欢；消费或多或少是一个故意的自决过程，甚至是一个政治抵抗的过程。在这里，比较重要的问题包括消费者对营销与广告的知识与理解的程度与本质，以及消费者行为带来的后果。这一讨论的前提是对情感与理性的区分——好像这两者能够战胜对方或是让对方消失。但是我们能够假设知识渊博的消费者更难说服吗？理性是否可以抵抗情感的诱惑？或者说营销是否可以同时作用于多个层面？这些问题与儿童有很大关系，儿童缺乏成年人应该有的知识与理性，因此易于受到广告的诱惑。接下来的章节将会分主题对这些问题进行更详细的讨论。

消费不可或缺

消费者主导以及生产者主导的两种方法似乎都认为,在当代工业社会,消费逐渐成为一种文化现象。它已经不仅仅是对基本生理需求的满足(对食物、温暖的需求等)。相反,它与文化符号、文化内涵的联系更加紧密:消费有关美学品味与风格——尤其是、但不仅仅是在视觉外表与设计的层面。正如我们所见,我们可以把消费看做一种幻觉、一种骗人的把戏,也可以认为消费者是消费领域积极主动且极富创造性的参与者。

然而,这种观点的前提似乎是一种对消费的个人主义看法。与之相反,我认为消费不能被当作一种孤立的行为:相反,它不可避免地根植于日常生活与人际关系中,存在于更加广阔的社会与文化进程中。为了更加充分地理解消费所存在的背景与关系,许多学者都采取了人类学或是社会学的研究方法。后面的章节将会更加详细地介绍这种方法与儿童的关系(尤其是第八章和第九章)。本章将简略介绍这种方法的一些主要论题以及一些相关问题。

正如我们所见,消费主义的批评者倾向于认为消费的文化维度与象征维度是不理性的,或仅仅是操纵的结果。从这个角度来看,人类的需求是内生的,而欲望则是文化性的——它是由资本主义强加于人们身上的(尤其是营销与广告这种意识工业)。但是,人类学研究表明,消费(获取、展示、使用、给予商品)常常包含象征性作用,即使是在工业化以前的非资本主义社会也是如此。消费从来不是只有工具性作用:它也常常有着表达性的作用。消费不仅仅关乎人们对生存与正常生活的需要,还关乎如何与他人交流,如何定义并构建个人认同感。如上所述,消费依赖于人们对文化象征的学习、解释,也依赖于人们对文化价值观的习得与对文化规范的遵守（或至少是理解）。

玛丽·道格拉斯与拜伦·伊舍伍德（Mary Douglas and Baron Isherwood）在其消费人类学的开山之作中称，商品应该被视作"传播者"，它们让文化分类明显且稳定。两人在书中提到了对部落社会的研究，并认为可以把消费看做一种仪式性的行为，这种行为可以对人与事件进行分类，并赋予其相应的意义。人与商品的关系应该从使用价值与公共意义两个方面理解：消费不仅仅有关人用商品做什么，还有关商品所表达的意义。这不是一个固定的过程，相反，它包含了不断的协商与重新定义；消费不是资本主义强加给人们的，它是社会生活的一个必要条件。

这种人类学方法与一个社会学方法有相同的地方。这个社会学方法的鼻祖是托尔斯泰因·范伯伦（Thorstein Veblen），他对19世纪末20世纪初美国有闲阶级的兴起及其炫耀性消费的分析影响了一系列有关用消费（尤其是公开展示所购买的商品）来界定社会阶层的理论。范伯伦略带讽刺地描述了有闲的绅士们如何通过购物与炫耀所购商品来显示自己优越的社会地位，这不仅包括他们自己的行为，也包括其妻子与仆人代替他进行的消费活动。范伯伦认为，对下层阶级来说，这种炫耀消费是一个有力的榜样。

从某些方面来看，范伯伦的著作可以看做另一本同样有名的著作的前身，那就是皮埃尔·布尔迪厄（Pierre Bourdieu）的《差异化》（*Distinction*，1979）。布尔迪厄有一句著名的格言："品味之间是有区别的，而不同的品味也能区别将品味分类的人"：通过培养并展现某种文化与艺术品味，我们将自己与他人区别开来，并以此含蓄地表达我们的身份认同与社会地位．布尔迪厄用详细的实证分析将品味的全景描绘在一个由经济资本与文化资本（人们通过正规教育和非正式社会交流获取的文化知识与文化倾向）区分的社会世界中。他认为文化品味与文化价值观的分布是有规律可循的，他把这种分布分为高级文化修养、大众文化修养、中产阶级文化

第二章 孩子用消费表达自己的想法

修养。

后人批评范伯伦与布尔迪厄的分析过于决定论，不够灵活，但是需要指出的是，和当代西方发达国家相比，他们所分析的社会流动性较低，社会阶级更加明显。从这种意义上来说，可以把他们的著作看做某一历史文化环境的证据：他们笔下的对社会地位的竞争在今天依然存在，但形式可能更加复杂多样。

因此，后来的理论家认为，在当代（也许是后现代）社会，社会与文化阶层不再那么固定、那么唯一：社会阶层划分方法有很多种，它们之间相互竞争；社会群体的定义更加宽松；固定的社会地位群体不再存在。因此，高雅文化与大众文化之间的区别不再固定，文化资本的形式也更加多样。同时，后现代主义者通常认为，信息、产品与形象的数量激增，标志与符号与它们所指的对象逐渐分离，涵义变得更难确定。因此，有些人用更加灵活，或者是个人主义的"生活方式"概念代替了社会阶级的概念——社会阶级对布尔迪厄理论仍然十分重要。人类学家丹尼尔·米勒（Daniel Miller）对布尔迪厄理论的发展不那么相对主义，他认为，某一社会群体的消费实践不再那么具有一致性：下层群体不再效仿上层群体，他们会通过占有消费品的方式来创造自己的文化形式与文化阶层系统。这样，想要按照社会分类来描绘消费实践就变得更加复杂了，但这并不是说消费实践的种类有无限多或无法分类。

这种方法来自对历史消费与当代消费的广泛实证研究。比如，学者们研究了人们饮食行为的变化，以及这些变化与社会风俗、社会群体间关系有着怎样的联系。饮食的内容、方式、时间与地点部分是食品生产的政治经济学，但它们也反映了消费者对共同价值观与涵义的枳极构建。品味与对食品的偏好并不是完全天生的，也是经过社会构建与社会习得的——在第六章里，我们将看到这一点对儿童饮食与"儿童食品"的诞生与营销有着重大意义。

同样的，人类学与社会学对服装与时尚的研究也主要集中在人们如何通过服装来构建、定义自己的身份认同。从某种程度上说，这是一个表明社会地位的问题，但研究显示，这不是简单的涓流效应：人们不一定会模仿社会上层人士的衣着（像范伯伦所说的那样）。服装所蕴含并展现的价值观是多样的、多方面的，关系到社会身份认同的多个方面（性别、民族、阶级），也关系到价值观（比如关系到公开炫富或者性倾向）(F. Davis, 1992)。第七章将讨论这些对儿童和一些看法（如儿童的衣着可能会表达关于性的价值观与知识，这在他们的年龄是不合适的）有着怎样的影响。

更广泛地说，丹尼尔·米勒在英国等国家对购物，人们在家如何使用并展示消费品等方面进行了一系列详细的实证研究，然后形成了这一方法。米勒重点研究了当地与家庭消费行为的多种多样且极富个人特色的特点，以及人们如何占有，并根据自己的需要改造日常用品，并赋予它们相应的涵义。米勒不同意之前提到的抽象的、非此即彼的逻辑，他认为，消费者不一定是头脑简单的、追求享乐的人，并不一定是被动地被市场所操纵，也不一定是理性的独立消费者，自主地满足自己的需求。米勒在他的新书中对以下主张（消费主义的批评者们都很熟悉）提出了异议，并提供了实证证据：资本主义导致物比人重要。相对地，他认为，所有权根植于复杂的人际关系网中，重视物的人往往也更重视与他人的关系。

必须强调的是，在这里消费被看做一个主动的过程，但并不意味着消费纯粹是个人的自由选择。相反，消费被看做一个社会现象、人际现象，涉及对社会实践与社会风俗的共同塑造，有关人们如何习得行为规范以及与他人的关系。这一过程的政治后果难以保证：这不是强大的营销者的操纵，也不是菲斯克所谓的"符号游击战"，这是复杂的、持续的社会协商，它的结果难以预测。另一方面，这些学者也不关心消费的好坏，也不会对此作出道德判断。这样看来，相对于针对消费的政治层面的抽象方法和给儿童消费问题设框的说教式语言，这种方法似乎提供了另一种富有成效的选择。

消费的涵义、风格和美学意义

尽管有关消费的悲观观点与乐观观点之间有许多不同，两种观点都假定了消费是重要的，以及消费具有象征作用。无论持哪种观点，几乎没人会怀疑消费和市场关系在现代生活中的中心地位；而且，不管最终持哪种观点，几乎没人会质疑下面这种观点：如今，消费的力量与重要性不在于满足物质需求，不在于它的工具性作用，而在于涵义，在于美学，在于"风格"。但是，这种假定不是没有问题的。

科林·L.威廉姆斯（Colin L. Williams）对商品化的论点提出了挑战，商品化指市场逐步渗透到社会生活的各个方面，这种渗透不可避免，而且只会加剧。但是威廉姆斯的研究重点不是消费，而是工作。他提供了大量证据来证明，在现代大部分发达国家，"非商品化"工作是一个越来越普遍的现象。非商品化工作包括：各种以生存为目的的工作（比如各种家务），人们从事这种工作是为了维持自己每天的生活；非货币化的交换，人们为彼此做一些事情，或是提供一些支持，但是不收取费用；还有正式的志愿者工作、社区活动，以及非盈利性产业。威廉姆斯还指出了抵抗商业化工作的不同形式、不同的交换形式以及对"工作—生活平衡"的态度的改变。有趣的是，威廉姆斯称高收入人群（这些人至少是有能力过消费主义生活的）中有更多的人去从事非货币化工作；而且他们是自己选择这样做的，而不是出于必须，因为他们觉得这样的工作让人更快乐，或是因为做这样的工作可以获得更多的社交机会。威廉姆斯称，商品化的批评者们几乎完全忽略了这种现象。这种现象指向了所谓的"消费者社会"逐步的去商品化。

针对当代许多消费研究对文化主义的强调,康拉德·罗德斯亚克(Conrad Lodziak)在《消费主义迷思》一书中提出了一个不同的观点。从某些方面来说,罗德斯亚克的观点属于以生产者为主导的观点;他的书大部分在对"文化研究"方法进行强力抨击,但他所抨击的对象充其量只能算是文化研究方法的夸张讽刺画。尽管如此,罗德斯亚克指出了专注于消费文化象征维面与文本维面(消费文化的标志与涵义)的危险,但他忽略了消费的物质维面。他认为,这种方法忽视了大多数人的日常生活体验,只考虑了一小部分精英。对大多数人来说,消费支出的大部分用在了购买必需品上;而且,即使是在最富裕的几个国家,生存的成本也在上涨。生活必需品不断涨价,计划内、计划外的生活用品报废,公共服务私有化,企业偏向雇用临时工,这些都意味着人们满足基本需求的难度正在加大。这样,人们所宣称的消费社会的"自由"并不是人人都能享受的。

罗德斯亚克还指出,"文化研究"(他口中的)夸大了消费对身份认同的意义。他认为,大部分消费并非表达性的,而是工具性的——对大部分人来说,购物并不是什么符号游击战,而是单调且累人的例行工作。在这个过程中,对消费者自主权的歌颂模糊了欲望与需求,这就意味着为了对市场经济的效果进行合乎规范的判断可以放弃任何底线(比如,在污染与浪费方面)。罗德斯亚克认为,事实上大部分人对身份认同形成的需求与非物质因素有关;而与物质商品的消费相关的都是身份认同相对不重要或是浅薄的方面(比如"风格")。

尽管方式不同,威廉姆斯和罗德斯亚克都对有关消费文化的两极观点的基本假设提出了挑战。他们认为,人们日常生活的很多方面并不是通过消费或市场关系调解的,也没有围绕消费与市场关系展开。他们还对以下观点进行了挑战:消费主义是以"炫耀"为目的的。而我所提到的大部分观点认为这一点是理所当然的。他们还暗示,人们并不是"消费主义意识形态"的傀儡，也不是它的鼓吹者，人们可能意识到了这种意识形态，并且试图抵抗它，或者至少在生活的其他方面找到价值。人们可能是消费者，也可能除了消费没有其他选择，但是这不一定意味着他们是消费主义者。

事实上，这其中的一些观点能够在本书讨论过的著作中找到支撑。米勒对购物的研究证实，大部分人的购物经验是工具性的，平凡乏味的：购物很少具有重大的个人意义，更不可能具有类似艺术级别的创造性，也不可能具有有些人所宣称的政治挑战性。尽管如此，购物常常被用来研究更广泛的道德与社会困境。比如，尽管人们偶尔会放纵，去买些奢侈的东西来犒劳自己，他们也常常会自己节衣缩食给其他家庭成员（尤其是孩子）购买礼物。但是，对大部分人来说，在大部分时候购物并不是一种纯粹自由、纯粹快乐的体验，而是有着实际作用的例行公事罢了。

的确，后现代主义者对被赋予了力量的享乐主义消费者（艺术家或浪子式的消费者）的颂扬可以说只适用于一小部分人。当然，至少从原则上来说，浏览商店的橱窗是不要钱的——不过，对有些孩子来说，浏览橱窗也不是易事，因为他们常常是保安怀疑骚扰的对象。但除此以外，想要做消费主义批评家所谴责的"购物狂"或是"消费强迫症患者"，就需要有足够的金钱，很少有人能做到这一点。这种形象至多适用于一小部分见多识广的中产阶级或是布尔迪厄口中的文化中间人：这些人在媒体、设计、文化产业等领域工作，本身就是后现代主义的拥护者（Featherstone, 1991）。

的确，我们需要提醒自己，即使是在看起来富裕、发达的社会，消费的参与程度也是非常不平衡的。在英国等许多国家，贫富差距正在加大；尽管儿童贫困已经有所减少，还是有三分之一的儿童生活贫困（见第八章）。尽管齐古曼·鲍曼的理论有一些问题，但他的这一论断是正确的，即下层人民是消费主义的主要受害者。对于消费社会来说，缺乏"购买力"的消费者是"有缺陷的消费者",他们要对自己的处境负责:即使他们是"市场诱惑"(鲍曼语)的目标,也常常无法按照自己的欲望行动。第八章和第九章将会讲到,不那么富裕的家庭在这方面会有特殊的压力:贫困的家庭必须发展出一套复杂的策略来应对来自消费社会的要求,对于那些想要通过给孩子购买高档商品来减少贫困耻辱的家长来说,这种压力尤甚。就像爱德华兹(Edwards)所说的,与消费相关的压迫的最重要的形式不是有钱人感到的花钱的压力,而是被排除在外不能参与消费的状态;这种压迫会损害人的自尊,加剧社会隔离,导致越来越多的人感到自己处于相对贫困中。的确,市场的逻辑不可避免地导致富人能够比穷人得到更好的服务;而且,市场似乎与不平等的加剧有着密切联系。不平等这一主题将在之后的章节中反复出现,而且会是最后三章的讨论重点。

结 论

本章简短回顾了消费理论。在此,我得出了四个结论,这些结论将继续出现在后面对儿童与消费的讨论中。以下是对这四个结论的简单概括:

1. 有关消费与消费文化的观点非常两极化。对消费主义非人化作用的说教式谴责与对消费者力量与自主性的颂扬都常常言过其实。我们需要超越此种非此即彼的选择。

2. 消费根植于人们的日常生活与人际关系中。它既有物质作用(工具性作用),也有文化作用(表达性作用)。对商品的消费(购买、展示、使用、传播)反映了社会沟通与身份认同构建的过程。

3. 消费或市场关系不一定是"炫耀"的,也不一定是包罗万象的。大部分消费并非是难以抵抗的强迫冲动,也不是快乐的自我表达,而是平凡乏味、难以避免的必需品。

4. 但是，市场体系会更有效地服务那些具有购买能力的人，而且也注定会为这些人的利益服务。这可能会加剧不平等的感觉与不平等本身。

丹·库克已经论证了，儿童值得注意是因为这么多消费理论与实证研究都没有提到他们。可能儿童被含蓄地纳入了某个一般性理论。但是，值得注意的是，在公众对儿童与消费的争论中，儿童按惯例会被挑出来作为一种特殊情况：儿童从本质上区别于成年人，他们有不同的需求，有不同的弱点，因此需要不同形式的规定与干预。后面的章节会对这些问题进行讨论，同时，我还会探讨曾经出现过或是未来可能出现的对儿童消费者的理论理解。

教会孩子判别广告和电视节目

第三章

在电视节目中插入"软广告"的方式已经进入了孩子的世界。对于儿童电视节目前后的显性广告,孩子往往能够判断,但是大一些的孩子才能分辨出隐性广告。随着社会越来越关注儿童的成长,要求取消或减少针对儿童的显性广告的声音越来越多,于是儿童商品的广告渐渐由显性转变为植入到电视节目中。教会孩子判别广告和电视节目是父母避免孩子过度消费的一个重要手段。

第三章 教会孩子判别广告和电视节目

如果我们把儿童这一形象加入到消费文化分析中去会发生什么呢？雅尼斯·盖布里尔和蒂姆·朗（Yiannis Gabriel and Tim Lang）在《难以驾驭的消费者》（*The Unmanageable Consumer*，2006）一书中讨论了现代消费者的不同面：比如选择者、传播者、寻找身份认同者、享乐主义者、反叛者等等。与大多数消费文化研究者一样，他们二人几乎没有把儿童考虑在内——但是，他们提到了年轻人。在他们所提到的消费者的众多"面"中，值得注意的是，有一"面"尤其适用于儿童——受害者。与书的其他部分一样，他们对受害者的讨论仅限于成年人（有着被欺诈经历的成年人），以及消费者保护法能够及应该对他们进行哪种程度的保护。他们与奥德里奇都认为，消费者的受害者形象没有以前引人注目了。但是许多有关儿童与消费的争论与研究均显示，儿童的受害者形象依然鲜明，而且广受关注。大部分研究者认为儿童不是理性的选择者，也没有明确的目的去寻找身份认同，更不是什么浪荡的享乐主义者，他们是一个被操纵、被剥削、被牺牲的受害者群体。

的确，在谈到儿童消费者时，对消费文化的谴责就会上升到道德层面并带上严重的说教语气。这与年轻人的差别值得注意。对消费文化的概述在谈及"年轻人文化"的时候，通常认为这是一个现代消费者创造性自主的例子：在承认年轻人是重要市场的同时，人们通常也认为年轻人是寻找身份认同者、反叛者、艺术家——有时也是激进主义分子。与之形成对比的是，儿童一直被认为是没有独立意志的。人们认为儿童没有足够的知识和经验，难以做出明智的选择去维护自身的利益。他们的身份是不完整的，而且这种身份是别人给的，而不是他们自己形成的。尽管他们的确有需要，却被认为没有能力清楚地表达自己的需求，也无法区分需求与欲望。只有成年人才有行动的能力；儿童只能让成年人代替自己行动。因此，儿童进入消费世界本质上被认为是不合规的：儿童似乎就意味着不该是消费者。这就解释了人们提到儿童消费者时所产生的复杂情绪——愧疚感、责任感，还有错位的成年人的快乐与欲望。

儿童作为消费主体的形象

这种对儿童消费者的看法可以看做反映了童年这一概念与经济世界之间的不兼容性。这种看法也出现在对儿童工作的讨论中。童年应该是玩耍与学习的时间，而不是工作的时间——这种观点相对较新。历史学家路德米拉·约达诺娃（Ludmilla Jordanova）已经解释过，19世纪末对雇佣童工的谴责以及旨在消灭童工现象的运动反映了大众心目中童年的本质：

儿童是（被认为是）不成熟的，他们易受影响、脆弱、纯洁，需要父母的保护，太容易受到市场的腐蚀。这种对儿童特性的描述有两个理由：第一个与基督教相关，在基督教中，儿童的形象是"生命的神圣状态"；第二个与意识形态有关——不知怎的，儿童天生就与商品世界互不兼容。

约达诺娃认为，在儿童（自然范畴）向成年人（文化范畴）转化的过程中，儿童与经济的关系是非常紧张的。

当代对儿童工作的讨论通常反映了相似的假设——人们对儿童工作的讨论常常与对其他文化的批评联系在一起，如果没有把儿童和工作分开，那么这个文化就会被认为缺乏"文明"。但是，即使是在西方发达国家，也有很多儿童通过工作来赚钱。大家都知道青少年会打工赚钱，但是他们从事的工种远不止人们刻板印象中的送报纸、看孩子以及周末在商店打工等。在今天的英国，大部分大一些的孩子会在某一阶段做一些兼职工作。尽管大部分孩子每周工作时间不超过六小时，但有四分之一的十五岁孩子每周的工作时间不止六小时。

此外，就像薇薇安娜·赛丽泽（Viviana Zelizer）所说的，不到法定工作年龄的孩子也会进行一系列的"非正式"经济活动。活动的范围包括在家族企业工作、照顾家人、做家务挣零花钱等，然后再在同龄人中通过交换礼物、交换商品来进行交流。这样一来，孩子和他人之间形成了复杂的经济关系，包括家庭成员、朋友、同龄人、公司、商店、学校、志愿者团体等。但是，赛丽泽认为，研究者基本上忽视了孩子们这些创造经济价值的工作。

同时，对发展中国家中童年的研究显示，雇用童工并不完全是邪恶的（实际上，"工〈labor〉"这个词本身就表达了道德上的不赞同）。这些研究没有忽视其中牵扯的不平等与剥削的方式，但它们也认为儿童工作是儿童参与社区生活、家庭生活的重要方面。关于发达国家中儿童的工作也有相似的观点。研究显示，有报酬的工作能够帮助年轻人提高自尊和责任感，还能帮助他们发展特殊的职业技能——但毫无疑问的是，很多雇主没有尽到保护儿童的法律责任。

本书的重点是儿童消费者，而不是儿童工人——尽管至少有部分儿童消费能力来自于他们工作挣钱的能力，第五章将对这一点进行更详细的阐述。但无论是消费者还是工人，儿童都被认为是、或应该远离经济或商业世界。儿童可以从事自己的"工作"，比如玩耍或学习，但不能认为他们是积极的、能够产生经济价值的经济行为人。因此，赛丽泽认为，我们对这些问题的讨论被成年人关切的事务框住了：比如，"儿童如何理解成年人的经济"，"儿童如何学习与之相关的知识"，"儿童如何融入其中"，以及"成年人的经济如何影响儿童"。

儿童是不是"文化傀儡"

赛丽泽的这些观点的确是儿童与消费的主流心理学与社会心理学研究的现状。从20世纪七十年代开始，对儿童与消费的研究逐渐增多。很多研究的重点是儿童对广告的反应，尤其是电视广告，而不是营销或消费的其他方面。还有很多研究的研究对象是购买行为（或是购买前的行为，如查找信息、偏好、选择等）；相比之下，关于儿童如何在日常生活中分配并使用产品的研究比较少。本书将重点关注生产、分配、流通、消费中比较小的一个方面。同时，本书不会回顾综述此前关于这一点的研究：大家可以从别的书里找到这方面的信息（如，Gunter et al., 2005; Gunter and Furnham, 1998; McNeal, 2007）。在后面的章节里（尤其是第六章和第七章），我会提到这些作品中的观点；我关心的是这些观点中潜藏的理论及哲学假设。

一般来说，在人文科学中，对童年的研究通常是心理学的领域；尽管有关童年的社会学研究发展也十分迅速，年纪还够不上青少年的孩子通常不是社会学家和消费理论家的研究对象。在心理学研究中，人们看待、定义儿童的方式往往是特别的，主要的研究兴趣是内在的心理过程，如认知、情感等；在大部分情况下，社会环境被理解为外部变量或外部影响。另外，儿童的概念化主要是从发展方面进行的：即儿童向着成熟的成年人的发展。方法论上，研究的重点是通过心理测量测试了解儿童怎么想（或者是他们说自己怎么想），而不是他们怎么做，也不是他们如何在日常生活中运用自己的知识。总的来说，儿童不被视作独立的社会角色：就像研究童年的社会学家所说的，儿童不是一个静止的存在，而是一个变化的过程。

第三章 教会孩子判别广告和电视节目

对儿童与消费的研究主要体现在两个领域：一个是影响研究，研究重点是广告；一个是对"消费者社会化"的研究。在心理学对儿童与媒体的研究中，影响研究是主要的视角，而且它在有关媒体暴力的讨论中得到了广泛应用（近期的评论性综述请参见：Buckingham et al.，2007；Freedman，2002；Millwood Hargrave and Livingstone，2006）。在之后的章节里，我会在对以下主题的讨论中对影响研究进行检视：消费与儿童肥胖，"性化"与物质主义等。但是，关于影响研究如何对儿童消费者进行概念化，我在这里有几点综合的评论。

理论上，正面影响可能会得到承认，但是实际上，这种研究的重点几乎全放在负面影响上。消费的负面影响很多：研究者曾经探讨过接触广告与营销是否会导致心理和身体疾病（如肥胖、饮食紊乱、焦虑、抑郁等），消费有害产品（如香烟、酒精、垃圾食品），产生反社会行为及态度（如物质主义、家庭内部矛盾、暴力）等。影响研究所关切的点清楚地反映了第一章提到的批评者的论点；由于对消费影响的争论以及反对消费主义的运动受到公众瞩目，政府和各种私立基金会为此类研究提供了大量的资金支持。

影响研究通常会采取实证主义方法。它先针对社会世界提出假说，然后通过科学或数学方法对其进行实证检验，最后判断假说是否成立。这种方法的前提假设包括：我们可以对媒体内容的内在涵义进行量化测量；同样也可以量化测量观众的反应；同时还可以将两者联系起来，从而测量媒体的效果。这个过程中的潜在变量可以隔离、可以控制，或者可以对其进行数据分析；科学家对研究的设计与解读的潜在影响是可以消除或减小的。这种方法据称可以保证可预见性、客观性，并为归纳普遍规律提供基础；还可以通过元分析对这类研究的结论进行数据汇总。

然而，批评者们常常会质疑影响研究所用方法的有效性。实验室试验的问题在于它们是人为状态：通常，孩子们会接触非典型性的"刺激"，他们的反应或态度的测量方式是人为的或是不可靠的。实验室试验充其量只能指出可能发生什么，而无法证明在现实生活中一定会发生什么。同时，问卷调查依赖人们自行汇报自己的行为（或可能做出的行为）；而且有很多研究错把变量间的关联、联系当作因果关系。比如，研究可能显示，看电视广告多的孩子显得有物质主义态度。但这本身并不能证明电视是造成这种态度的原因；同样，容易接受物质主义观点的人倾向于把看电视作为娱乐方式，但这不能说明电视是容易接受物质主义观点的原因，还有其他因素（比如社会阶层或者家庭背景）能够同时解释具有物质主义态度和爱看电视这两种行为。（第九章会对这一点进行更详细的探讨。）

然而，对影响研究最根本的反对在于"影响"这一概念。显然，影响研究的前提是儿童与媒体之间有一种因果关系。经典的行为主义视角把这看做一个刺激—反应的过程，其中最明显的例子是模仿。从这个角度来看，电视广告对观众有着直接的影响，而影响的对象不仅仅是他们的消费行为，还包括态度观点与价值观。这种方法更复杂的版本提出了干预变量（包括个人差异与社会因素）的存在，干预变量存在于刺激与反应之间，可以促成任何可能的影响——但是基本的因果关系版本仍然适用。这种研究通常会把儿童消费者看做白板，营销者可以任意在上面书写有害的广告语。

影响研究的批评者认为，这种研究方法鼓励了对复杂社会问题简单化且具有误导性的反应。影响研究不是专注于某个社会现象（比如暴力）并对其进行解释，而是从媒体入手，试图找到媒体对个人有害的证据。从这个方面来说，这种研究方法研究问题的方式颠倒了。安德里亚·米尔伍德与索尼娅·利文斯通（Andrea Millwood and Sonia Livingstone）对此的表述十分有力：

社会不会问家长对孩子是否有影响，也不会问朋友对人的影响是正面还是负面。但是，它一直在问（并希望研究者也问）媒体对孩子是否有影响,以及这种影响究竟是好是坏,它似乎认为这个问题很好回答。即使研究显示家长对孩子的确有影响,我们也不会因此而推断孩子们是被动的"文化傀儡",或是像对待媒体影响那样,把家长的影响理解为"皮下注射器"。另外,即使研究显示家长对孩子的影响是有害的,我们也不会轻易断言孩子不应该由父母抚养;我们会做的是对其进行调解,或者管理。

这意味着,更全面地理解媒体(以及营销与广告)在儿童生活中的作用可以帮助我们摆脱有关影响的简单化观点——尽管这不一定会消除我们对媒体进行干预或者管理的理由。对影响研究的批评不意味着媒体对人没有影响,而是说,在看待社会及文化因素在儿童生活中的作用时,因果关系这一概念是狭隘且具有误导性的。

成为成熟消费者的过程

影响研究的基础是某种形式的行为主义,而对消费者社会化的研究则主要建立在发展心理学的基础上。对消费者社会化的研究有很多,但奇怪的是,大部分研究是在20世纪七十年代进行的,尽管自那时起,儿童市场已经经历了长足的发展。大家可以在其他书籍中找到对消费者社会化研究的全面回顾(Ekstrom,2006;John,1999;McNeal,2007);在此,我主要是想对消费者社会化研究定义并概念化儿童消费者的常规方式进行一个简单梳理。

尽管社会化这一概念主要由功能主义者提出,但它在某种程度上是广义的:即儿童如何学会用主流社会期待规范自己的思考、行为,并成为合格的社会成员。在与消费相关时,社会化就是学习做一个有效的消费者:根据斯科特·瓦德(Scott Ward)的定义,"消费者社会化"指的是"年轻人习得作为消费者的技能、知识以及态度的过程"。从学习方面来说,消费者社会化通常被看做一个从无知到知、从不合格到合格的前进过程。消费者社会化研究也把儿童看做一个变化的过程，而不是一个静止的存在；而对儿童的定义则主要是他们不能做什么、无法做什么，而不是能做什么。消费者社会化研究认为儿童体验的社会文化方面与其认知发展的过程没有关系：儿童具有前社会性，在进入社会之前就必须完成发展。与影响研究一样，消费者社会化研究通常也采取实证主义研究方法：研究者一开始就对消费者能力、技能、知识等儿童需要学习的东西（这些被认为是成年人已经拥有的）有着固定的看法，然后再对儿童对这些东西的掌握程度进行计量。

在研究消费者社会化时，大部分研究者会根据发展心理学设定研究框架，提出一个成熟过程的"年龄与阶段"顺序。从这个角度来说，儿童作为消费者的发展与其在认知技巧、认知能力（如加工信息的能力、从他人角度理解问题的能力、抽象思考的能力以及在决策过程中考虑多重因素的能力）方面的发展密切相关。儿童消费者的行为会受到家长、同龄人、媒体以及营销的影响，但其自主性、一贯性以及理性会不断提高。随着年龄增长，儿童消费者在进行购买决策时，参考的消息来源也会越来越多。从这些方面来说，人们通常认为七到十一岁之间是一个非常重要的发展阶段。

比如，消费者社会化研究提出，儿童从很小就开始发展对商业品牌的认知与知识以及消费偏好。两岁大的孩子就能够认出熟悉的包装、商标以及产品特许的人物形象，九岁大的孩子对品牌与广告语的熟悉程度就不亚于家长。他们用来区分品牌、产品类型，并用来对产品做出判断的知觉线索会随着年龄增长逐渐增多。孩子很小就开始发展一贯的偏好（比如偏好有牌子的商品），而随着年龄增长，这些偏好会变得更加强烈、更加复杂。儿童对物质商品象征意义的理解也会逐渐发展：随着年龄增长，孩子们会开始理解如何用商品来表现自己的社会地位和作为某一社会群体成员的身份。研究显示,七岁时,孩子开始通过他人使用的商品来对其进行判断,到十一、十二岁的时候,他们开始通过品牌来判断别人。随着孩子年龄的增长,品牌逐渐成为知觉线索(在产品间进行区分),而且还被赋予了象征意义,这对孩子的自我概念和对他人的判断都有影响——但需要强调的是,这被看做一个动态且交互影响的过程。

对消费者社会化研究的批评有很多,其中不少都呼应了对影响研究的批评。近年来,与皮亚杰(Piaget)有关的儿童发展"年龄阶段"理论受到了广泛质疑。很多领域(比如教育学)已经用"社会文化"心理学取代了"年龄阶段"理论。但是,年龄阶段理论依然活跃,尤其是在对儿童和媒体的心理学研究中。该理论的风险有很多,比如,机械的"年龄阶段"方法会导致对儿童在各个阶段的能力(或缺乏的能力)的毫无意义的归纳。但是,对社会化研究来说,这种理论还会带来一种目的论的研究路径:它认为发展是一种向着成年人理性的直线前进过程。因此,通过发展,儿童被描述为是在稳定地"提高"自己,他们变得越发成熟、越发灵活,购物与决策的知识技能也从有限变得全面。批评者认为这会导致我们在看待儿童时候只注重他们缺乏什么,而忽略了儿童对其世界的理解、解读与行为。与整个发展心理学一样,这种研究方法同样只注重消费者行为的认知与智力方面,而忽略了其情感方面与象征意义。

凯琳·埃克斯特姆(Karin Ekstrom)等批评者提出,我们需要从一个更加社会—文化的角度来解释消费者社会化。她认为,消费者社会化是一个持续的、终身的过程,而不是在成为成年人的那一刻就会终止;在不同的社会文化群体,在不同的历史阶段,消费者社会化都是不同的;它包含了不同的生活经历和消费背景。这样,对"合格"消费者的定义就不会是单一的。埃克斯特姆还认为,儿童应该被看做社会化的积极参与者,而非外部影响的被动接受者;她还发现,儿童也可以"社会化"自己的父母和祖父母,比如在媒体技术应用和消费的环保影响等方面(这种过程被称为"反向社会化")。这意味着，儿童与父母的消费者地位不是固定的，而是一个持续协商、持续对话的过程，这主要是因为随着孩子的长大，家庭结构会发生变化（比如在离婚的情况下）。

丹·库克的批评则更进一步，他认为，消费者社会化研究对儿童和消费的看法都有局限性。比如，他发现，商业影响常常被简单地等同于广告——这忽视了市场关系涉及的社会文化生活的多个方面。库克认为，应该用"对所处社会文化方式的适应"来取代社会化的概念，这有助于我们超越消费者社会化研究的研究方式。他认为，孩子在出生前就与消费文化产生了联系；我们不应该抽象地评价孩子的知识，而应该考虑在日常生活中这些知识是如何运用的（或是被弃之不用）。学习消费不是单向地从家长到孩子输送知识，而是不同社会主体间不断协商的过程，在这个过程中，起作用的远不止一种涵义。

儿童的"广告素养"

针对消费者社会化研究和影响研究传统上所关心的问题，这些批评提出了一些不同的思考方式。比如，有许多研究探讨了儿童对广告劝服意图的理解——即了解广告的本意是鼓励购买，而不仅仅是中立地提供信息。大部分心理学家认为，儿童很早就学会了区分电视广告和电视节目（三到四岁）。有些研究称，孩子长到七岁左右就能够识别劝服意图，但有些研究认为，理论上孩子们了解这一点，但是却不会使用，这种情况会一直持续到十一二岁左右。心理学家通常把这种对比叫做能力与表现的差别。

在此，研究者用来解释儿童发展的理论仍然相当过时——他们用缺损模型来定义儿童。比如，美国心理学协会的广告与儿童行动组（American Psychological Association）非常直接地称幼童不理解他人的看法、欲望、动机，因此无法理解劝服的本质。巴什曼等人（Bashman et al., 2006）称，这种观点与过去二十年儿童发展研究得出的理论相去甚远；即使这种观点是正确的，也不一定能得出像美国心理学协会那样的结论，即幼童更易受到影响。

事实上，提到广告的影响，很难确定孩子对广告的理解可以减轻广告对他们的影响。有些研究者认为，如果孩子不理解劝服性信息的概念，他们就无法启动"认知防御"去抵御它——比如，质疑其来源的真实可信性，或者反驳它。有些研究者认为，如果孩子知道广告的本意是劝说观看者购买商品，他们就不会那么相信广告的内容，也不会那么想要购买广告中推销的商品。但是，这明显只是一种基于常识的假设，没有充分的证据证明这一点的真实性。对于广告，年龄较大的儿童（或者成年人）不一定比幼童更具对广告的抵抗力，理解水平高也不意味着能够减小媒体的效果。我们可以假定成年人非常清楚广告的劝服意图，甚至了解广告商所运用的劝服策略，但我们不能因此就断定成年人就不受广告影响。在这个意义上，知识不一定意味着力量。

针对这一问题，心理学家提出，在不同的环境下，广告（和其他形式的劝服性信息一样）起作用的方式也不同——广告可以触动人们的情感，也可以以理性的方式说服观众。此外，针对年龄较长儿童的商业信息可能会使用更加复杂的说服技巧，这会提高对认知的要求，广告的说服意图会不那么明显。还有研究者提出，由于情感发展程度提高，年纪较长的儿童可能会易于受到针对幼童的广告的吸引；有人认为，相较于幼童，年纪较长的孩子零花钱更多，也更自由，但又不能像成年人那样很好地控制自己的冲动，因此可能在许多方面都比较脆弱。以上观点都属于假说：没有足够的研究对它们进行详细的探讨。尽管如此，它们还是说明，把"广告素养"看做理性抵御机制或是对人对广告的情感反应的控制手段的心理学概念是错误的。

而社会—文化的解释则认为,这种对广告的认识无法抽象地习得、发展、并得到应用。儿童(和成年人一样)可能从理论上指导广告的目的是劝说人们购买商品,但他们不一定能够在现实生活中调动这一知识,也不一定能够运用这一知识来指导自己的消费行为。有很多因素都能干预人对商品的欲望(比如由广告激起的欲望)和实际购买行为。为了更全面地理解这一问题,我们需要更深入地理解:在日常社会场景中,人们是如何解释并运用商业信息中的含义的,以及这些信息是如何与儿童的社会、物质环境产生相关的。这种方法肯定会削弱之前的发展假设,即儿童到了某个"神奇的阶段",就能够全面、一致地意识到劝服意图。它还能指出,"广告素养"不是一套人们脑子里的心理技能,而是根植于特定社会环境与特定社会行为形式中的一种现象。

最后,需要强调的是,这些对发展发育理论的批判不意味着这种理论毫无意义:如果这样理解那就太荒谬了。在大部分方面,孩子的确没有成年人的知识和经验多;随着年龄增长,孩子逐渐了解了广告——但成年人也在不断了解广告。这里所研究的是某种心理学概念,即学习(或发展)是一种内在认知活动,是一种个人化的、社会的过程。我的观点意味着我们不仅需要把儿童视作心理发展的过程(他们将通过成年人的标准进行评估),还要将他们看做一种社会存在。

儿童成为消费的焦点

这些批评的声音指出了对儿童消费者进行社会文化分析的需要。但是,就像我已经指出的,消费与消费文化的社会理论几乎忽略了儿童这一群体。丹·库克也指出,在这一领域的重要文本里,儿童所受到的关注微乎其微。他认为,儿童基本上是附加的东西,是"概念道具",或仅仅是

"文化接收者",而不是独立的经济行为人或消费者。在现有对儿童的讨论中,儿童被视作存在于商业世界之外,只有在家长、媒体、营销者的社会化影响下,他们才会进入商业世界。当然,还有一些社会学研究和文化研究探讨了儿童与消费这一主题,但是它们几乎没有得到主流社会、文化理论的承认。库克称,这反映了对儿童、对女性的忽视和边缘化——或者是对女性作为母亲的忽视与边缘化。虽然没有明言,在主流经济理论中理性的成年男性才是标准。

库克认为,儿童不能仅仅作为现存消费理论的附加品;相反,这些理论的某些方面需要重新考虑。和标准的理性成年男性不同,儿童不能被视作独立的个体,因为他们的消费根植于与家长和同龄人的社会关系网络中。讨论儿童与消费,就必须考虑到"获取、拥有、展示物品的关系性、合作性本质"。我们需要抛弃消费者作为孤立个人的概念,抛弃欲望、身份认同、生活方式个人化的概念,并重点关注人际关系与相互性。另外,就像库克所说的那样,儿童不是静止的:他们无时无刻不在变化(无时无刻不在发展成长)。质疑儿童成长的目的论观点就意味着否定成年人是完全形成的、完全理性的、合格的消费者。

的确,在社会学对消费的研究中,有一部分观点仍然以成年人的标准来判断儿童消费,并固执地拒绝承认儿童消费的正统性。和第二章讨论的对消费文化的批评一样,在这里,对资本主义的激进批评与有关文化价值与童年的保守观点形成了同盟。比如,评论家史蒂芬·克莱恩(Stephen Kline, 1993)认为,就其本质而言,市场对儿童的真正利益与真正需求一定是有害的:

> 市场永远不会以高尚的理想与正面的人物形象去激励孩子,不会用故事帮助孩子适应生活的苦难,也不会宣传有利于孩子成长的游戏活动。商业利益的根本目的是利益最大化,你不能指望商业利益超越消费文化去关

心文化价值或是社会目的。

这种观点引出了许多对儿童需求和如何满足儿童需求的假设。克莱恩主张,儿童需要"崇高的理想"和"正面的人物形象",他们需要帮助才能"适应",才能"成熟"——他还暗示,只有怀着善意的成年人(没有商业动机)才能给予孩子这些。在他的定义下,童年和文化一样,都是纯净的,就像伊甸园一样,是正面的道德与美学价值观的来源,是"想象力"与"纯真"的源泉,然而,这些逐渐为商业力量所腐蚀。克莱恩认为,在这个过程中,那些传统且健康的童年活动与童年体验已经被浅薄的商业替代品所取代。

在攻击他所认为的主流社会精神时,克莱恩同样矛盾地采取了"旧式的"中产阶级立场。比如,他对儿童文学"黄金时代"与当代儿童电视节目的局限性的对比充满了没有经过解释和证明的价值判断:他认为观看儿童卡通无需动脑,而且卡通的内容重复空洞、流于俗套。在这些观点中,对文化文本(比如玩具、电视节目等)的分析常常被默认为其对观众(儿童)影响的充分证据。克莱恩也同样称商业文化业控制并约束了儿童的想象力,损害了儿童进行批判性思考的能力,并常常会对儿童进行操纵、欺骗和恐吓,从而得到他们的服从。但是他未能从儿童的角度提供有意义的证据来证明消费文化对儿童的控制。

埃伦·赛特(Ellen Seiter)提出,类似这样的批评常常暗含着一种基于中产阶级文化价值观(其次也是男性价值观)的势利。她认为,对商业媒体文化的批评执行的是中产阶级的"正确养育"标准,并由此让那些拒绝或没有达到标准的家长产生愧疚感。在赛特眼中,这是一个更广泛的进程的一部分,在这一进程中,男性评论家批评女性对消费品的兴趣,并臆断自己(男性)和消费文化没有丝毫关系。类似评论通常会区分"好"的消费(高雅、克制的消费)和"坏"的消费(不高雅也不克制)——而儿童消费往往被定义为"坏"得无可救药。

与之形成对比的是，儿童媒体文化能够为儿童提供一个空间，在这里，他们能够免受成年人的限制和监督——尽管这个空间本身也是由成年人（即媒体企业）创造的。许多儿童卡通"粗俗"无礼，有些甚至会公开颠覆成年人的权威，这些特点让它们成为了成年人的禁区。同理的还有《宠物小精灵》或是一些电脑游戏所制造的复杂且神秘的世界——尽管成年人远离这些是因为只有缺乏知识才能参与到这些世界里去。就像赛特所说的那样，儿童文化这种"颠覆"的吸引力已经存在了几个世纪，而且在许多儿童文学作品中都有体现。

对儿童消费文化的批评几乎都没有考虑过儿童的口味是不同于成年人的。比如，也许某个年龄段的孩子本身所偏好、甚至是需要的故事就是简单的正邪对立，或是对成年人权威的嘲笑与颠覆，在成年人看来，这样的故事粗糙且老套。孩子们可能就是需要像卡通这样的文本，这种文本富有活力，在视觉上大胆简明，没有限制，在成年人（不只是中产阶级的成年人）看来，这就成了没有美感、庸俗不雅。最终，仅仅指望成年人那没有根据的品味判断和文化价值观，或是他们对童年那感情用事的看法，是不能解答所有问题的：我们需要更全面地考虑儿童自身的观点和做法。

儿童对消费的适应性

在过去的二十年间，出现了一种针对童年的新型社会学研究，从这种研究中，我们能够找到更多关于儿童消费文化体验的有用证据。接下来的一些章节将会谈到这种新型研究；但在此之前仍须注意的是，对童年的社会学研究也倾向于忽略儿童作为消费者的身份。同样的，在这种研究中也存在着一种怀旧情绪，即怀念从前那种没有受到科技与商业影响的"自然状态"的童年，并且对虚假商业强加给儿童的东西持怀疑态度。基本上，社会学家更愿意把青少年看做消费者；在针对儿童的社会学研究的很多开山之作中，几乎没有提到儿童消费者，或者仅仅把他们作为研究的附加物。

莉迪亚·马腾思，代尔·萨瑟顿和苏·斯科特提议社会学和人类学对消费的研究应该更加全面地研究儿童和家长。他们认为，在继续关注儿童消费者产生的同时，应该更加注重对消费行为以及消费如何融入儿童日常生活的研究。他们提出，可以通过许多方式把儿童加入到当前对消费的研究（其中包括第二章提到的几种理论、方法）中去。比如，他们展示了如何把布尔迪厄对文化资本的分析应用到对儿童如何学习消费的研究中去，以及"与合格行为、文化价值观、品味形成相关的技能是如何传承的"。这种方法还可以用来分析如何运用消费品制造并维持同龄人群体之间的等级制度——但是在这个过程中，应该对布尔迪厄的分析进行扩展，考虑更多动态的、"非正式"的传播形式（见第九章）。同样地，他们认为应该对丹尼尔·米勒等人的人类学研究进行扩展，考虑儿童如何通过玩耍对商品进行分配、个人化，并将商品重新融入生活，并从而创造出物质文化的新标准、新准则。

重要的是，马腾思等人非常注重家长的作用：他们认为，研究应该关注家长如何对儿童进行社会和象征地位的投资、并积极地培养某种消费倾向。他们认为，家长通常要对孩子消费的能力和合理性负责，家长应该起到看门人和购买辅力的作用——但是这通常包含一个协商和谈判的过程。另一方面，做家长意味着对自身消费行为的限制，同时，家长通常也不能随心所欲创造自己想要的（甚至是后现代的）消费生活方式和身份认同。在第八章，我们将会看到，关于儿童消费如何融入现代家庭不断变化的权力关系有许多有趣的问题。家长可能会常常面临"意识形态的困境"——一方面，他们为了确保自己好家长的地位而试图控制孩子的消费，另一方面，他们又鼓励孩子消费，并把消费当作他们对童年投资的载体。

身份认同是另一个可以拓展到儿童消费的消费文化理论的主题——但是，同样的，在这里需要对这些理论通常所持的个人化、标准化的假设进行反思。研究童年的社会学家提出，对童年身份认同的构建是一个持续的过程，而儿童本身是这个过程的积极参与者。丽娜·阿拉宁（Leena Alanen）提出的"世代"概念意味着定义世代间关系的方法是可以根据机构和社会行为环境而进行变化的（学校、家庭、同龄人群体、市场等）。换一种说法，我们可以认为，童年与成年的身份认同在不同的背景、目的下有不同的表现方式。

第四章和第五章将会提到，作为孩子，作为某一年龄段的孩子以及作为男孩女孩分别意味着什么，市场对这些有着固定的定义和解释；孩子们会使用这些定义来构建自己的身份认同感。定义（或描述与形象）可能有好几种，它们之间也会有冲突的地方；儿童也不一定会从这些指派给他们的概念中看到自己的影子——如果他们的确看到了相似之处，他们也可能会选择抵制或拒绝接受这些概念。过去，市场曾经通过制造以年龄为基础的对比与分级来运作；而且这一过程仍在持续，当代市场所构建的十到十四岁孩子的消费群体就是一个例子。但是，这种构建并非铁板一块，也不是不能抗拒：关于性倾向问题，这里存在着不断的协商（见第七章）。

另外，对儿童身份认同的"市场化"构建与老师和家长的构建行为有关——这主要是因为常常是家长为孩子买东西、给孩子零花钱，并（有时）试图影响孩子如何消费。市场的定义通常会影响正确育儿或教育学的观念，而这些观念也会或多或少地影响对儿童（或学习者）以及"长大"的定义。和孩子们一样，家长和老师也会与市场化的定义进行协商——他们都能从某种程度上影响这种构建的最终成果。因此，除了市场有相关童年身份认同的定义，家庭、同龄人群体和学校也各有自己的定义，而儿童正是通过这些定义来构建自己的身份认同，并用行为来体现它。

巴勃罗·约翰森（Barboro Johansson）的研究方式与之类似，他运用了行动者网络理论和吉尔·德勒兹（Gilles Deleuze）的理论。理论上，这种研究方式意味着一个转变：从以不受外界影响的个人的角度来看待社会生活到从关系、网络、流动的角度来看待社会生活。在这种研究方式中，能动不再是个人的所有物，而是产生于特定环境和特定事件下，并由人或非人行动者集聚起来。约翰森称，使用这种方法，人们不用再拘泥于区分儿童是"静态的存在"还是"变化的过程"，她认为，每种情况都有"存在"和"变化"两种因素。在对孩子的访问中，她发现每个孩子对消费的主观看法不尽相同：有的孩子爱存钱，以备将来不时之需；有的孩子把消费的选择和责任交给家长；有的孩子自己购物；有的孩子收集商品；有的孩子花钱有节制、有理智；有的孩子能够影响家庭消费。但是这些主观看法并不是固定的，孩子们会根据情况做出相应的选择。在不同的情况下，孩子们可能会选择不同的做法，或是在某一情况下同时选择多种做法。

尽管约翰森的方法是为儿童制订的，但显然也适用于成年人；而且，把这个观点拓展一下，我们可以说儿童和成年人都既是存在，也是过程。回到我们的起点，可以说，人们做什么样的消费者取决于他们所遇到的社会情境。这显然不是一个直截了当的自由选择问题：市场（与其他机构）同时生产并限制消费者能够选择的主观性（主观看法）。但是我们作为消费者的行为也受到我们自身选择、自身控制的影响。这样，儿童消费者的身份认同（或者多重身份认同）就不仅仅是市场的产物，还是儿童自身在日常生活中积极构建的结果。

先了解，再引导

我们还可以在文化研究领域为这种研究方法找到更多理论和方法论资

源。文化研究领域的研究通常用"文化回路"来看待结构和能动之间的关系。理查德·约翰逊（Richard Johnson）在其早期对这种方法颇有影响的描述中指出，文化是一个社会过程，我们可以从这一过程中找到并分离出一系列的"环节"并进行分析。生产这一环节指的是文化实物或文本从无到有的过程；这些文本形式特殊，能够单独进行分析；随后，这些文本的涵义通过"解读"这一环节得以成为现实；然后解读再进入约翰逊所谓的活的文化，活的文化再去影响生产过程。社会环境和社会关系影响着这一过程中的每个环节。比如，在这里，生产并不仅仅是个人的创造性活动，这里的生产要受到制度条件、社会条件、经济条件的影响。同样的，解读并不仅仅是个人读者与文本的相遇，它也是会受外界影响的：解读同样发生在某个社会场景下，而这个社会场景会对解读产生一定影响。这些社会条件不能完全决定生产或解读的具体行为，但会设立限制和可能性，从而从系统上有利于某种涵义的产生。

蕾切尔·罗素和梅丽莎·泰勒（Rachel Russell and Melissa Tyler）曾经说明过这种多方面研究方法的好处。她们的主要研究对象是女孩的天堂，这是英国一家以十到十四岁女童为服务对象的连锁店，主要销售平价化妆品、配饰，并为顾客提供改变发型、装束的服务。通过采访女孩的天堂的创始人，罗素和泰勒首先对这家店的政治意义、经济原理以及其老板的想法进行了分析。她们发现，这里的商业营销语言借用了"后女性主义"的"女性力量"这一概念，并在某种程度上有改变传统女性文化价值观的可能；尽管它的根本目的是获取经济利益，但我们不能像有些批评家那样把它划归为彻底的保守力量。

其次，罗素和泰勒对这家店进行了文本分析，这里的文本包括营销、网上宣传资料，以及店内的布局、灯光、商品展示等，这些方面合起来传达了"女性"与"天堂"的涵义。她们着重分析了这家店如何将闲暇、消费、行动混合起来，并把店铺打造为宣扬女性气质和实现女性"梦想"的场所。另外，这家店的定位是妈妈可以和女儿一起来——这一点和其他针对儿童的商业营销有所不同，后者通常声称自己支持孩子而非家长的立场。女孩的天堂是一个有趣的例子，它向我们介绍了如何将代际转变和代际关系商品化。

最后，罗素和泰勒把目光转向了消费者，她们研究了一群十到十一岁的女孩：她们带这些女孩去了商店，给了她们一些钱，等她们把钱花完之后再对其进行采访。她们的分析旨在传达一种年轻人作为积极社会行为人的观念，并揭示塑造"变化过程"的社会环境（或结构因素）。成为成年人的过程是由商业机会的存在塑造的。这意味着，消费与童年并不是分开的，消费不是童年的附加，它与童年紧密地联系在一起。消费文化和表现童年之间有着复杂的关系，罗素和泰勒认为，表现童年也意味着在不同的年龄表现女性气质（或男性气质）。罗素和泰勒在两年后对这些女孩进行了跟踪调查（2005），在之后的书中，她们特别强调了"自己拼凑东西"的过程，这是构建身份认同这一过程的一部分。

这种多面的研究方法具有典型的文化研究特征，因此好像超越了对结构和能动的简单两极化。从这个角度来看，关于做女孩意味着什么，市场提供了多种定义和解释，这就允许了自我表达和象征创造力这两个因素的存在。这与早期的女性主义分析有着很大的不同，后者通常把消费看做对女性的彻底剥削和彻底操纵。女孩的天堂强调女性气质的"表现"和人为状态，这是在玩弄女性气质的准则，而不是不加区别地接受所有的准则。但同时，罗素和泰勒也指出了其中所包含的顺从与约束的因素，并得出了一个悲观的结论，即女孩的天堂中所"展示的僵硬的角色"应该警惕最近要求恢复女性身份扮演的女性主义思潮。但最重要的是，罗素和泰勒指出，年轻女孩自己也意识到了她们与商业文化的矛盾关系，这也是儿童消费批评者们容易忽略的。

结 论

本章回顾了各种理解、研究儿童消费者的方法。本章的讨论同样也比较抽象；但是后面的章节将会对本章讨论的问题进行更加具体的探讨。与之前的章节一样，我还是主张应该超越对儿童与商业市场之关系的两极化看法：儿童既不像许多社会活动家所想象的那样无助，也不是营销者口中自主且见多识广的消费者。我们对消费的理解不能停留在营销者和儿童这双方之间的关系，消费是根植于儿童的日常生活中的，这其中包括他们和家长与同龄人之间的关系。消费不仅和商品的营销、广告、购买有关，它也涉及到商品的分配和使用。消费并不是一种能够决定一切且无法抵挡的力量，它对每个孩子的影响不能孤立地衡量。儿童也不是简单的"未发育完成"的消费者。儿童早就已经是消费者了，尽管他们并不仅仅是消费者。事实上，市场和儿童本身都在积极构建童年的身份认同（包括儿童消费者的各种身份）。

识破玩具中的营销谎言

第四章

许多父母可能并不知道，玩具在上世纪初还只是大人的专利，后来因为商家开拓儿童市场，玩具才进入孩子的童年。为了让父母更积极地给孩子购买玩具，商家更是给玩具贴上了"益智"等标签。然而没有任何研究可以证明玩具能够单独开发孩子的智力，只有在父母大量参与的情况下，孩子才能在玩玩具的过程中让脑力及双手得到锻炼。父母与其乐此不疲地给孩子购买玩具，不如多挤出一些时间陪伴孩子。

第四章 识破玩具中的营销谎言

针对儿童的商业营销绝不是什么新鲜的现象。相反，我们应该把它看做现代消费社会历史发展进程的一部分——这一进程至少在两百多年前就开始了。在这里，在理解儿童消费的时候，我们仍需把它放在经济、社会、家庭变革的大背景下。本章将对这些历史沿革进行概括。首先，我将讨论现代消费主义的诞生，然后再回顾一系列有关儿童的历史记述。

消费大背景

大众消费主义的出现比较晚。第一章回顾了对这一事件的相关论述，这些论述认为，"消费热潮"出现于第二次世界大战结束后的几十年里。但是，唐·斯拉特（Don Slater）认为，消费文化历史悠久。虽然消费本身并不仅限于资本主义社会，但消费社会（由商品的生产和消费主导的社会系统）的兴起应该作为资本主义长期历史演化的重要部分来理解。斯拉特对消费主义发展史的简明回顾开始于20世纪八十年代的电影《华尔街》，其中一个人物戈登·盖克有一句话——"贪婪是美德"，这句话总结了当时物质主义的雅痞精神。斯拉特认为，除了上世纪八十年代，五十年代富裕的郊区社会也经历了消费主义复苏。另外，在二十年代，随着福特大规模生产系统的兴起和广告的发展，消费主义也有所复苏。在维多利亚王朝中期，随着现代科技的兴起，消费主义得到了很大发展，1851年举办的第一次世界博览会就是一个例子。

斯拉特认为，消费社会的起源可以追溯到16世纪贸易和全球市场的发展，这种观点得到了几个历史研究的支持。比如，格兰特·麦克拉肯（Grant McCracken）指出，在16世纪晚期的英国，伊丽莎白女皇坚持，贵族要到皇宫中来参加炫富的活动，这在当时引发了消费热潮。在这种情况下，时尚这一新鲜事物比传家宝上的时光印记更受重视。此次消费热潮仅限于贵族阶级，尼尔·麦克肯德里克等人（Neil McKenderick et al.）指出，18世纪的英国经历了一场范围更加广泛的消费主义发展，其他阶级的成员也开始模仿贵族的品味。他们认为，现代大众消费主义就是在那时开始出现的，同时出现的还有营销和广告，当时斯塔福德郡的制陶工人乔塞亚·威治伍德（Josiah Wedgewood）就是一个特别成功的例子。

斯拉特认为，消费主义的发展到18世纪晚期达到成熟，当时，商业基础设施（如交通运输、零售和通讯）产生了大批面向中产阶级消费者的商品。就像科林·坎贝尔所说的，18世纪末、19世纪初的工业革命并不仅仅是生产方式的变革，也是消费的革命。这在中产阶级身上尤其明显，他们对奢侈品的需求和对休闲的热情开始逐渐涉及更低一些的社会阶层。坎贝尔把新型的"消费者道德观"和浪漫主义运动的个人主义以及"现代享乐主义"（这种观点认为生活就是通过获取物质商品来不断满足想象中的渴望与幻想）联系在一起。

这些观点一直备受争议，但其中心观点很难驳斥，即消费主义是现代资本主义长期演化进程中的一部分，而不仅仅是过去六十年的产物。更受争议的是这一发展进程的政治后果和哲学后果——在此，我们要回到第二章所探讨的一些观点。根据这些观点，消费社会的兴起通常伴随着传统权威形式和传统社会分层的衰落，以及个人主义的兴起——首当其冲的是中产阶级，但影响会逐渐扩大到普通大众。另外，消费主义意味着对商品的文化和象征内涵（体现在商品的美感和设计）的强调，而不是仅仅重视商品的功用和使用价值。根据斯拉特的观点，在消费社会中，自由被看做私

第四章 识破玩具中的营销谎言

人领域：现存等级制度形式的影响已经衰弱，人们越来越重视个人选择。斯拉特主张，"在后传统社会中，消费成了一种特许的媒介，可以用来协商身份认同和社会地位"，这也表明了文化在"现代权力行使"中越来越重要的地位。

尽管斯拉特、坎贝尔等人认为，这些趋势是资本主义长期存在的方面，有些评论家则认为它们是过去三四十年出现的"后现代"资本主义新阶段的特点——但是这里的年代表比较模糊。有些观点对这一新阶段的解释主要集中在生产方式的变化：这一阶段是从福特主义体系到后福特主义体系（或者从工业到后工业）转变的一部分——或者是从制造业主导型经济到服务业主导型经济转变的一部分。但是，这一转变和社会生活与个人身份所经历的变化也是相互联系的。因此，消费正在超越工作（或是个人和生产方式的关系），逐渐成为个人身份最主要的定义性特征。在这种情况下，个人身份认同形成这一过程变得更具流动性和暂时性。对固定等级体系和地位群体的定义不再那么清晰，服从、礼节等价值观逐渐消失。同时，消费的文化维度（标志、符号、美感、"风格"）变得越来越重要。

显然，关于这些"后现代"发展是不是新出现的，还有讨论空间。尽管如此，也很难否认消费文化在20世纪的后五十年经历了许多重大的历史变革。至少在西方发达国家，富裕程度的提高、地域流动性和社会流动性的增强、媒体与通信技术的发展等因素都改变了人们的日常消费。人们从收入中拿出更多去购买可以随意使用的"奢侈品"、服务以及娱乐，花在生活必需品上的钱明显减少。广告、包装和商标对商品象征价值的定义越来越重要；过去有些公共生活领域基本上是非商业的（比如教育），现在，商业对这些领域的影响越来越大。总体来说，我们已经从基于节省的社会跨入了基于信用的社会。买家与卖家之间的关系越来越冷淡，中间人（如零售商、店主等）的作用越来越小。消费者被当作积极主动的参与者，他们有能力选择并塑造个人的生活方式和身份认同；消费逐渐为时尚所支配，而时尚的变化速度也越来越快。当然，这里将变革历史化并把过去与现在作出区分是存在风险的，但是，我们在研究儿童消费者的时候，也不能忽略这一大背景。

儿童成为消费者

在这些对历史背景的探讨中，儿童很少被提到：他们基本"隐藏在历史之外"。但是，在过去的十年里，发表了一些对儿童消费的历史分析，这多少补偿了之前研究中儿童消费者的缺失。这些研究提出了一些重要的问题，比如营销者把目标锁定在儿童市场，家长和孩子之间的关系，以及针对这一市场所使用的特殊营销技巧等。对于当今社会，这些问题仍然具有重大意义。

针对儿童的大规模商品生产（如书籍、玩具、游戏用具等）可以追溯到十八世纪，但是，在16世纪时，就有人专门为贵族和富裕的资产阶级生产儿童启蒙用的识字课本、玩具和衣物。在19世纪中期，随着对童年的后现代主义看法的诞生，儿童消费文化发展加速。儿童开始被认为是一个特殊的群体，他们纯洁天真，需要小心保护，同时也有人开始把儿童看做潜在市场。

丹尼斯·德尼索夫（Demnnis Denisof）和他的同事研究了这一新市场的两个主要方面：将儿童形象商品化以供成年人消费；销售那些被认为可以保留童年独特特点并具有教育价值的商品。这意味着这些商品的主要购买者不是儿童而是成年人——但是所有社会阶层的儿童都能够接触到新型的营销技巧，比如在展览上、百货商场里、玩具店里大量展示商品，德尼索夫认为，成年人使用这两种类型的商品来维持自己与童年间接的、怀旧的联系。

矛盾的是，社会对物质财富的追求越来越高，这引发了人们的担忧，而对儿童形象的商品化（比如在期刊和儿童书籍中）则起到了一个平衡作用。中产阶级儿童那经过美化和浪漫化的形象通常和对家的赞美联系在一起，这个家是一个由妇女主导的领域，远离经济和肮脏的世界。但同时，人们越来越担心针对工人阶级儿童所生产的廉价且不恰当的娱乐方式，比如耸人听闻的犯罪小说，以及廉价但低级的剧院和音乐厅所提供的娱乐：人们认为，这种产品让孩子过早地接触成年人生活中不好的方面，并对成年人也产生不良影响。因此，消费文化一方面是成年人对某些童年概念投资的重要载体，但另一方面，它也让成年人对失去权威感到担忧。

家长的矛盾情绪、玩具与游戏

家长对儿童消费的矛盾态度在历史上是一个反复出现的主题。对儿童纯真形象的浪漫化在维多利亚时代的中产阶级中非常流行，到了20世纪初，这一看法变得更加流行。这不仅反映了，同时也加强了把儿童和工作、成年人生活与商业世界分隔开的做法。正如薇薇安娜·赛丽泽所描述的，儿童所拥有的经济价值被一种新的情感价值所取代：在经济上"没有价值"的儿童变成了在道德上"无价"的孩子，并且需要大人的悉心照料和珍惜。儿童被视作情感财富，他们的作用是满足大人的心理需要；大人把童年（或是他们自己"内心的小孩"）看做道德和个人永恒真理的来源。尽管看起来在抵抗商业主义，这种对儿童的感情投入（或者至少是对某种童年观点的投入）对市场力量是完全开放的。儿童离开了工作的坏影响，但市场又逐渐把他们变为消费者。用消费品来满足孩子成了家长表达爱的基本方式。儿童文学、流行的儿童形象和幻想玩具逐渐增长的市场都反映了这种动机。

但是，丽萨·雅各布森（Lisa Jacobson）指出，20世纪初，儿童市场在美国的扩张也伴随着对其可能危害年轻人的焦虑。儿童对消费欲望的热情表达挑战了19世纪节约、自律的观念，也挑战了认为儿童单纯的浪漫化观点；在这个过程中，儿童消费成为了人们对整个社会变革、道德滑坡以及社会阶层体系崩溃的恐惧的焦点。这致使人们开始协同一致，管理儿童消费，并从而培养有责任心且值得尊敬的消费者——这主要是通过有计划的节约和消费培训。

同时，儿童心理学的发展和其在消费者指导文献中的广泛应用让人们形成了一种新的育儿自觉。人们开始认为玩耍是教育的一种形式，对儿童在认知、情感、生理等方面的发育非常重要。家长们则被敦促采取更加平等主义的育儿方式；随着家庭规模的缩小，在20世纪二三十年代，儿童玩耍的价值成为了新型和谐家庭生活典范的核心。玩耍被认为是让家庭关系恢复活力，确保家长和孩子情感健康的一种手段。

在这种背景下，儿童消费逐渐和自由、自我表现、家庭和睦等正面价值联系起来。就像雅各布森所描述的，儿童心理学家和广告商都在敦促家长为孩子装备专门的游戏房，里面的家具和激励性的教育玩具都应该经过特别挑选，这样，家长就可以成为孩子的玩伴。一方面，游戏房是一个教育空间，孩子（作为"变化的过程"）可以在游戏房里为成年生活做准备，另一方面，游戏也是一个孩子们自我表达、放纵消费欲望的空间（作为"静止的存在"）。重要的是，游戏房的主要受众是中产阶级家长，用来代替危险的公共游乐场；游戏房这一概念支持一种反消费主义，以及对商业娱乐有害影响的抵制——但是，游戏房本身就是一笔很大的花销，当然也是高度商品化的，而且家长也必须向孩子"宣传推销"游戏房。

加里·克洛斯（Gary Cross）也在其对美国玩具业历史的研究中探讨了家长矛盾的态度。克洛斯指出，玩具原本是成年人玩的，到了19世纪才和儿童联系在一起。19世纪末、20世纪初，玩具营销兴起（比如商店的展示、商品目录，还有广告），但是当时的营销主要还是针对家长。玩具通常被赋予了家长的怀旧情绪以及童年作为永不改变的纯真年代的概念，这反映了赛丽泽（Selizer，1985）所说的对童年的浪漫化评价。同时，儿童心理学的出现与流行导致了对玩具的教育意义的强调：至少对于具有强烈身份意识的中产阶级来说，玩具是儿童成长发育的重要设备，而在家里玩耍被视作"街头喧闹"的替代品。

然而，在20世纪中叶，营销者逐渐直接把目标指向儿童——随着电视的出现，这种营销方式逐渐加速；家长在儿童消费中的地位从"积极参与者降到旁观者"。随着玩具市场竞争加剧并逐渐以利益为主导，营销的卖点发生了变化，不再是成年人的怀旧情绪和玩耍具有教育价值说法，而变成了逃避现实和享乐。就像埃伦·赛特所指出的，针对家长的玩具营销通常依然会强调玩耍的教育价值，而且这种强调可能不减反增；但是直接面向儿童的营销则逐渐强调儿童消费文化的"乌托邦冲动"——即向孩子承诺能够摆脱成年人的严肃、权威以及目标导向。

同样的，克洛斯指出，玩具的地位是矛盾的。一方面，玩具是家长希望与愿望的载体：玩具受到欢迎不仅仅是因为具有教育价值并能够帮助儿童为成年生活做准备，还因为它是儿童想象力和自由的领域。但另一方面，玩具逐渐成为人们对经济剥削、文化价值衰落以及错误意识形态的担心的焦点。随着父母逐渐从营销等式中消失，他们常常会把在训导孩子方面所遇到的问题怪在玩具厂家身上——因为是玩具厂家宣扬了暴力、性别成见以及物质主义。

在之后有关广告与大众媒体中的儿童形象的著作中，克洛斯探讨了类似的紧张关系。一方面，儿童的形象是简单的、单纯的、快乐的：他们是可爱的，是家长喜爱甚至崇拜的对象，需要好好保护起来，以免受到成人世界的腐蚀。但是另一方面，人们又赞扬他们的自主与自我表达。20世纪初那种顽皮的儿童形象逐渐为当代大胆的、叛逆的"酷童"形象所取代。克洛斯认为，这两种冲动都被商品化了，它们都鼓励大人为孩子花钱：前一种产品的销售迎合了家长对童年"令人惊叹的纯洁"的幻想，并让我们间接感受到对权威的幼稚颠覆与抵抗。但是后一种商品则导向了对消费文化危害的担忧，以及对控制危害的尝试——但是，就像克洛斯所说的，究竟什么是可以接受的，这个界限在不断变化，成年人已经逐渐搞不清楚保护儿童究竟是在防什么。

但重点是，这些紧张关系基本和儿童需求没什么关系，但和家长的道德冲突有关——这种冲突反映了现代人对童年的矛盾看法。家长崇拜孩子，但又试图改造孩子；家长珍视孩子自发的举动和对自我的表达，但这种举动和表达的形式必须能够让人接受；家长使用商业文化和孩子建立情感纽带，但在纽带断裂时，家长又会攻击商业文化（或是感到愧疚）。同时，克洛斯指出，成年人不仅从孩子身上寻求可爱和酷，也从自己身上寻求这两种元素。

但是，就像所有这些学者所指出的，这些担忧暗含着阶级维度。"令人惊叹的纯洁"这种理想化的儿童形象通常出自富裕的中产阶级和上流阶级，而公众娱乐和大众媒体这种喧闹的街边文化（需要保护理想化形象不受这种文化的侵害）通常来自城市的工人阶级。同样地，教育玩具和游戏室广告主要的营销对象为郊区的中产阶级，或是希望成为中产阶级的族群。但是，即使中产阶级家长相信自己是在躲避或是抵制商业文化（以教育或文化价值，或者童年纯洁的自然状态为名），但很明显，他们的这种动机也被商品化了。埃伦·赛特指出，不仅廉价的塑料玩具具有商业主义属性，中产阶级家庭偏爱的木制玩具也有；商业主义并不局限在芭比娃娃、贝兹娃娃，或是玩具店里到处都是的电视营销产品，它同样涉及到高档商店才能买到的怀旧的（而且要贵很多的）"优质玩具"；商业主义不仅涉及畅销玩具公司，如孩之宝（Mattel and Hasbro），同样也涉及小众教育玩具生产商，比如费雪（Fisher Price）和早期学习中心（Early Learning Center）。

第四章 识破玩具中的营销谎言

儿童的消费权利

克洛斯对玩具业策略变化的描述呼应了丹·库克对儿童服装市场的分析。童装大规模生产的出现要晚于玩具和儿童书籍,直到1910年之后才在美国完全形成单独的市场。通过研究对某一贸易刊物的分析,库克发现,在20世纪上半叶,营销者逐渐把注意力从家长(母亲)转移到孩子身上。从1910年到1929年,母亲是童装主要的购买者,而且购买童装被视作表达爱与关心的举动。对童装的营销大量引用儿童福利专家的观点,百货商场的童装部甚至会向家长提供育儿建议。和玩具营销一样,在这里,儿童消费似乎不再是商业文化的腐蚀。但是,到了三四十年代,营销的对象逐渐变成了儿童本身。为了从儿童的立场进行营销,商人、营销者和零售商把儿童看做独立的消费者。营销类刊物和广告都推崇儿童的自主权和能动性;儿童消费者的形象是"执拗的、知识丰富的、充满渴望的"。这一变化也显现在产品设计、包装、商店展示以及针对儿童的市场调研增多等方面。人们仍然认为需要培训孩子"正确的"消费行为,即适度、克制、简朴;但人们也认为孩子有权进行选择并展现自己的个人特征。

丽萨·雅各布森指出,这一儿童消费者明显的"充权"反映了一种逐渐兴起的文化设想,即儿童是主动的、独立的、自主的。雅各布森认为,20世纪早期广告中对儿童纯真的推崇逐渐为另一种观点所取代,即儿童消费者见多识广且很有眼力,还有"充足持续的消费欲望"。他指出,到了20世纪二十年代,这种观点已经开始占据主导地位:广告商开始直接面向儿童,把他们看做影响家长消费选择的潜在力量。零售商逐渐把儿童看做"难以讨好"的消费者,对待他们不能怀着居高临下的态度,而要照顾到他们的尊严。

库克和雅各布森都指出，对儿童消费者自主性的强调也体现在营销所使用的更加有趣、更加具有参与性的方法上。雅各布森最有说明性的例子是二三十年代美国的电台俱乐部，电台俱乐部通过富有戏剧性的故事、智力竞赛等让儿童参与到想象的游戏和互动中去，它的一个吸引力就是不允许成年人加入：它直接针对孩子，而不是孩子的妈妈，给孩子提供一个充满幻想、充满神秘的世界，而且这个世界只有孩子、没有大人，不用担心大人窥探自己的秘密（比如特殊的代码或者共同的密谋）。随着制作成本的增加，广告商开始参与制作俱乐部节目。营销者把故事情节和奖品联系起来，但是想要得到奖品，就必须出示购买指定产品的证明；这增加了家长购买某种商品的压力——这让许多家长开始抵制，他们认为这是一种剥削，同时也是对其消费权威性的挑战。最后，儿童本身也觉得失望，因为他们发现大奖徒有虚名。这说明，对儿童的"充权"是有局限性的。但是，这也说明，当代营销技巧与策略的"参与式"特征根本就不是什么新鲜事物。

市场对儿童的迎合

这里的另一个关键问题是儿童市场的不断细分化。通过按照年龄划分市场，营销者可以更加准确地定位其商品广告；但是这也可以鼓励消费，因为它能够为家长和孩子提供被定义为适合该年龄段使用的产品。库克指出，20世纪中期，营销者对年龄阶段的划分越来越细化——这种划分无疑又被当代出现的以年龄划分学校年级这一概念所强化。这种由年龄界定的类别体现在产品本身，也体现在营销吸引力和商店的布局。就童装而言，年龄差别不仅在于衣服的大小，还在于风格和设计；衣服是否合适取决于它能否体现与其他年龄段儿童的区别——但是孩子们也被鼓励向前

第四章 识破玩具中的营销谎言

看,并模仿大一些孩子的穿衣风格。

因此,库克调查了20世纪三十年代学步儿童这一新型营销类别的产生,秀兰·邓波儿等童星让这一形象在媒体上非常流行,这一形象在提供育儿经验的心理学书籍中也很普遍。这一独特的生理、性格形象逐渐和某种穿衣风格联系起来(尤其是女童)。库克指出,在这里,儿童仍然被视作积极的消费者,他们会表达自己的愿望与欲望,并寻求能够表达个人性格的产品。实际上,市场发明了生命中的一个新阶段,并称这样做只是为了呼应儿童的内在特征和需要。较为近期的时期也出现了与此类似的过程——市场在20世纪四十年代末发明了青少年这一营销类别,又在五十年代发明了十三岁左右的少年和十三岁以下儿童这两种类别,最近又发明了十至十四岁孩子这一类别。

除了年龄,儿童市场细分的另一个明显方面是性别:我们去玩具店的时候可以轻易发现,这基本上是一个"粉红色与蓝色"的世界。尽管头脑正常的父母常常会悲叹儿童市场的性别两极化,但这种情况并不是新近出现的——而且这种两极化是否像人们所说的那样在逐渐加重也是值得讨论的。根据克洛斯的描述,19世纪末、20世纪初的玩具市场是按照性别进行划分的:男孩的玩具特别关注科技和战争,而女孩的玩具通常是娃娃——但是他也指出,这种划分并不一定体现在孩子本身的偏好中,他们的偏好没有那么两极化。

雅各布森称,在20世纪初,营销者认为在性别身份认同方面,女孩比较灵活,而男孩则比较固执僵化——这种观点和当代某些营销者的看法类似。这样,针对男孩子进行营销能够获得更多利益,而女孩则无需特别明确的迎合。但是,雅各布森也指出,20世纪早期营销者所遇到的最大困难是如何改变人们认为消费是女性领域的传统观念——以及认为消费是不理性的放纵的看法。通过迎合男孩消费者(中产阶级白人),营销者希望把消费和强壮、先进以及男性价值观联系在一起。在机械玩具和家用科技的广告中，理想化的男孩形象是幼年的企业家和消费专家。根据雅各布森的观点，这种消费的男子化能够帮助支撑营销者自认的专业合法性以及他们作为强有力的现代倡导者的自我形象。英雄式的男孩消费者和中产阶级平等主义的家庭典范有关：消费提供了一种手段，让男孩子能够和父亲建立联系，并且让孩子能够影响他们的父母。

雅各布森指出，与之相反的是，针对女孩的营销通常会鼓励她们注重外表美，并通过这样做来保证自己受到同龄人的欢迎。在20世纪初的广告中还能够看到活跃、强壮的女孩形象，到了三十年代，人们逐渐改变了看法，开始认为女性消费基本上是家庭生活和私人生活的领域。青春期女孩陷入了一个自我监督的自恋世界，这一世界的形成不仅是广告商和流行建议专栏作家的"功劳"，也不仅仅由美国中学复杂的社会等级体系所贯彻。事实上，正如雅各布森所说，近年来，营销者更倾向于视女孩为文化新风的创始者：继续只迎合男孩并期待女孩跟从的做法已经不行了。

这些理论可以表明，市场的力量在定义儿童的身份认同（或是把某种身份认同强加给儿童）。但是，这也可以反映营销者一直以来的不确定：从儿童市场诞生以来，他们一直认为这一市场从本质上就是易变的，且难以控制。在某些市场部门（最显著的是玩具部门），新产品的失败率一直比其他部门高；的确，这一部门利润丰厚，但是风险也是巨大的。我们可以把基于年龄或是性别将儿童市场细分为不同板块的行为看做控制风险的尝试——但是这一举动也伴随着困难，因为这样就减小了潜在市场的规模。比如，最近有人尝试分别为男孩、女孩开设不同的电视频道，结果以失败告终；另外，在第五章里，"年龄压缩"（孩子们成长过快，年龄很小，但懂得已经很多）现象也是营销者们认为极具挑战性的问题。

这意味着，我们必须小心谨慎，不能随便假设这些试图定义消费者身份认同的手段都一定能成功。我在这里谈到的所有理论几乎都基于来自生产者的证据——如公司、营销人员、零售商等。但是，现实里的孩子和营销人员所想象的孩子是不同的,现实里的孩子也可能会抵制或是拒绝承认由营销人员构建的营销类别。对于幼童来说,家长可能还是这一等式中重要的部分;而且在现实中,孩子们想要的童年身份认同可能和营销者的想法大相径庭。这注定会带来一个协商的过程(家庭成员之间的协商和同龄人之间的协商),这种协商会伴随着各种困难;儿童消费者的身份(更确切地说是多重身份)通常会发生改变,很难确定。第七章、第八章和第九章将详细探讨这些问题。

不同文化里的消费

需要注意的是,这些描述主要是针对美国的。在其他国家,几乎没有对儿童消费历史的记录。但是在不同的国家,儿童消费的规模和本质可能有着很大的区别。托拉·科斯沃德(Tora Korsvold)在其有关挪威儿童消费的著作中进行了一个有趣的对比。挪威是一个福利健全的国家,对消费有着严格限制:在第二次世界大战之后的几十年里,消费者的形象基本是节俭的、负责的(当时"奢侈"商品仍实行定量配给),现在,由于环保主义盛行,这种形象有所复苏。对非常年幼的孩子,国家提供强有力的保育措施,一个"好的童年"通常意味着亲近自然以及活跃的户外生活。同时,石油和天然气的发现让挪威的国家财富陡然增加:现在,就人均收入而言,挪威是世界上最富裕的国家之一,也是收入分配最平均的国家之一。

在这一背景下,在挪威,消费和童年的涵义都和美国的主流观点有所不同——但是,挪威也是全球市场中的一员。这导致了有关消费的一些有趣的不同(也是困境)。比如,在挪威,玩具营销反映了对其教育价值的强调,而童装营销则注重自然和身体健康,而且无论男孩女孩都是如此。

和美国甚至是欧洲国家相比，挪威儿童产品的广告更强调功能，而不是设计的质量。同时，由于主流文化对平等的强调，富人的炫耀性消费不被人们所认同。

中国可能是一个非常不同的对照。中国进入消费社会的时间较晚，且转型速度更快。中国家长对儿童消费的看法反映了一些西方国家家长所感到的焦虑和矛盾，但由于受到儒家价值观的影响，这些焦虑、矛盾发生了变化——比如有关适度和"好""坏"消费区别的看法。另一方面，中国的一些孩子在家庭消费方面享受到了如同"小皇帝"般的巨大权力。

里提·卢克斯（Ritty Lukose）对印度克拉拉邦年轻人的人种学研究尽管没有明确地提到儿童，但她指出了这种历史性转折的复杂性。卢克斯进一步证明了西方式"消费主义"（以时尚、电影、选美、冷饮店等形式）在发展中国家的兴起；但她又认为这不是简单的"西化"或"现代化"。她指出，新自由主义导致了文化政治复杂形式的产生，在这种情况下，消费和公民的权力与义务紧密连接在一起，这改变了现存的阶级关系和性别关系。卢克斯认为，这种发展提供了自由，也设置了限制，而且也广受争议。

显然，这里能够进行比较的基础有限，对非西方国家的研究少之又少。但这里所强调的重点是，由于不同国家对消费和童年的文化定义不同，儿童消费的地位、规模和本质也会有很大区别。美国作为消费社会的发展要早于其他国家，但我们也不能把美国的情况当做标准。

儿童消费带来文化的衰弱？

人们很容易会把儿童消费历史解读为稳步的文化衰落，也可能会认为童年的"商业化"侵害了家长的权力和权威，而且也腐蚀了儿童本身天

第四章 识破玩具中的营销谎言

真、纯洁的自然状态。第三章简单介绍过的史蒂芬·克莱恩的理论就是一个典型：克莱恩的书的题目就恰如其分地总结了他的观点——《花园之外》（*Out of the Garden*，1993）。在克莱恩的笔下，花园是一个平和的地方，孩子们原本在这里自由地玩耍，直到他们受到电视的诱惑，回到屋子里。在这里，花园也象征着伊甸园，代表着纯洁与纯真，它不断受到市场力量的侵袭。对克莱恩来说，从19世纪儿童文学中的简单快乐和艺术自由到当代电视动画片的极端乏味，这的确是个走下坡的过程。

加里·克洛斯对当代玩具市场的理解可能也暗含着这种观点——尤其是他最近对消费文化将成年男性幼儿化的批判。但是，此前探讨的大部分历史研究都认为，历史变化的轨道要更加复杂，且更加矛盾。最近有研究指出，克莱恩所痛惜的已经消失的黄金时代绝不是没有商业利益的影响。库克认为，并不是市场侵占童年，儿童本身也不是绝对的非商业。而是说儿童和家长的身份构建本身就和市场运作分不开。

我们也不应该把儿童消费看做一个单向的过程，相反，它具有矛盾和不确定的特点，而且是一个营销者、家长和儿童之间持续协商、竞逐权力的过程。克洛斯认为，儿童消费不是简单的营销者操纵家长或剥削儿童。我们需要把这一问题放在社会文化变化的大背景下进行理解。

因此，有几个研究提出，儿童营销的变化反映并加固了家庭生活和流行育儿观点所发生的变化。这部分是人口变化带来的结果——但是这也是一个矛盾的局面。在20世纪，家庭规模稳步下降，可支配收入普遍增加，这意味着家长有更多的钱能够花在孩子身上，但是儿童在家里的玩伴也有所减少。另一方面，职业女性的增加意味着家长参与或促进孩子游戏的机会减少了。和他们父母小时候相比，大部分孩子有着更多的购买力，花在他们身上的钱也更多，这本身可能会激起复杂的情感，如情感转移、怨恨和愧疚感。

同时，赛特和雅各布森的研究显示，针对家长的营销加入了有关儿童发育的专家建议——以至于营销已经和专家建议分不开了。这种营销通常支持民主的、关爱的育儿方式；但它也认为家长（尤其是母亲）应该对孩子的健康成长和日后的成功承担主要责任。这种组合看起来几乎就是为刺激消费（尤其是中产阶级家长）而设计的。为孩子买东西看起来是一种满足孩子需要的省力方法；它可以帮助避免争吵、奖励服从；如果父母相信广告所宣扬的，它还可以起到教育作用；而且它还可以减轻父母由于不能陪孩子而产生的愧疚感。

但是，这里最大的矛盾在于，儿童作为消费者的新身份显示了社会权力的根本变革。儿童消费者的崛起与儿童公民权利的提升是相吻合的。而且，正如我们所见，营销者通常拥护把儿童看做积极、强大消费者的观点。在过去的一百年里，儿童逐渐摆脱了脆弱纯真的形象，而成为社会人。儿童的观点不会再被忽视，得到了人们的尊重：人们认为儿童有选择的权利，有表达自身观点和欲望的权利，还有让别人听到自己声音的权利。然而，这一发展是不均衡的，从而引发了成年人的焦虑和担忧，其中一个主要原因就是，这种发展的推动力不仅来自社会福利活动家和社会上的进步力量，还来自于（还有人认为是主要来自于）市场。

我们在第五章将会看到，儿童营销在近期经历了重大变革。针对儿童的营销发展了许多新方式，而且儿童消费的机会也有大幅增加。但不变的问题是，这些所带来的"充权"能有多大规模，又有着什么样的本质。在这里，不是每个孩子都是平等的。事实上，可以说市场会加剧不平等，或至少是加剧对不平等的主观体验。作为一个社会群体，儿童可能在整体上变得更加强大——但是，如果他们得到的仅仅是消费的权力，又会产生什么后果？

数字时代：
更大的消费压力和更少的亲子时间

| 第 五 章

数字时代孩子更多地受到电影和流行文化的影响，对户外玩耍和玩具的兴趣逐渐转向手机、iPad、游戏机等电子产品。为了安全和便于联系考虑，有一定必要给孩子购买手机，但是购买过多的电子产品不仅会让父母经济压力陡增，还会大大减少孩子的户外活动时间以及和父母交流的时间。尽管如此，父母仍然应该给孩子一些童年的记忆，宠物小精灵影响了一代孩子，女孩们都希望有芭比娃娃，如果孩子和他的同龄人都热衷于某种儿童文化，也应理解他们。

第五章　数字时代：更大的消费压力和更少的亲子时间

面向儿童的市场营销历史悠久，但在近二十年发生了显著变化。儿童市场规模看起来有了大幅增长。儿童可获得的商业产品和服务的种类大幅增多，营销者所针对的儿童消费者年龄越来越小。当前的市场营销逐渐直接面向儿童：通过更广泛的媒体，并在更广泛的情景下进行营销，其中一些迄今在很大程度上与市场运营隔离。

但是，这一增长中的市场并不容易进行量化描述。由于不同原因，市场营销人员和社会活动家们都似乎倾向于"夸大"儿童市场的规模，导致相关数据有时极其巨大。譬如，林德斯特伦与西博尔德（Lindstrom and Seybold）在其书中估测，在美国，八至十四岁的儿童每年花销约达 1500 亿美元，另外，他们还"控制"家长的花销达 1500 亿美元，每年，他们所影响的家庭开支多达 6000 亿美元。与此同时，这两位作者表示，全球儿童市场的价值接近 2 万亿美元。想要获得这一领域可靠的或有意义的信息是很难的，也许保护商业机密是一部分原因，但另一个原因在于一些产业并不专门收集或细分与儿童相关的数据。养育一个儿童的全部成本是一个具有指标性的数据，英国一家保险公司每年会对这一成本进行测算：2010 年这一数字总计 20 万英镑，与过去五年相比增长了 40%。[1] 以此为基础，在英国，把 2007 年出生的所有孩子养育成人的成本即为 1340 亿英镑（不考虑通货膨胀因素）。

有关儿童自行决定的花销的数据相差很大。但有一组相对谨慎的数据显示了十六岁以下的英国孩子每年的各种花销：购买零食和甜品的开销累计达 6.8 亿英镑，排第二位的是衣服（6.6 亿英镑），接下来是音乐和 CD

（6.2亿英镑）、鞋类（4亿英镑）、计算机软件和游戏（3.5亿英镑）、杂志（2.5亿英镑）和化妆品（8300万英镑）。我们需要把这些数据放置在整个英国消费者开销的大背景下进行理解，2007年，英国的消费总额达8750亿英镑。[2]这些令人炫目的数字清楚地证实了这一市场的庞大，而且它还在增长，但是很难知道它是否比其他市场版块增长更快（或者更确切地说是收益更大）。同时也很难确定儿童市场的某个细分部门（例如学龄前儿童市场）是否比其他部门增长更快。

儿童营销专家通常把儿童所发挥的作用归结为以下三点。最明显的一点，儿童本身就是消费者，自己花自己的钱（虽然这里存在着同龄人和家长对他们的影响）。第二点，他们也对家庭采购产生影响。尽管有时是儿童哭闹、纠缠父母买单，但也不总是这样直接的影响，事实上也不一定是"哭闹纠缠"（见第八章）。最后一点，儿童被视为代表了长期"市场潜力"：市场营销者会试图培养对品牌的忠诚度，并期待在未来得到报偿。儿童的这些作用会在面向儿童的整个营销和推销活动中反映出来。这些不仅在儿童电视节目上的玩具或早餐麦片广告中有明显的体现，而且也体现在由儿童主演的汽车或金融服务广告中，还体现在针对家长的教育类产品和服务的密集营销中。

如我们所知，对儿童市场长期发展的理解需要放在家庭生活变革、社会变革等更广泛的背景下。特别是过去的五十年中，工业化社会的富裕和繁荣程度有所提高，尽管财富的分配很不均匀。家庭规模减小了，人们倾向晚育。单亲家庭数量有所上升，双职工家庭数量增长，人们的寿命变得更长，更多儿童的（外）祖父母仍然在世。这些发展可能让儿童对其自身消费和家庭消费的影响变得更大。而这点又再次被改变的育儿观念所加固。当代育儿观念倾向于强调父母对儿童的保护和投资，同时提倡更加平衡和平等的家庭内部权力分配。第八章将对这些问题进行详细阐述。

第五章　数字时代：更大的消费压力和更少的亲子时间

儿童被赋予了权利？

儿童市场增长的一个指标是特别针对儿童的营销语言的爆炸式增长。这一发展并不是什么新现象，但在过去十年，这一发展的范围和程度都有巨大的增长。以儿童市场为营销目标的公司企业显著增多；许多广告公司、营销公司、公关公司都特设了儿童营销部门；对儿童市场研究的投入明显增多；而且针对儿童营销的行业会议和奖项也有所增加。

第一章曾经提到，当代营销者喜欢把儿童市场的增长说成是对儿童的"充权"。雅各布森和库克等历史学家指出，儿童市场的增长是一个长期的发展过程：现代儿童消费者积极、渴望、自主的形象来源于20世纪二三十年代兴起的营销语言（至少是美国的营销语言）。但是当代营销者更爱炫弄儿童消费者的力量和知识。他们称，今天的孩子知识渊博、成熟老练；他们能够分辨广告商是否在试图操纵他们；他们能很快适应新潮流，但也能很快进入下一个潮流；他们希望得到尊重，而不是被居高临下地对待；他们知道自己喜欢什么、想要什么，也知道该如何得到自己喜欢的、想要的。

根据加拿大营销者安妮·萨瑟兰和贝斯·汤普森（Anne Sutherland and Beth Thompson）的观点，今天的孩子"比以往任何时候更能掌控自己的命运"："今天的孩子希望表达自己的观点，而且他们会确保企业倾听他们的声音。今天的孩子有着强大的力量，他们对世界的体验是由下而上的，而非由上而下……孩子们敲响了世界的大门，他们希望世界能和他们说话，而不是对他们说话。"

正如我曾指出，这种观点把儿童消费者日益提高的地位和有关儿童权利的理论联系起来，这些学者认为，儿童新获得的力量不仅仅有关购买和销售，还有关"孩子们希望对影响自己现在和未来的事情有发言权"。但是，这里孩子所享有的力量主要来自于花钱的权利。萨瑟兰和汤普森"儿童影响力"（Kidfluence）的概念指的不仅仅是影响（influence），还是富裕（affluence）。在有些例子里，对儿童力量的宣扬也滑入了对成年人观点的抵制和反感：无论是营销者自己的说法，还是针对儿童的吸引力，"反成年人主义"似乎都是都是颇具说服力的语言。

当代营销文本通常会使用美国流行的对世代变化的历史叙述来解释儿童市场的发展（"婴儿潮期间出生的人"，然后是"生育低谷"，X世代、Y世代等）。在这里，儿童通常被视作是"数字一代"，他们天生就能很好地应对科技。人们不再认为现在的孩子容易上当受骗，或是耳根子软——因为孩子们对营销的接触多来越多。有人认为，孩子们正在经历"年龄压缩"的现象：他们年龄不大，但懂得很多，也很成熟，出现这一现象的部分原因在于由成年人驱动的竞争压力，还有部分原因在于他们有比以往更多的机会接触成年人生活的各个方面，对十至十四岁的儿童尤为如此，西格尔等人认为，他们的人格是分裂的，既有孩童的行为，又有青少年的态度。

但是，尽管强调变化，还是建议营销者去满足那些永恒的需求——比如对权利、稳定、幻想、浪漫和叛逆（等等）的需求。这些营销文本中有很多依赖于儿童发育的"年龄与阶段"模型——皮亚杰的理论在这里也存在，而且颇为活跃——以及由马斯洛的需求层次理论（见第二章）发展而来的人类内在需求理论。林德斯特伦和赛博德（Lindstrom and Seybold）将人分为劝说者、模仿者、边缘人和自反者，他们有着不同的品味和消费习惯。出于不同年龄阶段的儿童会分别"寻找身份认同"、试图"模仿榜样"，或是开始"发展并理解在这个世界的个人力量"——而营销者必须理解这些需要，以了解处于什么阶段的儿童对品牌最敏感、最容易接受外界的暗示。西格尔等人援引皮亚杰和马斯洛的理论，认为十至十四岁的孩子寻求"力量、自由、趣味和归属感",而且有强烈的学习渴望——西格尔等人还举了营销活动满足这些特点的例子。但是很难想象这么笼统的提案能有什么实际效用。

儿童营销的批评者认为对"充权"的强调是一种浅薄的公共关系。他们认为,这种观点(以及反复出现的认为管理儿童消费是家长的责任,而非市场或是政府责任的观点)通常是营销者用来应对公众批评的。但是在营销文本中,除了有关"充权"的主张,还一直存在着对儿童在不同时期情感与心理恐惧和脆弱性的强调——以及有关如何利用这些恐惧和脆弱性的建议。比如,对于十至十四岁的孩子来说,焦虑的一个主要来源和他们在同龄人中的社会地位有关:在这一时期,许诺帮助他们融入同龄人群体的营销手段非常有效。这些文本充满了有关如何通过营销手段和以儿童为导向的产品来操纵儿童的建议——以及有关如何利用家长的担心的建议。在这些文本中,儿童是强大的,但这些文本也常常用巴普洛夫的条件反射理论来描述儿童:孩子们对某些营销手段或感官信号有着刻板的反应,且在不断地追求即时满足。

媒体与文化产业

对儿童市场增长的理解需要放在家庭生活变化的大背景下进行,同时还需要考虑媒体和文化产业的发展。当然,媒体本身就是商品:根据以上的数据,儿童市场的很大一部分和媒体有关,这其中既包括实物(如电脑游戏、CD、杂志、书籍等),也包括体验(如看电影、订有线电视、使用网络服务、去主题公园游玩等)。毫无疑问,这一市场在不断壮大,过去十五年中大规模增加的儿童电视频道就是一个例子(目前,英国有大约三十个专门面向儿童的电视频道)。同时,其他儿童产品(如玩具、衣服、食品）的商业成功越来越依赖其在媒体的曝光度，这种曝光不仅是指广告。可以说，儿童消费和媒体密切相关。

　　本书不会详细介绍媒体文化产业的发展，但是会简要说明一下其大概的发展趋势。也许这里最明显的变化和科技相关。在过去的二十年里，数字化引领了一批生产、分配、销售的新技术。曾经属于不同种类的媒体形式和商品开始融合，比如，电视节目和网站、电影、电脑游戏、商品销售、广告联系起来。的确，可以说，许多媒体文本已经成了广告：看电影能够鼓励人们购买游戏等周边产品，反之亦然。企业逐渐开始跨媒体平台、跨市场运作，而不是专攻某个领域；而企业的成功则愈加依赖在各类媒体的曝光度。

　　同时，接触媒体的通道也变得越来越个人化。比如，英国大部分孩子的卧室有电视、DVD播放机、游戏机、电脑（而且逐渐连接网络），而且还有移动媒体设备，如手机、iPod等。媒体、产品、服务逐渐增多，市场也开始细分化。因此，营销者逐渐需要迎合某一种类型的消费者，并在全球范围内把这些消费者积聚起来。随着消费者的口味变得更加多样化和难以预测，正确对准观众群体已经成为更加复杂、更加困难的过程，这就导致了对营销以及各种市场调查和数据收集的强调。

　　同时，市场越来越全球化，在市场逐渐集中到庞大的跨国公司手中的同时，小型企业、临时工、自由职业者的数量也有所增加。总的来说，媒体、商品、服务的增长意味着市场竞争更加激烈。毫无疑问，成功的商品特质能够带来巨大的利润，特别是当企业在各类媒体上宣传这些特质的时候，但是在很多部门，商业失败的可能性也非常高。企业急需风险管理——比如，利用以往或是现有的成功牟利，或者通过制式化、商标化。

　　几乎所有的媒体都是商业运作。公共服务媒体总体上在走向衰落，或者是被迫采取更加商业化的运营模式，而国家对媒体的管理变得越来越不重要。在很多情况下，广告宣传材料和"评论"等内容之间的界线变得越来越模糊；植入性行销就是一个典型的例子，同时，各种媒体在决定产品类型、语言、表现形式时，商业考量变得越来越重要。广告和营销变得无处不在，它们遍布电子媒体、平面媒体和公共空间——但是，以下我们将会看见，营销者更倾向于使用间接且不明显的营销方式（比如赞助、点对点营销），而不是传统的强行推销策略。营销者逐渐将消费者视为主动的行为人，他们不易受到外界影响，也很难骗；新的营销技巧（如病毒式营销、个人化营销、参与式营销等）逐渐成为影响、利用消费者能动性的重要手段。品牌营销在这里是一种非常重要的营销策略："品牌资产"转移于不同市场之间，而消费者也主动参与到对品牌涵义的制造和传播中去——但是参与的方式是企业一直想要控制的。

了解针对儿童的营销手段

以上所简述的由经济、技术、文化因素织就的复杂网络在20世纪九十年代和21世纪初的儿童媒体狂热中尤为明显，比如《忍者神龟》、《宠物小精灵》、《哈利波特》和《歌舞青春》（High School Musical）等。事实上，这种跨媒体营销——有时也称为"整合营销"——并不是什么新鲜事物。对于这种现象，迪士尼是最著名的例子：最早的有米老鼠（20世纪三十年代的时候在电影院上映，到五十年代中期开始在电视上放映），当时，商品销售就已经成为迪士尼不可或缺的一部分，有时甚至是保证媒体产品正常运转的关键。这种策略也显现在早期的英国公共广播中，当时几个著名电视节目中的人物形象成了周边产品销售的摇钱树。史密斯讨论了一个更早的跨媒体营销的例子——20世纪初由胜利唱片公司制作的带有录音的故事书；在18世纪中叶，儿童书籍出版的先驱约翰·纽波利在售书时会附上"免费的礼物"——比如针垫、球、甚至是治疗头痛的补品，以促进销售。

尽管如此，20世纪七十年代末通常被看做媒体相关销售法出现的重要分水岭。这时，玩具企业逐渐参与到儿童媒体的节目制作中去。这方面的第一个尝试发生在六十年代末，当时孩之宝玩具公司在自己一款玩具的基础上制作了一个电视动画片。当时，美国联邦通讯委员会禁播了这个动画片，理由是它使以公共利益为目的的电视节目屈从于以商业利益为目标的电视节目。但是，随着里根政府对电视解除控制，美国联邦通讯委员会采取了支持"自由市场"的立场（Kunkel，1988），这就开启了批评家口中的"节目长度的广告"时代。主要玩具制造商，如美泰、孩之宝，委托制作了《霹雳猫》《变形金刚》《爱心熊》《蓝精灵》等动画片，然后将这些动画片低价卖给电视台，成功地将其变为推销产品（数量庞大的玩具和配件）的橱窗。在某些情况下，玩具公司甚至会提供电视台销售特权以换取播放时间。

克洛斯指出，这类节目让玩具生产商有可能控制玩具的销售热潮，比如，逐渐在节目中曝光新的玩具形象。由于儿童市场的变化无常和低利润，这种方式显得尤为重要。但是，对批评者来说，节目长度的广告控制了儿童的游戏，他们只能对预先设定好的情节进行模仿，这就损害了自由且富有想象力的玩耍——但是，这种观点只得到了研究的部分证实。

媒体搭售的概念并不仅限于电视：事实上，这在很大程度上要归功于当代另一个巨大的成功范例——乔治·卢卡斯的《星球大战》。但是，搭售和节目长度的广告的区别在于后者的产品先于媒体文本产生，玩具制造商一开始就是玩具的生产者，而不是在后来得到授权才生产周边产品的。但是后来，这种区别逐渐变得没有实际意义。在《忍者神龟》和《哈利波特》的例子里，可以找到一个"原始"的版本，这个版本不同于后面的媒体版本和搭售营销：事实上，这些"原始版本"的成功是出版商和生产者

第五章　数字时代：更大的消费压力和更少的亲子时间

也没有料到的。但是，在《宠物小精灵》（稍后将会做详细的探讨）、《数码宝贝》《游戏王》《战斗陀螺》等例子里，这种整合式营销从开始就是计划的一部分。这些品牌商品存在于许多媒体和市场部门，不仅仅是玩具，还包括衣服、食品、礼物和其他个人随身物品，它们无所不在，让人避无可避，这就产生了互相宣传、互相推广的良性循环。这种方式已经取代了原始形式的"节目长度的广告"；而且也不仅限于动画片，《哈利波特》、迪士尼的《歌舞青春》和《汉娜·蒙塔娜》、BBC 的《神秘博士》的特许经营的成功都清楚地说明了这一点。

　　的确，整合型营销是过去十年大部分流行的儿童电视剧成功的关键。角色授权逐渐成为控制儿童市场的关键性策略：角色对儿童来说就是品牌，而且可以通过广泛的产品、媒体、玩具、食品、衣服等进行利用和传播。同时，像《天线宝宝》这样需要大量先期投资的节目，如果企业不能提前预测销售产品和在海外销售节目的收入，是不会投资制作的（天线宝宝是 Ragdoll 公司为 BBC 制作的）。的确，《天线宝宝》的例子显示，并不是只有商业部门会有这样的考量。美国公共广播公司的《芝麻街》所产生的巨大销售收入也显示了儿童市场中公共提供者和商业提供者之间逐渐模糊的界线——事实上，公共服务节目逐渐需要依赖销售收入才能生存。第十章会详细探讨这些发展对广播电视和其他媒体的意义。

　　这种整合式营销并不限于儿童市场，尽管它能够带来丰厚的经济回报，但是风险也很大。事实上，儿童市场的多变性和不可预测性在这里显现得最明显。这种现象的成功通常是生产者也没有料到的，导致后续产品短缺，很多消费者只能在商店里排队等候。等到热潮过去，特许经营者、制造商、零售商通常只能在市场中艰难前行，甚至是搁浅、破产。

《宠物小精灵》的案例

在2000年左右的一个短暂时期，《宠物小精灵》在多种媒体的风靡占领了整整一代孩子的想象空间，这个例子体现了这些新发展，而且也为第三章介绍的文化研究方法提供了一个新的案例。2000年，《宠物小精灵》热潮达到顶峰，当时它毫无疑问是有史以来儿童热潮中最赚钱的一个：当年，它在全世界创收七十亿美元。它原本是一款电脑游戏，后来又出了动画片、卡牌游戏、电影、书籍、杂志、玩具以及无数其他商品。《宠物小精灵》是当代整合式营销的范本。但是两三年后，情况急转直下：尽管相关产品仍在生产，但其在儿童文化中的中心地位和无所不在的状态已经不复存在——尽管制造商常常会试图在下一代的孩子中使它重新流行起来。

有很多方式能够解释《宠物小精灵》的成功。从某种程度上来说，这一商业策略是经过创始者任天堂精心计算的。当时，这款游戏主要面对儿童市场，而不是由索尼把持的青少年市场，而且这款产品的设计能够充分利用任天堂的游戏手柄，这样，任天堂就发挥了自己的长处。整体来看，这款产品的设计把对传统上四分五裂的儿童市场的吸引力最大化了，结合了对女孩的吸引力（对照顾和可爱的强调）和对男孩的吸引力（对收集和竞争的强调），而且针对不同年龄阶段的孩子主打不同的商品，柔软的玩具针对幼童，电视卡通针对六到八岁的孩子，电脑游戏针对再大一些的孩子——这样，孩子们可以从一个产品逐渐过渡到下一个产品。

另一方面，人们常说《宠物小精灵》是由一个人创造的：田尻智。在设计这款游戏时，他显然重温了自己小时候的一些元素（比如他对收集昆虫的痴迷）。根据这种解释，《宠物小精灵》的成功是不可预测的：它成功是因为孩子们出于天性承认并回应了田尻智个人的回忆想象。这种理论显

第五章　数字时代：更大的消费压力和更少的亲子时间

然有一种神话的元素。但是，和之前类似的热潮一样，相关企业对快速的成功反应迟缓，也没有准确地预测其最终的衰落（比成功更加突然）。如果只把它们当作简单的企业操纵，就很难解释这些儿童热潮兴起与衰落的相似模式。

《宠物小精灵》的主线是男主人公的探险。十岁的小智离家寻找能够带给他成年人力量的神秘生物。小智受到了许多人的帮助，游历了许多未知的地方，遇到了一系列的困难和敌人，直到到达目的地，并打败了与之竞争的训练员。为了达成目标，小智必须学习战胜自己的情感，并达到自我控制。在这一方面，《宠物小精灵》的吸引力类似于许多有关男孩成长的故事，这不仅出现在儿童文学里，还出现在功夫电影、角色扮演游戏、奇幻小说里。从某些方面来看，《宠物小精灵》可以被看做对男孩子的典型文化形式的培训——但是，就像我所说的，它里面也融入了女孩文化，比如对收集的玩具和电子宠物展现的母性。

知识，或者至少是获得信息，是这整个现象的核心。重要的是，对于非内部人士（成年人），很多知识是无法获得或者毫无意义的。这种知识被设计为可以在不同媒体和平台上使用：从卡通里看来的知识在卡牌游戏里也能用，反之亦然。这种知识的"可携带性"让孩子能够在不同的社会环境下独自或与他人一起享受这一现象的不同方面：没有其他选择的时候，《宠物小精灵》可以很好地打发时间，而且它还是游戏小组等小团体的"入场券"。从更广泛的意义来看，可以说，成为《宠物小精灵》文化的一部分意味着主动从各种渠道获得新信息和新产品。它不是只要"读"或"买"，还要"做"，还要参与。

对宠物小精灵使用的研究展示了孩子们在不同文化背景下消费、分配、调整宠物小精灵的多样化，而且有时极具创造性的方法。他们主动地解读文本，并把文本和更广泛的道德问题、社会问题（如善与恶，或是友谊和竞争）、地区或国家问题联系起来。在以色列，孩子们选择了"为和平而战"的主题，反映了当地冲突不断的国家环境；在澳大利亚，土著儿童避开了卡牌游戏的竞争元素，选择了合作的玩耍方式；在法国，孩子们根据法国传统的纸牌游戏调整了卡牌的玩法。孩子们还用有关宠物小精灵世界的产品和知识创造了自己发明的游戏情境，其中包括宠物小精灵和其他玩具等人工制品（似乎是随即调集的）；在有些情况下，比如说在英国，他们还会创造自己的宠物小精灵文本。孩子们不是被动的消费者，他们在游戏中对这些文本的使用是有选择性的，还会为了自己的目的对它们进行改造。

另一方面，当然也有某些元素可以被看做商业对儿童的剥削利用。儿童被鼓励花费大量金钱去收集某些稀有的交换卡片——但是所谓的"稀有"当然是企业人为制造出来的。有人认为这一过程能让孩子学到有关经济生活的宝贵一课——但是，也有人认为，这等同于敲诈勒索。

尽管如此，宠物小精灵这一现象不能被简单地看做强大的企业对脆弱儿童的操纵。关于这一现象的发展过程、效果、利用方法，儿童是有一定决定权的；事实上，一旦他们失去兴趣，就会很快抛弃它。我在第二章说过，这不应该被看做一个非此即彼的选择，尽管观众的行动不应该被等同于能动或权力。类似于宠物小精灵的当代媒体现象把儿童定位为积极的参与者，尽管他们的积极性几乎全由商业过程、商业关系来调解——这样，孩子们可能会感到自己得到了力量，即使事实最终并非如此。

从很多方面来说，宠物小精灵的案例也代表着儿童市场的全球化（更准确地说是"全球本地化"）。一方面，产品的设计意在全球市场，无论是其在日本的生产，还是在全世界的分配，都是如此。尽管其中有一些日本文化的元素，但是整个视觉风格融合了日本和西方的传统；而且，被认为过于日本化的方面被去除了。但是，在另一方面，孩子们自己也通过玩耍和日常同龄人群体文化对这一产品进行了本地化。在我们的研究中，我们发现尽管来自不同社会文化，孩子们都可以玩宠物小精灵，还能进行交

第五章　数字时代：更大的消费压力和更少的亲子时间

流：宠物小精灵的世界自成一体，它提供了一种能够超越文化障碍的语言。在这一背景下，宠物小精灵的日本特色得到了孩子们的承认和喜欢：它的确很奇怪，但是是具有异域风情的怪，事实上，它很酷。儿童消费文化中其他类似的"全球本地化"过程包括迪士尼的产品和哈利波特现象。

儿童的玩与学

这些发展和儿童媒体的关系最为明显，但也适用于儿童市场的其他领域，如玩具。埃里克·克拉克对当代玩具业的曝光报道印证了之前提到的很多趋势。克拉克估计，尽管玩具市场变化快且竞争激烈，全球玩具产业的年收入为690亿美元——从某种程度上说，随着儿童早熟，玩具产业也在不断萎缩。和其他许多部门相比，玩具产业的新产品失败率要高出许多，还有许多创想还没熬过初期研发阶段就夭折了。成功产品系列的周转期变短，销售量在时间上分配不均衡，相比之下，利润率也比较低。

在这种充满不确定性的情况下，企业开始被克拉克所说的"命中心态"所支配。机关如此，失败者还是远多于成功者，风险管理已经成为企业必须采取的措施。整合式营销、强有力的品牌和对过去成功的不断重复利用（尤其是利用家长对自己童年的怀旧感进行营销的产品）已经成为驾驭市场至关重要的手段。另外，玩具市场和媒体市场的关系也越来越紧密：大部分最流行的玩具是特许经营产品，而不是没有品牌的产品。由于新玩具的先期研发和生产成本较高，扩展现有产品范围并依赖媒体搭售是一种比较合理的做法。在过去的十年里，乐高公司试图进入全球玩具市场被媒体化的部分，但是遇到了很多问题，这说明想要扩展公司品牌或者公司形象不是一件容易的事。这些不可避免地导致了创新规模的减小。

过去，玩具产业里包括了很大一部分独立、小型的制造商和零售商，但它们正逐渐为少数大型跨国公司所取代。行业巨头美泰和孩之宝已经吞并了许多小企业,零售也逐渐为少数大企业所控制,比较著名的是(在美国等国家)沃尔玛和玩具反斗城,它们都以没有底线的降价策略出名。相比于小型企业,这些企业更能从媒体搭售中获利,而媒体搭售对玩具企业的成功非常重要。事实上,克拉克指出,美国有三分之一的玩具是通过快餐"套餐"售出的,而这些套餐中的大部分都在媒体上打了广告。同时,玩具生产逐渐转移到亚洲国家和血汗工厂。

芭比娃娃和贝兹娃娃之间的竞争显示了这种危险局面所导致的不少紧张局面。和乐高一样,芭比娃娃这款经典的玩具作为市场巨头的霸主地位在最近变得岌岌可危。这些年来,芭比经历了数次变化,从事了无数的新职业,但是这个品牌的一贯性非常高。作为芭比的生产商,美泰公司非常保护这一品牌——动不动就要和涉嫌侵权的人打官司。但是,芭比没能击溃来自贝兹娃娃的挑战。讽刺的是,作为这一市场的新成员,贝兹娃娃所遭受的批评和芭比曾经经历的几乎同出一辙(尤其是对女孩的"性化")。在这种情况下,芭比娃娃看起来就过于老派,一点也不酷。同时,儿童的早熟意味着娃娃的市场在萎缩。对此,美泰公司做过许多努力,希望能够改造芭比,制造新的玩具系列,从而打击贝兹娃娃并开发新的市场,但是它的大部分努力都失败了。(伊丽莎白·秦〈Elizabeth Qin〉对美泰公司错误尝试生产道德上正确的娃娃的分析进一步说明了这一点。)

但是,我们不能假设只有大众市场产品或是只供玩耍用的产品才面临着这些压力。在另一篇报道性分析中,苏珊·格里高利·托马斯(Susa Gregory Thomas)对幼童教育玩具、媒体这一成长中的市场进行了很具启发性的分析,这一市场也显示了类似的特点。该市场的领军产品为《小小爱因斯坦》,这是一系列"成长发展"DVD,主要针对两岁以下的儿童,现在《小小爱因斯坦》已经发展了一系列子品牌,如《小小莎士比亚》《小小牛顿》《小小莫扎特》《小小梵高》等。这个公司是由一位母亲

第五章　数字时代：更大的消费压力和更少的亲子时间

于九十年代末的时候成立的，后来迪士尼花 2500 万美元购买了该公司。这个市场的新成员还包括聪明宝贝系列，还有类似方法的使用指南如《婴儿力量：给你的孩子真正的学习能力》。其他例子包括儿童平板电脑 LeapPad，这一电脑终端配备了一套学习系统软件和多种与《天线宝宝》《蓝色斑点狗》《爱探险的朵拉》《小熊维尼》等电视节目相关的教育玩具产品。

当然，这些产品的主要市场是家长，而不是孩子。托马斯指出，厂商在营销这些产品时，通常会宣称它们具有教育价值，并会辅以发展心理学家和育儿专家的证言，还会强调"创造力""探索发现"和"乐趣"，并把自己和"提前教育"等负面联想区别开来——托马斯认为，这种营销方式对"X 世代"父母非常关键，他们不喜欢强行推销。尽管如此，对这些产品教育目的的定义还是比较狭窄：它们强调"乐趣"，但也强调"学习"，而且是传统意义上的学习，即掌握技能、记忆事实。在这里，婴儿神经科学很关键：厂商不断地告诉家长，幼儿的大脑处于发育关键期，如果现在不能形成神经通路，这项功能将会永远关闭。这类观点还以其他概念的形式广为流传，比如"莫扎特效应"——给幼儿（甚至是胎儿）听古典音乐被认为能够促进发育。不管这些观点是多么言过其实，不可否认的是，这些产品的教育功用根本未经证实：充其量和其他教育媒体一样，其教育功能只有在家长大量参与的情况下才能发挥作用。

托马斯指出，对于孩子，这里重要的不是学习，而是品牌和角色授权。经过授权的角色能让孩子和产品产生个人化的联系；而孩子在其他地方（如学习软件、电视节目、幼儿园、超市、快餐店等）看到这些角色则会加固这种联系。托马斯认为，这里最重要的学习是识别角色：也就是说，其主要目的是销售而非教育。

当然，向家长推销教育产品并不是什么新鲜事物，厂家提出的有关产品的理论也早就存在。最近，也有人对针对年纪大一些的孩子的教育产品

（如书籍、杂志、电脑软件等）做了类似的学术分析。从一个层面上来说，这一市场的增长可以看做资本主义不断寻找新市场的又一个例子——或者是"年龄压缩"这一现象的又一体现。但是，它也体现了人们（尤其是、但不仅限于中产阶级家长）对教育竞争的不断强调。在这种新环境下，家长面临着更大的压力，他们不仅要确保孩子达到要求的发展里程碑，还要力求超越它——只有这样才能进入好学校、好大学。尽管需要家长更多地参与孩子的教育，但随着更多的母亲进入职场，家庭生活发生变化（离婚率提高、单亲家庭增多等），人们只能指望通过花钱来解决问题：购买教育产品和服务能够保证孩子具有教育上的优势，而家长觉得自己无法带给孩子这种优势。（第八章和第十一章将具体探讨这些问题。）

了解营销新策略，发现新问题

最近几年，为了对付儿童市场日益增长的不可预测性，营销者发展了一系列新的营销技巧。从某种程度上说，这些新技巧反映了之前提到的文化产业中的新趋势，而且它们中有很多（但不是全部）与数字技术的发展有关。除了上面提到的整合型营销，我们还能找出许多其他的推销策略，其中包括：

- ◆ 植入式营销。这不是新的营销策略，但是在许多媒体上，这一做法越来越广泛，最近，在英国电视上进行植入式营销被合法化了（但在儿童节目中仍然不合法）。
- ◆ 其他嵌入商业信息的方法。如在体育类电脑游戏中和社交网站上设置广告牌。
- ◆ 病毒式营销。通过一个用户向其他用户转发商业信息（以电子邮件、文字短信或图像短信的形式）。

第五章　数字时代：更大的消费压力和更少的亲子时间

- 游戏式广告。玩家所进行的游戏包含商业或带商标的形象或内容（这种广告通常出现在企业网站上）。
- 沉浸式营销或在网络社交世界搜集个人数据。包括需订阅的网站和免费网站。
- 社交网络。使用"应用"让使用者参与到带有品牌产品和服务的竞争中去，使用带有品牌的材料（如"皮肤"或背景），并邀请用户以对消费品的偏好定义并构建其个人资料。
- 赞助。这一策略历史悠久，但最近在公共机构、公共活动和公共服务中的应用变得更加广泛（见第十一章）。
- 数据挖掘。基于消费者对在线调查的回应收集、分析消费者数据，或通过网上信息块（cookies）追踪消费者在网上的活动。
- 点对点营销。雇用意见领袖作为"品牌拥护者"或"大使"，他们会在自己的联络小组中积极展示并推荐某种商品（品牌服饰通过在衣物上印刷商标来达到四处宣传的效果，可以看做点对点营销较为柔和的形式）。
- 新的市场调研形式。包括通过家访来研究儿童，或者雇用儿童获取有关其同龄人群体中的潮流的信息（"猎酷"）。
- 商业对粉丝文化的培养。包括收集商品（通常是那些具有由市场所引导的稀缺性的产品）或创造粉丝"艺术"（比如创作并传播重新编辑过的影片等）。
- 所谓的"用户原创内容"。企业雇用消费者开博客或上传视频（或是由企业假扮普通消费者来做这些），宣传某一品牌或产品。

就像第四章中所说的，丽萨·雅各布森等人的历史记述指出，有些更加具有"参与性"的营销方式并不新鲜，尽管它们现在的应用范围有所不同。这些新方式在逐渐吸引大家的注意——还有来自儿童营销批评者的警惕——我们也需要认识到，传统的营销方式并没有被抛弃。看电视仍然是儿童的主要休闲活动，尽管电视广告总体上在衰落（2009年，英国的在线营销超过了电视广告），但它仍是广告支出的重点。

这些新技巧非常多样化，有些可能最后证明要优于其他——尽管在这些技巧上的支出目前增长得非常快。但是，它们具有某些共同点。首先，它们都更注重品牌的推广（创造和某一品牌相关的一组价值观或情感），而不是宣传某一特定的产品。它们中有很多相当依赖数字媒体（数字媒体访问快捷、社交能力突出、对年轻人具有吸引力，还能监视消费者行为）。它们中有不少具有个人化特征，因为它们能够回应个人的欲望和需求，而不是把个人当作大众市场的一员来对待。它们通常具有欺骗性或是在暗中进行，其劝服目的并不明显——比如，把商业信息隐藏在其他内容里，而不是像电视广告或网站上的广告条那样意图清晰。最后，它们中有很多是具有"参与性"或"互动性"的，需要消费者的参与，比如积极参与沟通，或是把信息传递给他人，甚至是帮助创造信息。从这点来讲，它们反映了当代营销试图结合个人能动性、在消费者和品牌之间建立更多亲密联系的大趋势。

这些新技巧的使用对儿童营销的道德准则和儿童对广告动机、广告行为的理解提出了许多重要的新问题。这些技巧中有很多模糊了促销信息和其他内容之间的界线，这样就能够把广告嵌入人们认为不可能是广告的地方。这些新技巧通常意味着在没有消费者知情的情况下收集他们的个人数据；儿童也可能被鼓励或要求提供他人的个人信息，比如家长的或是朋友的，而且是在他人不知情的情况下，这就造成了对隐私的担忧。点对点营销和病毒式营销是现代版本的"口碑"，尽管它们包含了一定的欺骗成分（人们通常以为写信息发信息的是个人用户而不是公司企业）。现在，市场调查雇用的孩子的年龄越来越小，而且通常也不会讲明调查的目的，这些的确让人担忧。研究者越来越希望在儿童的自然生活环境（家庭或同龄人群体）中研究儿童，这会进一步侵犯人们的隐私。最后，还有由儿童提供

第五章　数字时代：更大的消费压力和更少的亲子时间

的用户原创资料的所有权的问题：儿童博客、他们在聊天室和社交网络上的发言，或是他们在网站上分享的照片和视频可能成为这些网站所有者的财产，后者可以继续销售这些资料。从这些方面来看，这些行为的"交易条款"并没有得到足够的解释，也没有得到很好的遵守。

正如我们在第四章所见，我们对儿童对电视广告的理解的了解并不少，尽管这一研究在某些方面还存在质疑。但是，相对来说，我们对儿童如何看待新媒体所采用的商业信息和策略知道的就比较少。引起这些争论的是一些一直存在的问题，如儿童消费者能力的级别和本质以及能力和实际行为之间的关系。比如，人们通常认为，儿童自七八岁起就能够理解电视广告的劝服意图，但是这种理解遇到植入式广告和病毒式营销还管用吗？实际上，成年人又能从多大程度上识别那些做法的商业本质和劝服意图呢？即使他们能够识别，这种"数字素养"又能从多大程度上帮助人们抵制劝服呢？

该领域现有的一些研究识别出了一些有关企业行为的道德担忧，但是关于消费者对这些行为的理解和反应却缺乏可靠的证据。英国最近有一个研究显示，儿童基本能够意识到什么是网络广告和营销骗局，但是对比较隐性的手段则不是那么清楚，如游戏广告和植入性行销，以及网络的商业维度。家长似乎能够非常清楚地意识到安全和隐私问题，但是对商业维度却没有那么在乎，尽管家长和孩子似乎都能从在这方面所犯的错误中吸取教训。但是，现在的促销信息更加隐蔽，理解劝服意图可能会变为一个更加复杂的问题；我们有理由假定，对于孩子和成年人来说，相比于传统媒体的商业维度，网络营销的商业维度更加难以理解。

但是，从某些方面来说，这里所提出的问题已经超出了儿童能力（或缺乏能力）的范畴。对于这些新型营销技巧，儿童（以及成人）可能多多少少知道一些，但是，知识本身不一定能带来抵御这些技巧的力量。同样的，儿童现在逐渐被当作"主动的"消费者对待并不一定意味着他们拥有更大的能动性。综合考虑，这些新发展可能反映了营销本质的范本从"大众消费"模式到渗透性、个人化、参与性的转变。在这一背景下，消费者能动性本身会有新的产生方式和运行方式，这就要求我们超越儿童消费文化讨论中常常出现的两极化思维。

结 论

和第四章一样，本章的讨论重点是营销者的想法和行为，而不是儿童本身的。这一方法有个不言而喻的问题，即赋予营销者的权力大于他们实际拥有的权力。正如我所指出的，当代营销是一个不确定性和风险都越来越大的过程，成功（盈利）难以保证。营销者试图了解并控制消费者，但是消费者的行为方式不一定符合预期或是处于正常状态。而儿童更是如此，他们是一个更加变化无常的市场。但是，我们既不能把营销者神化为邪恶的纯真操纵者，也不能把儿童看做被邪恶力量控制的无辜受害者。在接触市场的过程中，儿童的确有一定的力量和能动性：他们可以，也的确会抵制市场提供给他们的东西，而且他们对商品的分配和使用可以是多样化以及难以预测的。但是，这份力量并不是绝对的：儿童几乎无权决定市场提供给他们的商品的范围，也无权决定涵义和乐趣的范围。但是这里的主要问题并非权力的相对级别，而是我想在本章表现的，即营销者和儿童之间的权力关系是由他们共同构建的。当代营销（包括对成年人的营销和对儿童的营销）矛盾的地方在于它越来越需要、也越来越依赖"积极主动"的消费者。

"小胖墩"是如何养成的

第六章

近年来,肥胖问题已经从成年人蔓延到儿童群体。讨人喜欢的"小胖墩"在成年后会面临更大的健康风险和生活问题,胖人甚至被看做是没有自控力的人。针对孩子的广告中大量宣传高盐、高糖、高脂的食品,是误导孩子摄入过多热量的重要原因,但最根本的原因还是父母自身不好的饮食习惯对孩子产生了潜移默化的影响。所以有肥胖问题的父母,其孩子往往也更容易出现肥胖问题。

第六章 "小胖墩"是如何养成的

肥胖与食物和消费的关系

2007年,英国通讯管理局(英国的媒体监管机构)开始对儿童食品、饮料的电视广告执行新规定。根据规定,在节目里或周边针对十六岁以下儿童宣传高脂、高盐、高糖(HFSS)食品或饮料的广告将一律禁止;针对学前儿童的广告内容还有特别的规定(例如,禁止使用明星或认证符号)。英国通讯管理局预计这个规定将会使十六岁以下的孩子少接触到约41%的高脂肪、高盐、高糖食品广告,九岁以下的孩子则会少接触到51%(英国通讯管理局〈Ofcom〉,2006)。后续的监测数据表明,虽然孩子们接触这些广告(和整体电视广告的支出)的机会比新规定执行之前明显减少了(卫生部〈Department of Health〉;英国通讯管理局),但之前的预计目标过于乐观了。

英国政府目前正在努力减少儿童肥胖现象,通讯管理局认为新规定对此做出了贡献。虽然卫生部在2004年的白皮书《选择健康》(*Choosing Health*)里早就清晰地预测过儿童肥胖一事,但通讯管理局比观察家们所预料的都要做得多——即使有些活动家抱怨它做得还不够多。前些年通讯管理局对于在这个方面增加新规定都非常小心谨慎,与之相比,它现在的立场不一样了。新规定几乎比任何一个工业化国家的规定都要严格,甚至超过了瑞典(瑞典禁止地面频道播放针对十二岁以下儿童的广告)。

这一章的出发点是将有关孩子食品消费、广告和营销作用的辩论呈现一个整体画面。我首先从儿童肥胖的问题谈起,这个问题现在都快上升到新的"道德恐慌"高度了；然后我会具体地谈谈广告、营销的影响和研究结果。这个研究——和其他形式的媒体效果研究一样——倾向于把儿童消费从社会环境中独立出来，也没有考虑其他影响食品消费的因素和肥胖症发病率。因此在后面部分的章节里，我参考了社会学和人类学里关于儿童食品消费和家庭食品消费的研究，借助了食品生产与分配的政治经济分析结果，尝试提出新的研究方式。

肥胖流行病波及儿童？

肥胖已经上升到"传染病"规模这类的言论在公共辩论中经常出现。除了降低整体生活质量，肥胖还被认定为一系列致命疾病的罪魁祸首，包括癌症、心脏病和2型糖尿病。据报道，儿童肥胖程度在飞速上升，如果接下来的几十年照此速度发展，其产生的压力将导致医疗服务和经济的瘫痪。那么，很明显这一代孩子将成为继他们的父辈之后寿命变短的第一代人。

肥胖话题现在已成为媒体铺天盖地的报道重点。经常会有儿童"死"于肥胖、肥胖如新型"黑死病"、肥胖如"定时炸弹"等新闻上头版头条。电视节目围绕送孩子去"胖子营地"和在学校的开展健康饮食录制，"肥胖科学家"们推测长期快餐饮食的可怕后果。这些论断还被政府代表进一步证实，美国外科医生总会（the US Surgeon General）称肥胖是"比大规模杀伤性武器更大的威胁"[1]。

针对"肥胖课程"，有批评家称这些言论的切实证据有限。肥胖很明显并不会相互传染，所以并不能称作"流行病"（英国政府前首席医疗官，利亚姆·唐纳森爵士一般在疾病会传染的情况下使用该词）。现在通常用来衡量超重与肥胖的BMI系数（Body Mass Index，身体质量指数）是武断且误导人的，尤其是因为它评估的是人体的质量而不是脂肪。近年来，超重和肥胖的门槛都有所下降，大多数的社会评论将两者混为一谈，导致大部分的人被视为"超重和肥胖"。评论家们还对儿童肥胖情况显著性上升这一说法提出了质疑，并且怀疑长期预测结果的可信度。[2]

大体上说，评论家们认为肥胖与饮食、肥胖与疾病或夭折之间的联系并不构成直接关系。虽然现在总体上有一股体重稍微上升的历史趋势，但这可以看做营养增强、食品质量和食品安全提高、生活水平上升的总体结果（比方说，这些同样还引起了平均身高的增高）。在这同一时期，我们还可以看到人类寿命显著地增长了。虽然"病态"肥胖的人稍微增多了一点，但整体人口的平均体重只增加了几磅而已。儿童摄入的卡路里热量事实上已经下降了——尽管他们的体育运动和能量消耗数量下降得更快。然而，肥胖并不简单指"能量摄入"和"能量消耗"的一种平衡关系，而且还与一系列的环境和基因因素有关。在热量摄入或高脂饮食与肥胖程度之间并没有明确的因果关系。尽管到处都在运用BMI作参考，但健康并不仅仅等同于身材纤瘦或低质量。

当前人们对儿童肥胖问题的担忧是因为很大程度上受到了许多减肥和制药行业公关活动的刺激。他们赞助了大量研究，积极拉入政府参和保险行业。每当新的风险类型出现，保险行业就能从中获益。这导致的结果就是对科学事实的系统商业操作和歪曲。例如在关于"有毒的童年（toxic childhood）"辩论中，我们可以发现重要言论的发言人都是——"肥胖企业家"。他们积极地运用媒体来控制相关运动，排斥不同言论，因此促成一种达成了科学共识的假象（同样可见 Julier，2008）。与此同时，专家将肥胖"医学化（medicalization）"，将肥胖视为官方认证的疾病，因而使肥胖也成为医疗干预的重点，这明显有益于医疗行业、制药和特种饮食行业。

在这里，我们可以再一次看出，虽然其他年龄段的人也同样有可能

（如果不是更有可能的话）变得肥胖，但是将关注点都放在孩子身上是一种转移注意力和获得公共同意的有效手段，同样还可以使一些平常不会被通过的规定变得可接受。埃文斯等（Evans et al.）曾说，肥胖已经成为"现代拯救儿童行动"的焦点，这一行动采用了熟悉的虐待儿童和保护儿童言论。如汀斯塔（Tingstad）所言，目前存在一种"相互依存的恐慌"，因为关于儿童肥胖的恐慌一方面加剧了对童年这一传统概念明显消失的恐惧，另一方面恐慌又被这种恐惧所强化。

然而，把这个问题刻画成"道德恐慌"似乎是暗示着这个问题仅仅是一个不理性的现象——即一种疯了的现代形式。还有一些人认为当代对肥胖问题的认真关注是具有深远意义的，实际上具有更广泛的社会和历史趋势指向性。历史上，美和魅力的标准——实际也是关于身体健康——是非常多变的。在早期的几百年里，丰满的身体常常被看做社会地位的象征；人们喜欢的身形（如视觉艺术作品里描绘的）比现代媒体中的都明显丰腴得多。20世纪的前几十前，关于穷人的主要健康问题不是肥胖，而是营养不良。我们当前对减肥的全情投入（需要多种形式的努力和支出）实际上是一个近些年才有的新现象。

艾伦·贝尔兹沃斯和特雷莎·凯尔（Alan Beardsworth and Teresa Keil，1998）指出了一些非常有趣的矛盾。在现代工业化社会里，食物非常充足，但越来越多的人却严格控制饮食。人们的体重增加了，但媒体上提倡的体型却是备受争议地越来越瘦。肥胖者的数量可能变多了，但有进食障碍（如厌食症和暴食症）的人数量也增加了。如这些学者和其他一些作者所说，我们当前对苗条身材的关注反映了人们对自我控制和自我约束的广泛重视，这是"晚期现代（late modernity）"管理的特点。特别是年轻女性，她们通常把苗条的身材看做在现代经济竞争环境中的一项个人成功标志。这种关注养活了大批其他产业，包括瘦身、健康食品、健身以及与之相关的媒体等。从脂肪入手是非常有利可图的，这从大量产生的专利饮食机制、减肥治疗程序、健身产品以及减肥"超级食品"可以得到证实。

以上这些通通暗示着肥胖情况的增加并不是一个错觉——即使我们必须要澄清的是，肥胖问题的规模和严重程度被夸大了。"病态"肥胖本身并不是一个显著的健康风险，虽然它能增加风险，但仍然是一个相对罕见的现象。更重要的一点是，把肥胖视为个人（道德上）失败的趋势似乎弱化了可能起作用的社会和文化因素。至少在工业化国家，穷人和一些非白种人比富人更有可能变胖，但人们对于这些因素的忽略导致这些人要独自对自己的命运负全部责任，并且成为了更为严格监视和控制的主要目标。

在本章结束时，这些问题会有更详细的讨论。值得注意的是，现在有一种紧张的气氛存在于责备个人的倾向和怪罪媒体（尤其是广告）的倾向之间。后者将是我在下一节要谈的话题。

广告导致肥胖的证据

在"肥胖流行病"的构建方面，我们有理由对针对营销和广告的相关言论提出质疑。在一个早期的分析中，我研究了争先参与"肥胖"辩论的人们使用研究证据的一些方式，这场关于食品广告和孩子的辩论持续了数年，最终促成了英国通讯管理局的决定。尽管有人认为，人们在这个问题上正逐渐达成共识，但不同研究得出的结论并不相同——有些情况下甚至是大大不同。各个机构（如英国农业、渔业和食品部、食品标准局、广告协会、通讯管理局、美国医学研究所）的研究结论似乎相互冲突和矛盾。这些相关机构开展了进一步的评审来驳斥反对言论，每项都诉诸科学证据的客观性。虽然这些评审回顾报告本身都是详细合格的，但它们的执行概要结论有时却大不相同。在有些情况下，它们还被误导性地用在媒体报纸中作"舆论导向"。

尽管现代政府的一大特点是坚持"循证政策",但可以看到在最终制定的政策和引用举证的证据之间仍然存在不匹配现象。以两个评审回顾报告为例,英国通讯管理局一开始的回复是非常谨慎的,表示所掌握的证据有限,似乎倾向于反对附加规定,尤其是因为它不太可能有效。当时的文化、体育和媒体部长特莎·乔韦尔好像也同意此观点。然而,随着征询民意后政治压力的猛增,通讯管理局似乎改变了意见,特别参考了"大量有效的研究"来证实这一举动的合理性。实际上,正如我在下面将要提到的,他们在此处引用的研究,即美国医学会的审查报告并不能证明这样一个决策的合理性,连他们自己的评审结论也不能证明。

在媒体政策领域,这样运用研究证据的可疑做法并不是史无前例的:事实上,威拉德·罗兰(Willard Rowland)历时25年的研究《电视暴力的政治》(The Politics of TV Violence)一书中,追溯了20世纪六十年代和七十年代两个相类似的围绕电视暴力的辩论过程。罗兰描述了广播行业和政府政策制定者是如何投资调查研究,随后又是如何利用这些研究为达到个人目的而去定义(或重新定义)社会问题的。罗兰指出核心问题在于,对电视暴力的关注——以及引起的小小的规定更改和惩处——使得政府和企业家能将公共的注意力偏离对电视的社会功能和文化功能的广泛思考,远离了对社会暴力根源的思考。这永无止境的非决定性证据或者对政策进行效果研究的有效结论帮助他们双方避免了通信政策的根本性改变,而这些改变可能会打击当前的商业现状。同时,这还使得他们能够看起来似乎是负责任的,是在回应民意的。

在这样的情况下,我的分析结果表明,除了诉诸于科学论证,禁止高脂、高盐、高糖食品广告的决策是受政治需要驱动的:对于儿童肥胖问题,政府需要被看起来是正在"做事",而监控广告是一个高水平并且相对简单易行的方式。如之前所述,我发现新政策减少了儿童对高脂、高盐、高糖食品广告的接触，至少是在儿童看电视方面，尽管无论如何这个比例一直在减少。[3] 这些举动是否成功地降低了儿童肥胖水平仍然有待证实，虽然很可能这是一个无论如何也完成不了的任务。显然，已经禁止儿童广告的国家——如瑞典、挪威、希腊和加拿大魁北克省——也并没能做到这一点：在这些国家，儿童肥胖率近些年实际上正随全球趋势一起上升。

与此同时，这还导致产生了其他作用或者反作用的后果。儿童食用的全脂奶、奶酪和坚果因高脂而被禁止做广告。更严重的是，儿童商业电视制作人利用广告收益的减少证明国产儿童节目数量显著地下降了——尽管英国通讯管理局自己的研究表明这个数据不管怎样都在下降。更概括地说，我们现在存在一个风险，那就是人们把广告业的监管条例当作可以替代我们实际所需的更长远和更复杂的东西，比方说，讨论肥胖和贫困儿童的确切联系。

广告之外的因素

那么关于这个问题的研究到底证明了什么？首先，它确实清楚证明了大多数电视食品广告是高脂、高盐、高糖食品广告。在新规定实施前，2004年英国通讯管理局估计，英国广告业一年在食品、饮料和连锁餐饮类的支出约为7.42亿英镑，其中约5.22亿英镑用于电视广告——虽然只有3200万英镑投入在儿童广告时间。研究发现食品广告几乎被早餐谷物、糖果、开胃零食和软饮料的广告所主宰，快餐店的广告近些年开始进入市场，但主食和新鲜食品广告在下降。虽然（我注意到）新规定消除了儿童节目中的此类广告，但儿童仍然受到主流电视节目的影响，并且这很有可能会达到一个类似的平衡。

然而，当评估这类广告的影响时，研究证据并不清晰。一开始就需要注意的是大部分这类研究都是关于电视广告，而不是市场营销的其他方面；是关于饮食偏好而不是肥胖的潜在原因。这些研究都已相对较老，且大多数都在美国进行。这些因素限制了研究结果在英国当代情况或其他地区的广泛相关性和普遍适用性。这类研究大多应用了主流媒体效果研究传统：它们把信息与接收者之间的关系想象成是刺激和反应的关系，并且尤其倾向于把儿童表现为被动和无能的观看者（见第三章）。

当然，没有人会怀疑电视广告的效果，因为它能影响人们买东西；假如大多数的食品广告都是高脂、高盐、高糖食品广告，那么认为这些广告促成了儿童中盛行"不健康"饮食是非常合乎逻辑的。[4]但是，广告商反复争辩说广告的影响主要集中在品牌选择而不是类别选择上——就是说，会影响人们选某一个品牌而不是某一类食物。广告可能让我们更多的选择吃"汉堡王"而不是"麦当劳"，但广告不会让我们选择多吃汉堡而少吃西兰花。然而，这是备受争议的一点：高脂、高盐、高糖食品广告的批评家们声称广告在两个方面都影响了儿童。即便如此，在这个领域里几乎没有哪个研究充分区分了品牌意识、品牌偏好、品牌消费和类别消费这些概念。

虽然现在有大量研究讨论广告和食品消费之间的关系，但它们并不是都与肥胖问题直接相关。研究一般探究了食物喜好，至多是食物选择（一般在人为环境下）的问题，而不是肥胖本身。**人们喜欢的食物与他们实际吃的食物之间并没有直接的关系。人们并不是总能吃到理想中的食物。**一系列的其他因素会在此过程中起作用，如最明显的价格因素和可得性因素。在这样的情况下，孩子们表达出的对"不健康"食品的喜爱就不能被独立看做（或等同于）导致肥胖的因素。此外，似乎在孩子还很小，没有意识到广告作用的时候，他们的口味偏好和饮食模式在很大程度上已经由其他因素决定了。人们早年的经历是特别重要的：一个人的口味偏好和饮

第六章 "小胖墩"是如何养成的

食习惯一旦形成,在余生里将会延续下去,少有改变。

食品消费当然只是造成肥胖的一个因素。有的人更可能是基因里倾向于肥胖,或是有偏爱甜食的遗传。家庭互动因素同样起作用:肥胖儿童很有可能有肥胖或超重的父母,尽管孩子会(出于很多原因)索要很多他们没有的东西。生活方式,尤其是人们进行体育锻炼的情况是另外一个关键因素。我发现,儿童的热量摄入实际上已经稍稍下降了,尽管整体饮食一部分的食用脂肪摄入量增加了。可是,儿童通过体育锻炼燃烧的热量数值却下降得更迅速。这一现象可能与很多其他因素有关,尤其包括去公共场所玩耍的自由权限减少。

这类研究同样有第二章谈到过的类似方法论问题。此处的一个具体问题在于研究中衡量儿童接触广告的方式。在大多数研究中,专家们实际上计算的是儿童看电视的总体时间(通常由父母估计一个时间),但是看电视的总时间并不一定是他们看广告的时间,特别是有的频道(在英国)不含广告。与此同时,还有其他研究表明电视节目制作更多时候以人们吃着"健康"食品如水果和蔬菜为例。这进一步说明,区别一般性的看电视和看电视广告是至关重要的。

看电视与肥胖问题还有许多可能的联系。看电视是一种久坐不动的活动,不会燃烧大量卡路里热量。看电视多的人(或者读书多的人)一般锻炼较少,并且会更喜欢静态的活动。如果人们喜欢在看电视的时候吃零食,那么就算他们不饿,也不太可能会停下。看电视还是一项相对便宜的娱乐形式,这也是不富裕的家庭看电视的时间更长,家庭成员也更容易肥胖的原因之一。我们再次发现很难找到证明广告是肥胖原因的有效证据。有可能是因为广告煽动人们去吃不健康的食品,而这些食品又是造成肥胖的原因之一;但同样有可能是(因各种原因)拥有不健康饮食的人——或者负担不起健康饮食的人——会倾向于看很多电视。

所以到底在哪种程度上,广告(或者更广泛的说是营销)造成了儿童肥胖呢？我们可以理性地总结说，广告确实有影响，但现有的研究结果有限得令人沮丧且没有定论。虽然在这个总的领域里有大量研究，但实际上很少有研究既直接相关又可靠。直接相关是指该研究集中讨论广告接触及其对肥胖的影响。可靠是指该研究可以解决明显存在的研究方法论问题。尽管现有研究各有不同，但大多数的研究结果一致认为广告的影响（如果有的话）很小。一个常被引用的数据是，儿童所看的电视广告对食物选择只占到2%的影响（该数据来自博尔顿的研究：Bolton，1983，该研究还发现，父母对孩子饮食的影响比广告重要15倍）。需要注意的是，食物选择只是形成肥胖的因素之一，从这一点来说，它对肥胖的影响应该更小。也有人说，从整体人口来看的话，2%的变量绝对可以构成显著性影响。即便始此，我们也没有确切证据证明这些效果的相对大小或说明它与其他因素如何相互作用。

该领域里最新的系统研究综述来自美国医学会。该报告总结表明，有切实证据证明电视广告影响了食物和饮料喜好、购买需求和低龄儿童（约二到十一岁）的意愿，尽管关于十二至十八岁孩子的相关证据并不充分。即便如此，报告的最终结论却是，没有充分证据可以证明看电视广告与肥胖症之间存在因果关系，报告也没有谈及肥胖发展过程中不同因素的相对重要性。然而有趣的是，这个综述在媒体上被当作"舆论导向"，被看做证明广告有害的确切证据。并且，如我之前所述，这个综述被英国通讯管理局特别引用为他们前后观点发生明显变化的依据，因而也成了推出新规定的依据。

最后需要强调的是，大多数这类研究都只与电视广告有关，而我们都知道电视广告只是广大市场环境中的一部分。销售点广告陈列、赞助、媒体联合促销和植入式营销在食品营销中都是非常普遍的方式。英国电视广告新规定带来的一个明显后果是：营销人员被驱使转战网络（虽然无论如何这个趋势一直在上升）。新近的研究已经开始关注在这种新形势下营销人员采取的一系列策略,包括品牌环境、广告游戏、手机营销和病毒式营销,还有行为分析。当然,我们也可以把这些营销形式看做增强电视广告效果的形式的,虽说我们并不清楚孩子们是如何响应这些形式的,也不了解这些形式到底会产生什么效果(我在第五章提过)。

追根究底,这个领域里研究的关键问题出在它们倾向于脱离其他社会因素去研究市场营销与肥胖的关系(或者说多数情况下研究电视广告与饮食偏好之间的关系),或者是用过分简单的方式去理解这些其他社会因素。巴沙姆等给出了一个参考性的列表,列出了至少 39 个被证明或假设可能会引发肥胖的"风险因素",范围包括从出生体重、父母肥胖症、性别、社会地位和种族到体育活动水平、饮食习惯和偏好以及媒体使用。他们称,大多数意图证明广告影响作用的研究连其中的少数变量都没有控制住。

在我看来,这指出了我们需要更加全面地进行儿童食品消费的社会文化分析。这样的分析将需要研究日常消费行为——包括购买、准备和食物"供给",与之相关的社会关系,与之伴随而来的意义和快乐。分析还需要讨论与生产和分配相关的普遍经济因素。虽然市场营销是这种分析中的一部分,但价格因素和某种特定食物在当地的可得性也同样很重要,这种可得性可能代表着在饮食方面的重要限制,尤其对低收入家庭的饮食。在接下来的几个小节里,我讨论了针对以上相关问题的研究。

了解儿童饮食

饮食显然既是一种物质现象,也是一种文化现象。在人们吃什么和怎么吃方面,明显存在着显著的社会、历史和文化差异。饮食本身就被投入了价值观念、情感和象征意义,从而使我们能够区分什么能吃和什么不能吃，区分健康与不健康饮食，区分社会地位高低等。与此同时，食物制备、服务和食用的方式也帮助构建了社会关系，成为了证明亲密和关爱、社会权利和权威的形式。关于"饮食文化"的这些不同方面已有大量社会学和人类学研究，研究范围包括从结构主义学者的食物分类的象征"语法"分析到对日常生活中食品消费和使用更加文化主义的解释。

因此，历史性研究已经探讨了饮食本身和饮食习惯（饮食礼节或"餐桌礼仪"）不断变化的本质。例如，斯蒂芬·门内尔（Stephen Mennell，1985）追溯了自中世纪以来食欲逐渐"文明化"的过程：他描述了权威机构如政府、教堂和医疗机构如何鼓励人们内化约束食欲，以及如何在用餐时保持公共礼仪。其他的研究关注了食物供应、营销和消费作为特定种族或民族身份标志的方式。在现代环境中，还有研究也考察了食物的"媒体化（mediation）"，例如在烹饪书、电视节目和新闻媒体——当然这些在定义营养的信念和标准和在培养人们的消费习惯时到了关键作用。

需要再次注意的是，我们不能把消费简单地看做我们对商品"做"了什么，而应该看看商品"说"了什么。饮食品味是展示或表达特定身份的一种方式（比方说社会地位、种族、性别和年龄等方面），也是表现社会生活的一种方式。布尔迪厄的文化资本概念（在第二章中介绍过）在饮食文化研究中有明显的应用。食物本身——还有围绕食物的相关行为——能够很好地象征和界定社会和文化差异，尽管某些社会群体对食物的选择同样也能"反映"普遍的不平等现象，这些不平等现象在这样的过程中是很危险的。

在儿童的案例中，权利和不平等的表现更加明显。儿童（不是婴儿）应该与成人吃不同的食物这一观点似乎是新近发展起来的，而且远不到普遍认可的程度。据门内尔（Mennell）称，这一观点起于维多利亚时代的英格兰，当时关于养育孩子的信念发生了普遍变化。至少是在英国，当时儿童食品的关键特征是平淡和无味。科里根（Corrigan）称，这可以看做

第六章 "小胖墩"是如何养成的

进一步约束儿童的方式——因为开发味觉可能会被视为打开一扇通往其他无法接受欲望的大门。科里根争辩说，训练儿童去享受成人们认为"对他们好"的食物这个行为本身就很可能是在塑造"过分挑食"或"过分讲究"的饮食行为。并且，当孩子长大后，他们会倾向于避开那些与小孩子有关的食物。

与此同时，社会学和人类学的研究指出，在"制造"家庭关系和"家庭"这个概念本身时，一日三餐是个极其重要的角色。比方说，"正式的家庭晚餐"通常被当成家庭和睦的关键标志——尽管这也是一个从19世纪中期才开始兴起的新习俗。这种"正式的晚餐"表现了基于性别和年龄的权利关系，特别是因为大多数情况下都是母亲做饭。然而，艾利森·詹姆斯（Allison James）和她的同事们表示，这个过程因家庭"世代秩序"（即儿童在哪种程度上是被认为是更加自主的或依赖于人的）的不同而各异。在她们所研究的英国家庭里，不同的用餐行为反映了不同的"构成家庭"的方式和不同的儿童参与层次。在有的情况下，比较平等的世代秩序体现在共同准备食物的过程中；在其他情况下，"正式的晚餐"仍然被看做母亲关爱的体现。但是，食物和用餐并不总是具有这类的象征意义：如詹姆斯等所说，食物不会总是担任表达家庭和睦和家庭认同的主要媒介。

与之相比，丹·库克看待该问题的方式更加简单明了，他把它看做一场进行中的权利争夺，一方是妈妈们，另一方是孩子和商家。库克称，这个竞争主要在于食物的社会"涵义"，即关于某些食物和进食场合是如何定义和分类的（例如，健康和不健康、正餐和零食、宴请和主食食品）。在这个"语义劳动"过程中，母亲会采取一系列的策略，包括从妥协、利用规定与奖励机制进行讨价还价到欺骗和直接压制。库克表示，儿童在这个过程中有大量的手段工具——尽管这个手段很多时候与市场结合在一起（也有人称是被市场剥削）。虽然母亲给孩子灌输"营养条例"的努力会被环境、同龄人和（有时候）更加温和的父亲所破坏，但"持续不断的"商业营销才是母亲需要应付的最大对手。

当然,现在通常还是由父母采购食物,虽然他们随后还需要努力劝说孩子们吃下去。其他研究表明,父母在决定孩子吃什么方面仍然有相当大的权力,并且很多孩子已经记住了父母关于"健康饮食"的规定——即使有时候更多地停留在想法和自我辩白层面,而不是实际行动层面。这些研究表明,关于父母被广告诱发的"缠功"所扰的说法有点过分简单化了;事实上,孩子们通常对品牌和授权角色是有抵抗力的。然而,食品制造商和销售商势必会想到办法来应对这些冲突和谈判。虽然在某些文化中,有些食品更容易被商业划分为"儿童食品",但它们同样也针对父母而设计。因此,所谓"趣味食品(fun food)"的营销一般会强调营养价值(常常以附上"健康"成分的方式),同时还会强调食品的娱乐潜力,例如通过运用某种形状和颜色以及使用授权角色和其他媒体联合的促销方式。屈莱顿等表示,一方面是个人与选择,另一方面是"健康饮食"的道德律令,这两个方面形成的紧张局面是当代饮食文化(不仅仅与孩子有关)的一个普遍特点。

然而事情的另一面与孩子不受父母监督时的消费选择有关。艾利森·詹姆斯关于儿童糖果消费的研究在这里是一个特别切题的例子。詹姆斯研究了英格兰北部儿童的口味,他们喜欢一种叫做"kets"的特殊便宜糖果——"kets"一词在当地成人语言中等同于"垃圾(rubbish)"。据詹姆斯称,该糖果的这种定义不仅因为便宜,还因为它们与成人概念中的可接受的食品(包括糖果)有鲜明的对比。这一点不仅很明显地体现在它们的实体品质上——它们一般色彩鲜亮、含有香精、奇形怪状,而且体现在它们被购买和分享的方式,孩子们几乎不会关注卫生状况。詹姆斯认为"kets"糖果代表了孩子对成人社会正常饮食习惯一种有意识的违反:它们属于"儿童凌乱而颠倒的世界",代表了对处于主导地位的世代秩序的一种"狂欢式"破坏。虽然"kets"是一个特定的"地方"案例,但它们清楚证明了围绕糖果和甜食(一种"调皮却可爱"的东西)的象征意义存在普遍的矛盾，这又是当代饮食文化，包括成人饮食文化的特点之一[5]。

以上研究反映了儿童食物供应和消费方式与世代秩序的创建紧密相关——也就是说，与成人和儿童共同构建认同感相关。在莱娜·阿拉内恩提出的术语中，这是一个"创造世代"的案例，是被定义的世代身份"表现"（见第三章）。父母为孩子提供食物不仅是表现爱护和亲密的关系，还是强加给孩子权力和权威结构。那么，在这种情况下，遇到儿童的抵抗似乎是理所当然的。

饮食体系

除了分析"饮食文化"，我们还需要了解"饮食体系"或饮食的政治经济学。我们再次发现，在食物生产、分配和消费方式上存在显著的历史和文化差异。通过运用工业化、大规模的生产方式，新的保存、处理和运输技术，以及不断变化的包装、营销、零售和饮食服务习惯（例如饭店），现代饮食体系已经发生了转变。贸易规定的撤销和新自由主义"自由市场"政策的实行，使饮食已成为一个日益全球化的市场，尽管跨国公司也在努力适应"地方"需求。饮食行业见证了明显的股权集中过程，各处出现了越来越多的兼并和收购案例，特别在分配和零售环节。与此同时，农民处于这个建筑的最底层，对发展中国家的农民而言，已经越来越难生存，而且他们还面临着日益危险和充满剥削的工作环境。

这些发展给环境的可持续发展带来了重大困难与挑战，基因改造技术在一定程度上增加了这些困难和挑战。虽然饮食体系貌似变得更加合理了，但它容易陷入危机，这从健康恐慌和安全恐慌的不断增加可以看出。这些发展同样引发了人们对个人和民族层面上存在全球不平等现象的担忧，因为饮食体系日益被卷入"结构性调整项目"和债权政务中，而这些都是以西方国家的利益为出发点来进行运作的。当发达国家被指责说过度消费的时候，发展中国家仍然消费不足。尽管饮食相关的肥胖和糖尿病在全球范围内呈上升趋势，心脏病发病率在发展中国家也增大了，但大规模的饥荒仍然存在。

与此尤为相关的一个方面就是食物分配和零售模式的改变。正如我所提到过的，零售环节里的股权越来越集中，大型超市在整个食物供应链中行使着越来越大的权力（这在英国特别明显）。从消费者的角度来看，这些巨大的城外超市可以被看做最终满足了消费者的选择，尽管它们也代表着"科学管理"的胜利，这种管理体现在控制消费者行为和收集消费者个人信息（最著名的是通过"会员卡"模式）方面。批评家们常常批判连锁超市，因为它们限定价格和牟取暴利，剥削劳动力、破坏当地经营环境和竞争挤压当地商户。然而，有一个食品零售方面的变化不那么容易被发现，那就是较穷社区被划在了"红线"之外和"食品沙漠"现象的出现。在一些地区，没有小汽车就很难去到食品商店；穷人为购买食物所花的钱明显要比在附近小店花费的更多，结果他们选择新鲜或"健康"的食品的机会变少了——同样变少的还有体育娱乐活动机会。

如果深入讨论这些话题，则明显超出了本书的范畴。但是，以上这些的确表明，把肥胖看做一个"个人"问题——看做一个人道问题或医疗问题——至少是一种过度简单化的表现。尽管表面看来好像有了更多的选择，但实际上个人决定自己食品消费的权力是有限的，例如，尤其是贫困人员会发现他们几乎负担不起，也很难获得新鲜水果和蔬菜。为什么那么多人吃所谓的"垃圾食品"，其中一个不变的原因就是规模经济使得"垃圾食品"相对不那么昂贵。就算提供再多的营养建议或禁止电视广告也不可能会改变这种现象。然而，尽管穷人们别无选择，但他们个人还是被要求对自己所吃的东西担负起个人责任。

后现代饮食

综合以上所述，饮食文化和饮食体系的变化给消费者留下了一些启示。至少在工业化国家，我们选择去哪买东西的机会变少了，但明显有了更多的产品可供挑选。城外大型超市的增加让消费者们要花更多的时间在往返的路上，但他们花在准备三餐上的时间变少了。现在人们常常去饭店吃饭——尤其是快餐店，会吃"方便"食品，而这类食品通常高脂、高盐和高糖。"边拿边吃（Grazing）"或吃零食已成为食品消费模式中司空见惯的行为。虽然"正式的家庭晚餐"并没有消失，但这好像变得较为少见了。当然，这些发展变化还要结合家庭生活中的其他变化来考虑，尤其是工作时间变长、女性角色的变化、单亲家庭和双职工家庭数量的增加等变化（见第八章）。

另一方面，食品供应链的产业化已引起对食品安全问题的日益关注，并对粮食供应的"企业控制"产生了越来越大的阻力。然而，当各种"食品恐慌"盛行，更安全或更"道德"的替代品（如有机或自然食品）都不可避免地更加昂贵，而且更可能是被富裕群体所享用。

然而，艾伦·沃德（Alan Warde）的研究表明，饮食习惯的变化并没有人们所说的那么戏剧性，反而更加矛盾。他的研究是基于大量关于食物的杂志文章和英国家庭消费的调查数据的分析。沃德发现了当代饮食文化中一系列紧张或"矛盾"。对创新的压力与传统的持久性相对立；人们对健康的迫切需要和对自我放纵的强调形成鲜明对比；节俭的需求与奢侈的行为相矛盾；便捷与关爱的价值形成对立。沃德发现确实存在历史性的变化——例如，特别是向更加注重方便、健康的方向，但消费者发现越来越难以平衡这些不同的必要性。人们通常在这些矛盾之间来回，人们会用放纵自己吃"不健康"的食物这种方式来奖励自己的"健康"饮食，或者在自我否定的时刻用奢侈的方式弥补自己。沃德认为，这种不确定性反映了一种矛盾和焦虑的形式，是"现代晚期"的特征。如贝尔兹沃斯和凯尔（Beardsworth and Keil）也表示，传统饮食文化带给人的确定形式已不复存在，专家的建议（例如在食品安全和健康方面的）越来越有争议性。在这种气候下，人们越来越被认为要控制和约束自己的行为，但人们应该怎么做的原则标准却并不清楚，甚至相互矛盾。

沃德证实，当代消费者有了更广的食物选择范围——这是市场调节发展的结果，但他质疑这是否引起了个人饮食的多样性。他的调查研究和国家统计数据表明，工薪阶层和中产阶级的饮食仍然存在鲜明的对比，至少在过去的半个世纪中，它们之间并没出现趋同现象。这与布尔迪厄（1979）举例提出的文化分析结论相吻合，布尔迪厄认为食物是维护阶级差别的一个关键领域，中产阶级的品味尤其以节制、美味和精致以及偏好"健康"食品为特色。然而，很重要的一点是不能忘了物质方面的问题：正如我刚才说，低收入人群不太可能有机会食用新鲜或"健康"的食品，浪费的可能性意味着他们会不愿意尝试不熟悉的东西。另一方面，他们可能会努力购买难以负担却被认为是当代饮食文化主流产品的东西（包括品牌产品和被大肆广告宣传的产品），从而避免耻辱感和被排斥感——这个问题与儿童尤其相关。

控制孩子的身体

把肥胖问题放在一个更宽广的情境下考虑，将会产生不同的分析。"肥胖言论"的批评者认为，这可以被看做在长期努力管理和完善社会"低水平"饮食习惯方面的一个现代表现。阿什利等称，这种形式的监管

第六章 "小胖墩"是如何养成的

往往利用科学"证据"宣称中产阶级品味的优越性,并且把工薪阶层的饮食习惯称作"病态和营养不良的"。在 20 世纪早期的几十年,这种调控主要集中在营养不良方面——部分原因在于需要有随时能加入战争的劳动力。然而,最近人们的注意力已从消费不足转向过度消费。据贝尔兹沃斯和凯尔称,调控的重点也从集中整治(例如,通过配给和国家提供免费的食物和补充用品)走向自我调节,从富裕的精英人群转向整体人口。人们经常被告诫和"教育"要控制自己的饮食,特别是通过科学和医学专家提建议的方式(尽管他们提的这些合理建议往往与过去的饮食文化价值观和"民间智慧"相冲突),这样的结果是,这些对人们的实际消费习惯只有参差不齐的影响作用。

在一定程度上,这个过程可以被看做"自我管理(work on the self)"(即自我监督和自我控制)的一种普遍形式,这是"晚期现代"的特征之一。拥有一个训练有素的、苗条的身材被广泛认为是一个新自由主义主体的成功标志。同样,缺乏这种特质就会被视作个人的失败,是个人的愚蠢、懒惰或完全不负责任所造成。如拉吉·帕特尔所说的那样,肥胖被认为是人们"无法应对所面临的鱼龙混杂的选择,不能控制冲动"所造成的后果。从这个角度来看,肥胖被设想成病理术语,是不幸、不洁和肮脏的,也是缺乏自我护理的证明。

在此过程中,健康问题的社会方面及形成原因被有效地忽略了。我们将在第七章中看到,更多的细节表明,一些人认为这个压力突出体现在了女性身上,导致有的人把它看成对女性主义的"抵抗"形式,或者至少会把它看女性角色转变的矛盾后果。谈到肥胖的情况下,某些族群被当成了指责和干预的主要目标。然而,归根结底,社会阶层维度的表面在此尤为明显。据尤利尔的理论,肥胖言论成为了一种责备穷人,提升富人社会地位的方式——尤其是那些既能创造问题又声称能"治疗(treat)"肥胖问题的人。这使人们不再关注健康不平等的结构性原因和政府的潜在责任,反而大肆责备受害者：已经是二等公民的他们还被认为要对自己的困境负责，被认为是因懒惰或无知而没有作过任何努力。

然而，正如我们所看到的，我们现在关注的焦点是儿童，最方便干预的目标。正如埃文斯等所说，消除儿童肥胖的动机在学校管理方面已经引发了一些密集型和入侵型的行动，包括给孩子强制性称重和测量，公开羞辱被认定为超重或肥胖的孩子，以及实施膳食指导和纠正的硬性规定。饮食和减肥行业在这里扮演了重要角色，尤其在引进新技术和策略方面，从"健身游戏"、计步器到皮褶厚度测量等。我们可能会发现这些举措对儿童而言是痛苦的，特别是对工薪阶层的父母而言是很陌生的，他们会责备自己的育儿技巧不足。

针对这些举措的批判意见表明，这些可能会导致儿童对自己的身体感觉极为不满，会进行危险的尝试来弥补身体上的问题：节食减肥是一个巨大的健康风险，因为它可能会最终导致饮食失调。然而，其他研究表明，年轻人对这种愈演愈烈的道德要求是持批判态度的，而且抵触的人会越来越多。[6]尽管他们非常了解媒体上宣传的"理想身材"，也对肥胖危害的流行道德故事了如指掌，但是他们认为媒体的宣传是夸张的，并且他们还能感觉到其中潜在的商业利益。所有这些都表明，高度说教式或福音式的健康教育方法是不可能奏效的。

所以，让我们回到本章的开头，在制定公共政策方面，这些观点有什么启示意义呢？首先，我们需要正确地看待这个问题。"病态"肥胖的确是一个医学问题，集中可用资源将会产生好的作用；但是，对大多数人而言，体重稍稍增加对健康的影响几乎是可以忽略的，尤其是现在"超重"这个概念本身已经改变了。如朗和希斯曼所认为的，从普遍意义上说，个人框架下的食品和饮食问题往往需要依靠针对个人的解决案。例如，为消费者提供营养建议或食品标签有很大的局限性。提供膳食指南和产品标签本身就是一个备受争议的过程，但即使可以协商确定一个明确的系统，个人不可能总是坚持照做——这相当于把个人设想成总是明智和理性的消费者，对自己的饮食行为有完全的控制权。

禁止针对儿童食品广告很有可能产生不了什么效果——事实证明，那些已经尝试过这一举措的国家已经失败了。这在很大程度上是只是一个象征性的举动，效果很可能适得其反，因为它可能会传达一种错误的印象，让人觉得已经采取了有意义的措施。此处迫在眉睫的问题是意义深远且复杂棘手的。食品消费和公共健康之间的联系是复杂的，我们需要在更广泛的变化中考虑这些问题。我在"饮食文化"和饮食系统的论述中已经指出了这些变化。这里的关键问题在于社会不平等，人们获得食品本身和体育锻炼机会的不平等。最终，让个人去负责普遍的社会问题是不太可能有效的，尤其是当这个被认为要负责的人能力有限，改变不了这些社会情况的时候。

孩子穿着过于成熟带来的隐忧

|第七章

儿童服装市场是一个高增长、多元化的市场，儿童服装风格失控的问题也日益显现。许多父母喜欢把孩子打扮得更加成熟。青春期的孩子，尤其是女孩受到流行文化的影响，更偏爱成熟的着装风格。让孩子穿着过于成熟很可能带来安全方面的问题，如导致孩子更容易受到"恋童癖"者的侵扰。对于叛逆期的孩子，父母可以尊重他们的着装风格，但是很有必要关注他们的心理健康；对于女孩，则需要提醒她们远离挑逗性的服装。

营销和媒体使儿童"性化"

近年来,社会对儿童"性化"的担心与日俱增,尤其是女孩们的"性化"。与肥胖问题一样,这里大多数的辩论关注商业营销和媒体的影响。社会活动者已经激起了人们对成人时尚"渗透"到儿童市场的注意,例如女孩的暴露服饰,以及塑身文胸、丁字裤、高跟鞋、绘有色情标语的T恤。以年轻人为目标群体的媒体——青少年肥皂剧、音乐视频和少女杂志——一直被诟病宣扬随意性行为和对恋爱的不负责任。很明显,青少年已经成为对于"美容行业"而言有利可图的市场,因为青少年在化妆品、减肥产品和整形上的消费越来越多。对于年龄更小的儿童而言,人们担心的是化妆品、香水、美甲等,尤其是市场占有率很高的贝兹娃娃,其"猥琐的"服饰和妆容很容易让人想到色情行业。花花公子公司就曾因为公然销售印有其"兔女郎"标志的文具和衣服遭到社会舆论抨击。此外,报纸头条曝光过很多类似案例,比如某连锁超市在"游戏和玩具专区"销售跳钢管舞公仔,学校禁止女孩穿着丁字裤或性感小姐牌裤子,女孩们戴着暗示可接受一夜情的手链[1]。

仅在过去几年中,就有若干本指导家长如何解决女孩们的"性化"问题的图书,这些图书绝大部分在美国出版,且十分受欢迎,本书第一章讨论过的社会活动家中的很多人都对此话题进行过探究。国际上甚至有国家专门制定公共政策解决此问题。澳大利亚政府最近针对儿童的"性化"做过一项调查,并似乎直接导致一个名为澳洲研究所(Australia Institute)的独立

"智囊团"发布了一篇名为《企业恋童》(Corporate Paedophilia)的报告。英国内政部也就该问题委托著名心理学家琳达·帕帕多普洛斯(Dr. Linda Papadopoulos)发布了一篇报告(Home Office,2010);时任首相戈登·布朗(Gordon Brown)也支持一个被称为"女孩就是女孩"(Let Girls be Girls)的活动,该活动由著名为人父母网站妈咪网(mumsnet)于 2010 年发起,旨在防止零售商销售那些让儿童们显得"性早熟"的产品。保守党领导人,也就是现任首相大卫·卡梅伦(David Cameron)也对逐渐蔓延的儿童"性化"问题发表过评论,但他坦言他的女儿拒绝让他审核自己的偏好。[2] 此外,在美国,美国心理协会建立了一个少女"性化"专门工作组(Task Force on the Sexualization of Girls),该工作小组的报告为人们提供了一个完整的心理文献(美国心理协会,2007)。关于这一问题社会普遍关注的是女孩,有些也涉及男孩(如《企业恋童》报告)。

儿童"性化"的历史

从某种程度上说,这些发展可以看做年龄分界模糊的结果——"年龄压缩"或"少年老年化、老年年轻化"已经成为营销人员众所周知的对这一现象的比喻(见第五章)。然而,儿童的"性化"绝不是新生现象。如詹姆斯·金凯德(James Kincaid)和安妮·伊戈内特(Anne Higonnet)就已经追溯了成年人将儿童作为色情诱惑(以及商品化)的对象的历史。伊戈内特分析了浪漫主义画派中被色欲化的儿童,维多利亚时代的图书插图、艺术摄影、早期广告以及当代资料;金凯德(Kincaid,1998)揭示了文学和电影中儿童"性化"的历史,从《费恩历险记》(Huckleberry Finn)和路易斯·卡罗尔(Lewis Carrol),到《海蒂》(Heidi)和秀兰·邓波儿(Shirley Temple)的电影,再到当代好莱坞电影,如《小鬼当家》

(Home Alone)。这里值得提醒的一点是,英国在 19 世纪晚期才将异性性行为的合法年龄从十二岁提高到十六岁;而在 19 世纪中期的英国伦敦,八九岁的妓女还随处可见。尽管该问题有着社会能见度,其定义可能也已经发生了变化,但儿童"性化"绝不能仅仅看做当代消费主义的结果。

社会公众很早便开始关注这一问题。丹尼尔·伊根和盖尔·霍克斯(Daniel Egan and Gail Hawkes)曾阐述过社会关注儿童"性化"的历史,例如 19 世纪围绕"儿童纯洁"开展的社会运动,20 世纪早期的"社会卫生"运动和 20 世纪三十年代和四十年代的儿童培养指南。如他们所说,社会公众的这些担心因为儿童性欲的医学化而更加严重:发展心理学、医师和性学方面的权威和专家开始关注论证对儿童性冲动严密监督和规范的正当性。伊根和霍克斯称,社会公众这样的关注反映了一个关于儿童性欲的矛盾心理:一方面,公众拒绝接受儿童性冲动(因为社会公众认为儿童应该是天真无邪的);而另一方面,社会也承认儿童的性冲动一旦被外界力量触发,便不可能停止。

丹·库克和苏珊·凯萨也指出,20 世纪六十年代和七十年代的社会热点争论中也包含着对这一问题的争论。他们称,这些争论的兴起部分原因是"二战"后的服装市场对青少年和孩童的新界定。"婴儿潮"(Baby Boom)导致青少年人口数量剧增,从而导致市场营销人员对如何瞄准这一市场产生困惑;个别产品或市场营销的个别方面——从芭比娃娃到臭名昭著的由波姬·小丝(Brooke Shiellds)主演的 CK 代言广告("我和我的 CK 牛仔裤坦诚相对"〈Nothing Comes Between me and my Calvins〉)——遭到了社会公众的广泛批评,指责他们含蓄或公然的性暗示。[3]如库克和凯萨所说,瞄准青少年(tween,指十到十四岁的儿童)的产品宣传也很暧昧,尤其是与性有关的方面:市场营销人员很难在展示女孩"吸引人"的一面和"性感"的一面时将其明确区分(见 Wallkerdine, 1997)。

伊根和霍克斯称历史上的有关运动与当代社会的关注有很大的连续性——例如，澳洲研究所的报告显示：人们将"性化"看做确定的、完整的术语；而谈到媒体和市场营销的影响时，人们则将此看做"皮下注射"过程，儿童在这一过程中是被动的受害者，而不是涵义制造者。他们称这种观点的后果就是否认了女孩的性自主：女孩的性（或性表达）与"性化"等同，不能脱离爆炸式的商业广告来思考。依这些作者所见，这里也涉及一个严重的阶级问题：社会公众认为工薪阶层女孩的性冲动尤其严重，最应该受到惩戒和控制。

要知道这些变化在本质上不仅是文化层面的，或仅仅是由市场架构而成的。在过去的一个世纪中，儿童身体发育或性成熟的年龄本就已经大幅下降。20世纪早期，美国和欧洲少女初潮的年龄降低了2.5岁，尽管近几十年来这一年龄似乎平稳无变化（Eveleth，1986）。然而，青春期开始的年龄（例如，胸部开始发育，阴毛开始生长）越来越小——尽管这也因个人体质和种族有所不同。大约三分之一的七岁女童已经有青春期特征——这个现象本身可能就解释青少年市场的诞生以及关于青少年性的争论的再次出现。

这一领域有两大主要问题。第一个问题是，它似乎牵涉到了一些毫不相干的问题。社会公众对儿童性冲动的担心，是担心这会影响儿童（侵蚀童年的纯洁）以及成年人（尤其是恋童癖和虐童）。有人认为，儿童接触色情内容会导致儿童过早地对性产生兴趣，也可能引发不安全的性行为。身体形象问题也与此问题有关：儿童（尤其是女童）如果身材苗条、性感，就会引发人们对性别偏见以及更具体的身体和心理健康的担忧（如饮食失调）。这些担忧有些与身体健康和行为有关，有些与态度有关，有些则涉及价值观；有些很具体，有些则很概括；有些可能适用于所有人，有些则鲜有类似事件或条件使其发生。尽管将这些问题明确区分开来似乎很重要，但这绝非易事。

这里的第二个主要难题是这些问题会引起公众强烈反响,如史蒂夫·杰克逊(Stevi Jackson)和其他作者所说,性是区别儿童和成人的重要维度:尽管弗洛伊德发现了幼儿性欲,但在我们的心目中儿童不应该是性感的形象。更令人不安的是,它激发了成人潜意识里对儿童身体的欲望;它僭越了成人应该如何看待儿童的界线。詹姆斯·金凯德(James Kincaid)关于维多利亚时代儿童"性化"的研究尤其令人不安,他的研究指出后浪漫主义时期对儿童纯洁的架构本身就揭示了成人对儿童不可言说的欲望。同时,这里还存在关于如何定义"性"的问题:成人眼中的性可能与儿童所认知的性不同,如迈克尔·福柯(Michel Foucault)和杰弗里·威克斯(Jeffrey Weeks)的作品表明的那样,性在社会、文化、历史层面都有不同的定义——以至于任何迎合"自然的"或"健康的"性欲都被看做有问题的。

"性化"引发的担忧

与肥胖问题以及儿童和消费之间关系的争论相同,研究社会定义和架构性欲化问题的方式是很重要的。这里我们依然要找到关键的主张提出者或道德企业家,他们在架构这一问题并维持其公共能见度上发挥了重要作用(见第一章)。在此过程中,我们也可以追寻关于儿童假定和论述的变化轨迹以及其他对这种现象的解读被边缘化的方式。

《早熟:"性化"的童年以及家长如何保护儿童》(*So Sexy So Soon: The New Sexualised Childhood and What Parents Can Do to Protect Their Kids*)(Levin and Kilbourne, 2008)为我们提供了更多值得关注的问题。根据这些作者的观点,儿童接触媒体和商业营销会导致他们过早地被引诱发生不适当的性行为。这种担忧是指儿童接触或者观看为成年人设计的影视资料（如音乐视频和色情文学），也指那些专门为他们设计的商品（如青少年杂志、服饰和玩具）。尽管这些商品也会影响男孩对女孩以及对自我形象的态度，但这个问题的主要焦点是女孩，因为她们一般会在很小的年纪就穿着性感。作者称儿童的"性化"对儿童的精神健康和身体健康具有毁灭性的后果——如导致抑郁或自杀、饮食混乱和自虐，对家庭关系也会产生不良影响。

书中所给的解释无疑是肤浅的，作者将儿童视为媒体和消费文化的被动受害者：儿童被强奸、被舆论轰炸，身体被伤害或者心理受到严重创伤；而他们所接触的东西被描述为淫秽的、毁灭性的、邪恶的。儿童受到媒体的"遥控"，"像被编程的机器人一样"。社会公众斥责媒体和市场营销将"性"日常化和具体化，向人们强加严格和不可改变的性别偏见，宣扬随意性行为，忽略情侣关系中的健康方面和人性：的确，在这些作者心中，媒体的陈述中从不会强调情侣关系或亲密关系。这些批评绝不仅限于成人媒体，即使是相对纯洁的影视作品如迪斯尼的《歌舞青春》也一样需要批评。根据儿童发展的缺损模型，作者们将儿童描述为脆弱的、不懂世故的，并且易被动地受到狂轰滥炸的不良信息的影响。家长同样无能为力：他们的家长权威受到媒体迎合儿童的叛逆和对"儿童购买力"的煽动的挑战。

在这里，"性化"这一概念有多种定义。从某种程度来说，这一概念暗指儿童天生没有性欲，他们是在与媒体和市场营销的接触过程中产生了性欲：性欲被不适当地强加在了他们身上，而不是他们主动选择的结果。"性化"被认为需要"客观化"，或者"反对人数的减少"："客观化"表面上似乎等同于人的价值或者他们的吸引力。这样的"性化"或客观化是与那些被认为是"健康的爱欲"比较的结果——尽管健康的爱欲的定义十分模糊，并且某种程度上更整体更人性。

这里有若干个难题。这些作者未能提供任何例子区别健康的性和不健

第七章　孩子穿着过于成熟带来的隐忧

康的性，并且在默认情况下这两个概念似乎可以合并，任何可能被成年人看做带有性暗示的表象都被定义为"性化"。另外，有人争论称所有能看见的表象都是客观化；有人甚至认为性欲必然需要客观化的某种维度——尽管矫正的特点并不明确，所以很难确定需要客观化哪个方面。人们认为的能够激发性欲的东西有很大差别——或者说他们对性感的定义不同，更不用说对客观化或人性的定义。这并不仅仅是学术诡辩的问题，如果有人建议政府或家长可以介入禁止某种成人资料，那么在此之前就要设立一个非常明确的标准。在色情文学和电影分级方面，这些标准已经存在，但是如果这些标准涉及上述提到的较模糊的概念，那么这样的政令或措施就很难执行。

关于"性化"的其他文字作品也存在类似的问题。米纳克希·杜伦（Meenakshi Durham）的《洛丽塔效应》（*The Lolita Effect*）（2009）讲述的就是商业媒体施加给女孩的一系列"谎言"。媒体煽动女孩炫耀性感，诱导她们保持符合狭隘审美的体型，暴力和性是"性感的"。在这个过程中，她们的"自然的""正常的""健康的"性被否定、被扭曲。与莱文和吉尔伯恩一样，杜伦也认为媒体是不可抗力，炮轰、操纵并剥削着女孩和女人们。麦莉·塞勒斯（Miley Cyrus）和《狮子王》（*The Lion King*）与儿童色情文学和性交易之间有着千丝万缕的关系，这一点在这里再次得到证明。杜伦的学术背景是媒体研究（Media Studies），她强烈认为女孩是媒体有识别能力和评判能力的用户——尽管最终她退回到媒体影响的简化模型，在这个模型中女孩被看做仅仅是那些"迷人模特"的上当者。为了保持积极女性主义立场，避免陷入受害者女性主义立场，她还寻求勾画可接受形式的健康爱欲，尽管健康爱欲似乎在消费文化的世界里很难体验。

尽管在其他文化背景中也存在这些担忧，但要认识到它们有不同的形式。该问题在美国的争论由宗教右派主导，尽管如莱文和吉尔伯恩（Levine and Kilbourne)等女性作者也极力试图使自己免于被斥责为"假正经",断言她们的担忧主要与儿童的心理健康有关,与道德无关。相反,英国的民意调查(广播标准委员会的调查)显示英国成年民众对色情内容愈加宽容,至少对电视上的色情内容是如此。很难想象像珍妮·杰克逊(Janet Jackson)2004年臭名昭著的"超级碗"(Superbowl)事件能够在英国引起像在美国那样的轰动。然而,值得注意的是,美国的未成年怀孕比英国更普遍,美国避孕工具的使用率低于欧洲,性疾病传播率显著高于欧洲。与此同时(这绝非偶然),直到最近性教育计划才宣传要遵守节育原则。如果我们将欧洲和全球处理这些问题的不同方式进行比较,很容易发现各国对"性化"这一问题的关注都与不同的文化背景有关。[4]

从女性主义视角看待"性化"

与反对色情文学的活动一样,公众关于"性化"的争论似乎也包含一个位于保守道德的倡导者(一方面)和女性主义批评家(另一方面)之间的尴尬联合。然而,对这一问题不存在纯粹的女性主义者立场。

对于一些女性主义者来说,她们将女孩和年轻女子越来越多的"性化"明确视为反对女性主义的反冲的一部分。它代表的是男性主导的媒体和文化产业对于女性不断增加的权力和魅力的回应;从政治、商业到教育,女性在很多领域的权力都在增加。鼓励女孩过度关注她们的外表或主要以她们对男性的吸引力为标准来评判她们,都被视为是男性想要保持主导地位的手段。对于娜奥米·沃尔夫(Naomi Wolf)等受欢迎的作者而言,媒体、广告和时尚行业所宣扬的外在美被认为会导致人们羞愧、内疚、困惑和神经质;这里,女孩和女人们在很大程度上被视为一种心理和意识形态受到操纵的受害者。

第七章　孩子穿着过于成熟带来的隐忧

然而，其他女性主义者认为这种方法剥夺了女性的执行权和自主权，将她们视为男性权力的盲从者；她们还批评这些观点与保守道德或"体面"同流合污，企图压抑女性的性表达。琳达·杜伊茨和里斯比·范·祖仑（Linda Duits and Liesbet van Zoonen）称年长的女性主义者们对女性性感时尚的装束的批判是虚伪的，她们赞成20世纪六十年代"政治正确"的超短裙，却批判现今消费主义"不良"风格的女性时尚。她们称女孩们没必要将性感与赤裸（穿着丁字裤、背心等）画上等号，穿着明显"性化"或"色情"的服饰的女孩只是在表达自己的自由选择和自主权，并不是错误意识的结果。

罗斯·吉尔（Ros Gill）针对这些观点的回应可以称得上是第三种女性主义观点。吉尔称女孩们的这种自由选择和自主权代表着一种危险的"后女性主义"形式，这种形式的"后女性主义"与新自由个人主义沆瀣一气；这根本不是自由选择权，这样的行为（以及现代女性上蜡、漂白、整形手术等美容程序）本质上是消费主义的恶果。这场争论在女性主义范畴内针对所谓的"女孩权力"的政治意义对很多方面进行了讨论——如市场营销，因英国辣妹组合而流行的女性气质的"性化"，以及诸多文化背景下这种现象都很明显地证明这一事实。

这些不同的观点也反映了对当代文化中的"性化"的不同解读；这种"性化"在最近的社会理论中出现频率颇高。关于流行文化或公共话语中主流或者说传播越来越广泛的性意象的讨论不胜枚举。很多评论家都曾指出了性表达、产品和服务与日俱增的明显性和可及性，以及该现象的多样性和自我指涉性。有些作者将这种现象看做"欲望的民主化"，并认为这样的进步手段能够让我们了解更多样化的性别认同。然而，也有作者认为这只是新形式的男性主义压迫，在这种形式的男性主义压迫中，女性的权利被商品化，迫使女性更加需要注重自己的外表。阿特伍德称这两种解释都有正确成分：一方面，她质疑女性主义会减少社会变革的观点——因此，她将新发展视为另一套男性主义压迫的继续——另一方面，她还警惕不要过早地庆祝这种新形式的性民主。这意味着，要从更大的社会和历史变革角度看待儿童的"性化"：不仅要站在儿童的社会地位和文化中性的可见性角度来看待此事，而且要站在"后现代社会"中的身份或个体的本质的角度来看待。

尽管莱文和吉尔伯恩与杜伦等受欢迎的作者们经常代表家长发声，但切记不可将他们一概视为家长的代表。与同事一道，我针对此事进行了定性研究，在这项研究中，我们与苏格兰的家长进行了一系列的小组座谈会。总体来说，对于参与我们研究的家长来说，与其他问题相比，性相关产品对于他们并不是主要问题。有人称"几乎没有改变"，儿童们都像"一夜长大"体验成人身份——尽管他们认为商业化带来新的、越来越大的压力。然而，他们也认可儿童们对当今消费文化的熟悉程度——即使他们对消费文化的相对不了解会削弱他们的家长权威。

大多数的家长谈到了儿童们的"天真无邪"，但他们对此的理解有所不同。有人认为体验化妆，甚至模仿性感舞姿（及类似行为）无伤大雅、自然，并没有成人性含义。对于其他人而言，天真无邪意味着无忧无虑地玩耍，不受成人世界的打扰；成人世界会让发生在儿童身上的同一件事变得很令人生厌。家长们一般认为儿童是从"自然"阶段向成人阶段的过渡，这使得他们肩上的责任越来越多。另外，大多数家长对培养子女都持"民主"态度，认可儿童自主作出选择的权利、个性的发展和自我表达。很多家长称在化妆或服装上的观点分歧不会影响他们与子女之间的关系。这些不但被家长视为琐事，而且看做包含叛逆和探索在内的发展阶段。最终，很多家长一致认为子女上了中学以后，或者在十二、十三岁时，如果儿童愿意，他们可以自由选择服装和个人护理用品。

在这项研究中，在性相关商品的讨论方面，关于男孩和女孩家长们有着不同的担忧。家长们担忧他们女儿的心理幸福感，尽管他们都不认为自己的女儿"早熟",也不认为性相关产品会导致她们早熟。然而,家长们也认为如果女孩打扮得比自己的年龄成熟,那么她们就是将自己置于危险之中。看待男孩们的消费和性发展问题,家长们相对随意很多。家长们应对性相关产品的措施大都是非直接的、非强迫的。总体而言,他们认为硬性管理并不见效,尤其是因为不能对每一件物品的意义都达成一致意见。最终,他们总结称,就性相关产品采取措施确实是他们的责任。然而,他们也深知真正做到这一点十分困难,原因有很多:儿童可购买此类产品;"同侪压力"或整体的成人社会环境;儿童的"唠叨"和说服技巧;其他家长或机构的决定。对于这些家长而言,市场无疑在性认同方面起着重要作用;但他们也认为这是非常复杂的,是在其他过程和影响的情况下完成的。这意味着这些家长的观点比那些声称代表家长发声的活动者们的观点更微妙、矛盾。

传媒中的"性化"体现

研究证据能在何种程度上支持运动家关于女孩"性化"的观点呢?澳洲研究中心及美国心理学协会(APA)最近的一项令人瞩目的报告对"性化"相关的心理文学做出广泛评论,认为媒体(更小范围上说是市场营销和日用消费品)的角色受父母和同伴的影响。与此相关的主流媒体效果研究的主要问题的例证已在上一章讲过。其中三个主要问题如下。[5]

第一个问题与对媒体内容的分析有关。很难否认在最近几年,主流媒体上的色情内容正在增多,且更无遮拦;性感影响在社会上的传播更加广泛,包括广告和商品服务的设计与包装。那些面向儿童的媒体和商品,在一定程度上说,无疑是儿童成长环境的一部分。

然而,对于这些表象和信息传达出来的意思,还有进一步讨论的空间。例如，澳洲研究中心的报告讨论了一系列的媒体内容，包括儿童服装的广告、青少年或儿童杂志的样版，以及流行的电视节目。在研究广告时，分析表明儿童（男孩女孩均包括在内）越来越多地被原本适用于成年人的方式塑造和表现——即作者们所说的"奇异风格"。研究青少年杂志时，作者们试图计算其中的性意向材料的数量；在研究电视节目时，他们的研究指向音乐视频，《老大哥》《橘子郡男孩》这样的电视节目中的大量的性暗示。然而这份报告没能区分"有性的"和"使有性的"（或者说"客观化"）的表现：对性或者亲密关系的任何提及，对身体或身体的一部分的任何表现，都被作者们认为是"使'性化'"。一些文本中的类似言论是十分不公的。更令人不安的是，作者们在解读儿童形象时过多运用了成人内涵：正如隆比和阿尔伯里（Lumby and Albury）所说，他们把儿童穿着短上衣和比基尼的涵义与成熟女性穿着同样服装的内涵混为一谈。

同样的，美国心理学协会报告中引用的大多数的内容分析，也没能区分开"有性的"和"使有性的"的内容：这是所有关于性的内容中最简单的。然而被引用的研究在定义以下内容时并未采用统一的标准：例如，"女士性感地舞蹈"、"引人想入非非的穿着"以及我们是否会关注运动员的胸部和长相。在某些情况下，人体任何一部分（对比整个人体）的图像，都是"划分作用"的一个实例，也是"性化"的实例，是适用于大量图像的标准，包括许多男性图像。对"性诉求"和"外表吸引力"的判断是如何作出，基于什么原则，这一点也尚未明确。

这里一个较常见的趋势是，假定"爱欲"和"性化"的影像是固定的，是理所当然的（因此很容易被量化）。可以这样假定，例如，如果一个人以"性化"的方式示人，这将被看做他们性格中的积极属性，从而被其他人模仿。"性化"的形象与"有益健康的"表现相比，似乎毫不在乎现实主义或流派的问题，这就导致一些奇妙、不妥当的判断：例如，有人斥责音乐视频展示的是"一个完整的人陷入与另外一个完整的人的错综复

第七章　孩子穿着过于成熟带来的隐忧

杂的关系",而儿童们的玩具娃娃则被斥责未能展示"健康的"、"正常的"性。在这些方面,这里所用的内容分析和文化评论家们使用的文本分析有着显著不同。就像之前讨论过的受欢迎的活动家们一样,这些报告将媒体和市场营销看做某种说教的长篇大论——包含一套拥有内在一致性的"信息",一成不变,简单明了。相反,媒体研究评论家们认为当代媒体关于年轻人和性的信息比从前更加多样化,也经常出现自相矛盾的问题。

关于媒体内容的证据不能用来作为其对消费者影响的证据;这就引出了第二个重要问题。很明显,儿童很可能被有关外表吸引力和"性感"的主导观点所影响(尽管这些并不能看做同一件事)。而事实上,几乎所有关于该资料影响的研究都引用了报告中关于成人(尤其是大学生)的部分,而不是关于儿童的部分。这里鲜有证据能让我们评估成人眼中的性感与儿童眼中的性感有多少共同点——或者,儿童如何解读和处理他们所看到的、消费的,以及他们在日常生活中如何运用此认知。

美国心理协会的报告援引了大量证据来支持这样一种观点,那就是"性化"的女性形象对女孩的认知功能、教育成就、身心健康(如焦虑、羞耻、自我厌恶、饮食混乱、自卑和抑郁)、她们的态度和信仰、她们培养健康性的能力。该报告除了强调该领域研究的明显差距之外,并没有对其引用的研究进行评论。恰恰相反,该报告只是直接使用这些研究,把它们当做是简单堆砌便可使用的"证据"。更不用说该报告可能忽略了在媒体影响研究领域很著名的方法论批评法(第三章有所讨论)。对于"性化"这一长期、普遍的现象研究,使用只关注短期影响的实验室实验方法,似乎尤其不妥。再次,反复讨论调查问卷恰恰证明该报告错将关联关系或相关关系当成因果关系(如接触某种特定类型的媒体与身心健康的关系)。

此外,很多被引用的研究实际上与"性化"毫无关系:它们涵盖了很多方面,从人体意象、进食障碍到性骚扰中的自尊和自我概念,以及有关性的信仰。根据定义,"性化"在这些问题上起到一定作用,但是与它们并不同义:例如,造成对身材不满或者进食障碍有着多方面的原因,其中很多原因可能与"性化"毫不相关。"性化"本质上是一个"事后比较"的概念,被回顾性地用到了被引用的研究中,这些研究也并不一定认同美国心理学协会对"性化"的定义。

这里出现了第三个主要问题,即什么是"性化"的基本定义(或定义模糊)。根据美国心理学协会的报告,"性化"有四个主要特征。即当一个人的价值仅仅来自于他的性诉求或性行为,而排除掉其他特点;当一个人固执坚持保持性感、保持外表吸引力;当一个人性对象化,即变成他人的性需求对象后,便不再具备独立行动和自我决策的能力;当性方面的事不适当地强加于某人。

这个定义过于概括且很不严密。根据这个定义,人们可以随意控诉包含人体的物理图像的任何一个文本为"性化":色情文学的封面、洗发水广告都包括在内(事实上,这就是这项报告采用的研究方法)。一些人争辩道,极少数的广告和时尚封面(例如)曾把人们描述成"独立行动、有决定权的"——即这样的人很难加以塑形。这个定义没有区分爱欲的资料(即与性相关的事物,或性方面大胆直白的描述)和"性化"的资料。人类身体(或仅仅只是身体的一部分)"性感的图像"的含义十分模糊。像"狭义"、或者涉及到儿童的很重要的概念"不适当的"这样的术语也定义不明。在这里我们假设,什么是"爱欲",什么不是"爱欲",什么为"适当的",什么为"不适当的",什么被认为是"健康的",对于这些问题,这份报告的读者很难意见一致。这份报告声称有着客观科学的依据,其实却不能适当地下定义并证明自己的观点。

较新的英国政府报告中也存在类似问题(英国内政部〈Home Office〉)。和美国心理学协会的报告一样,它断言在这一问题上研究者们有着一致意见——这种断言需要基于高选择性和不加评判的证据的陈述,才能成为可能。这份报告最让人质疑的部分是它对女孩"性化"与针对妇女的暴力行为之间联系的关联暗示——这是一个没有充足证据的论点，与"怪罪受害者"逻辑非常相近。

儿童自己如何看待成人化服饰

与对传媒效果的其他争论一样，这场争论的主要特点是几乎完全忽略了儿童的看法。畅销书作者莱文和吉尔伯思等人主要研究了"对此感到担忧"的家长的看法，而这一部分家长也许并不能代表全体家长。而心理学研究则倾向于把研究重点放在大学生身上（事实上，媒体对美国中西部大学传播学系中来自中产阶级家庭的白人学生的影响绝对是当代生活中调研频率最高的课题）。这种对儿童声音的忽视在这里是起决定性作用的，因为（我曾经讲过的）成年人和儿童对"爱欲"（或者"性化"）的定义可能是不同的。

相比之下，我之前与萨拉·布拉格的研究，是基于对九到十七岁学生的广泛采访和大规模调查，内容包括他们对电视、电影和平面媒体上的爱、性、情侣关系的看法。我们发现年轻人很频繁地在媒体上接触性方面的资料，虽然近来这些资料都不再那么明目张胆。这种资料在信息传达方面很不相同，包括：性有时被描绘成令人愉悦满意的，但有时也被形容为周遭包围着对堕落危险的道德警示。这些年轻人当然不认为媒体在强迫他们接受"性"仅仅是"娱乐性的"这一观点。

总之，我们的调查对象把媒体看做关于性和亲密关系的信息的来源，然后对媒体进行评价，有时，他们对此的评价比家长和老师给出的评价高得多：他们觉得通过这种方式了解自己想了解的事物不会引起尴尬，并且认为类似青少年杂志和肥皂剧这样的媒体满足了他们的需要。然而，这并不是说他们对媒体的评价完全是正面的——正相反，他们对媒体和现实之间的关系作出了复杂的判断,这是由于在他们曾遭遇过的某些情况下道德上的左右为难以及对所见的极端不满。同时,儿童并不是很能理解关于性的题材或者"性暗示",且常常忽视或曲解它们:他们根本不像那些守旧批评家所说的那样成熟,他们还远不能够理解性。我还发现媒体的影响很大程度上取决于它们使用的宣传方式,尤其是在家庭生活的场景中:父母是成年人性身份的强大模型。这项研究确信儿童会在媒体中学会与性有关的事情,它认为这并不是简单的、不可抗拒的、被称为"性化"的过程。

其他一些基于对儿童和年轻人的采访和人种学调查的定性研究,也给出了相似的结论。布朗等人、斯蒂尔和他们同事在美国的研究,柯海丽在英国所做的青少年女孩阅读杂志的设计性调查以及瓦雷斯和杰克逊(Vares and Jackson)最近在新西兰的研究都表明,儿童不会被媒体愚弄,变成老一套的,或者说"性化"的性别角色的被动接受者。他们可以把媒体看做提供学习性和亲密关系的"信息来源",他们能够批判性地阅读这些资料,将它们与自己的生活经验以及对周围同伴和成年人的观察心得作比较,他们可以质疑那些浪漫幻想和理想化的形体图像。大胆直白的性资料常因极端和令人厌恶而被拒绝。但在一些媒体封面上欣赏则赏心悦目,很难说它们到底是否该被视为正确的、可靠的。"适度"和"得体"是对儿童这个年龄段的基本要求,青少年也不例外,儿童对此有着自己的复杂看法;他们的判断和那些成年人们基本相同,都注意合乎道德。

该探究没有考察市场营销和消费文化的其他方面。然而,最新的几项研究揭示了女孩们对穿着明显"性化"衣服的理解和争论。韦唯卡·图雷尔(Viveka Torell)研究了读者就该问题写给瑞典某青少年杂志的信件,并在其中发现大量矛盾情感。一方面,女孩们声称自己有权利穿着这样的衣服,那样做让她们感觉良好;但在这样的服装所适合的年龄段方面,她们的看法有着巨大的分歧。有趣的是,在男孩最近流行穿着暴露内裤的低腰裤问题上也有类似的论点:有人认为这是叛逆的表现形式,很让人兴

第七章　孩子穿着过于成熟带来的隐忧

奋，有人则认为那令人厌恶。正是在对该话题的研究过程中，马里·瑞斯特（Mari Rysst）在挪威进行人种学实地考察时发现，女孩在对衣服分类时有着复杂的、多层面的分类系统，这样的分类系统反映的是与性别和社会阶层相联系的不同的价值观。值得注意的是，成人认为"性化"的衣服在儿童眼中却并非如此，他们仅认为那很"酷"、很时尚。正如我之前的研究发现的那样，在这个问题上儿童们有一种观念，那就是拒绝接受成人将这些衣服视为"性感"的认知。在英国，简·皮尔彻（Jane Pilcher）在对一群 6 至 11 岁的女孩们的调查中发现了类似的矛盾：有人喜欢穿着时尚，并将其看做朝着成年妇女方向"长大"的方式（尽管这要在严格受限制的家庭中得到父母的同意后才能如此穿着），她们同时还表达了对穿着"暴露"衣服的焦虑和不满。即使在这里，女孩们也并没有清晰地了解这类衣服的性暗示或者明确表示她们这样穿将身体展示给谁看：她们认为这是一个有关"适度"的问题，而不是性挑逗。

在另外一项相关研究中，丽贝卡·维利（Rebekah Willett）调查了女孩如何利用"玩偶匠"网站来拓展其对身体形象和性别政治的认识。研究发现，刚进入青少年时期的女孩会有意识地批判这些问题，并且认为自己完全能够抵制"苗条身材的暴政"——尽管他们也将自己与易受媒体负面影响的"其他人"划清界限。维利的解释不仅否定了"女孩只是消费文化的盲从者"这一观点，她还质疑强调"强制个性"的观点，认为那是当代新自由主义。从根本上来看，女孩们将保持苗条、健康的身体视为一种个体责任，是自我监督和自律的问题。在这样的背景下，维利称年轻人非但不能自由表达自己，而且事实上他们表达自己的形式也很微妙地比从前更受约束。

我们在苏格兰的研究开展了一系列课堂活动，聚焦十几岁的年轻少年，探索他们对潜在"性化"产品的认知。这些年轻人同样否定了他们是这类产品市场营销的被动受害者的观点，为了证实这一点，他们表现了自己对营销技巧的了解,也列举了大量例子证明他们选择、判断这些产品时很积极、很细心。他们指出,他们关于解读衣服和配饰的知识随着年龄的增长而增加,而且在进入更大的社会环境(如高中)时也会经由同龄人文化得知相关信息。同时,他们也了解通过使用"性化"产品使自己显得成熟或让他人对自己年龄误读的风险。他们提到的风险包括恋童、与名声误判有关的一般性风险——相对而言,这些风险与女孩联系更密切。

这些年轻人承认他们在一定程度上受到时尚流行趋势和同龄人的影响;然而,有些矛盾的是,他们称他们对商品的选择也是他们表达个性的一部分。他们关于"性化"产品的选择反映了同辈群组与入选群组和排除在群组之外有关的规范,其中也掺杂着舒适和自信的感觉。这些规范包含着与品味和特定物品或商品的认知有关的复杂的价值观体系。例如,一般而言,不要穿着过于暴露,或者借由发型、装束和配饰等来吸引他人的注意力是符合规范的。明显的与群组品味或风格不符被视为"其他人"——一般在与社会阶层有关时做贬义词使用(如"傻帽",衣着俗气没文化的人)。(这些问题将会在第九章中有详细阐述。)这些问题中也存在着熟悉的性别差异。女孩们坦白她们比男孩更倾向于仔细观察别人的容貌,一部分原因在于她们由此来明确和证实她们自己的品味。男孩们也称自己在拥有特别的体型或消费特别的产品时感到有压力,尽管现在男孩们流行的服饰是宽大款,并不会突出体型。

这些年轻人渴望向其他人证明自己有能力理解和解读特定产品的性暗示,并且能够在评估这一问题时考虑到它可能引起的其他担忧。他们强烈反对为保护他们制定规章制度的想法,称他们有权自己作出选择(即便是错误选择)。然而,他们同时也期待着成人能够提供"正确的"指引——他们谴责了"其他"孩子或青少年的父母未能负责任地约束孩子的选择。

当然,我们不能全盘接受孩子们的证言。如吉尔指出的那样,把他们与媒体和消费文化的关系简单地看做他们进行"自由选择"是不妥的。然而，另一方面，如杜伊茨和范·祖仑（Duits and Van Zoonen）所说，我们不要否定儿童在这些问题上的能动性。这里我所援引的研究也并没有忽略这一点：相反，它将儿童对媒体和消费文化的讨论看做复杂的"寻求身份认同"的竞技场。这些研究提出，媒体不会自主地腐蚀儿童或"解放"儿童，从而有助于我们超越媒体影响的简单化模型。

结　论

毫无疑问，文化中的性意向越来越普遍，包括那些以儿童为目标消费群体或者儿童消费者居多的商品亦是如此。然而，关于该现象影响的证据——不论积极与否——都是有缺陷且不确定的。这一领域活动者们频繁援引的那种媒体影响研究似乎更无法解决这一问题的复杂性。这些缺陷部分与研究的范畴和研究方法有关；但它们主要与"性化"本身没有明确定义、缺乏一致性有关。多数基于道德假设的研究——例如关于"健康"的性，"得体"或"不合适"儿童的商品的研究——都缺乏充分的解释或论证。

相反，我在本章末节讨论的研究采用了不同的方法。它们证实，媒体和市场营销确实在儿童建立对性的理解方面发挥着重要影响，而总体而言，这对女孩更成为问题；然而，这些研究称这种影响可以是积极的，也可以是消极的。如果媒体涉嫌给儿童施加"压力"，那么这不仅是强加不恰当的价值观的问题：这涉及到儿童必须用自己的方法辨别来自媒体和其他渠道的纷繁复杂且自我矛盾的信息。这就意味着他们需要机会参与这些问题，而且其所处的环境必须没有受到道德判断或成人观点的过度影响。从这种意义上说，以耸人听闻的措辞报道涉及"性化"的争论对儿童本身而言肯定会起到反作用。

父母怎样摆脱孩子哭闹磨人的梦魇

第八章

几乎每位父母都有过孩子在商场哭闹着要买东西的经历。造成这种局面,一方面可能是因为父母长期的溺爱——他们希望孩子能够得到自己在童年时无法得到的东西;另一方面是孩子认为父母拒绝给他们买他们想要的东西是不再喜爱他们的表现。更深层次的原因是,孩子并不了解自己家庭的经济情况以及没有金钱概念。父母如果在孩子较小的时候就尝试以平等的态度向孩子说明家庭内部的经济情况,会让孩子提出要求时更体谅父母。

第八章　父母怎样摆脱孩子哭闹磨人的梦魇

儿童如何影响家庭消费

在儿童的消费文化中，父母无疑扮演着至关重要的角色。尤其对年纪较小的孩子而言，父母（还有祖父母和其他家庭成员）是提供给孩子购买和消费最主要的经济来源。大多数孩子的花销实际上还是父母的花销：因为即使是孩子在消费或是孩子在使用买来的东西，仍然是父母在掏钱。大多数这样的支出并不意味着是孩子自己的选择，甚至都没有参考过孩子的意见。孩子在还没能开口说话之前就已经是商品的消费者了；而父母在准备生孩子的过程中确实也在替孩子消费。即使孩子长大一点了，他们的购买活动最终能成行也是通过父母送其礼物的形式。在孩子（尤其是年纪小的孩子）购买和消费方面，父母仍然比孩子有着更大的影响力。

正如我们所看到的，在目前盛行的关于孩子消费的议论中，父母的角色呈现出一些矛盾的方面。很多活动刊物是明确写给家长的，呼吁家长拿起武器反抗消费文化带来的不良后果（见第一章）。当我们认为孩子是非常容易受诱惑、没有抵抗能力的时候，父母其实同样对商业力量的冲击也无能为力——即使他们因无法抵挡商品的诱惑而频繁遭到责备。"许可型"父母被认为尤其有过错，因为他们会向孩子明显不受控制的消费欲望投降。与此同时，"责任型"父母在不断地努力牵制和控制他们孩子接触市场营销和商业价值。

商家同样也深谙父母对孩子消费行为的影响。营销的文案划分了父母教养的典型方式，并针对该如何应对这些父母提供了建议：例如，萨瑟兰和汤普森,划分出了"溺爱孩子型""矛盾冲突型""孩子伙伴型"和"生活必需品型"教养方式,并且对每一类型的教养方式给出了相应的战略。总之,商家认为,更加平等的当代教养方式是一个重要的营销机会——尽管当活动家们质疑他们所看到的是对孩子的剥削时,营销者会立即回应说这取决于父母对孩子消费的管理和控制。

在前面的章节里,我谈到不能把孩子的消费视为个人主义的概念。相反,它不可避免地包含在多重社会关系网中。父母是这些关系网的关键,并扮演了多重角色,例如提供者、促成者、调整者、守护者、老师等。自从有了孩子这个概念,父母就代表孩子成为了消费者;但孩子也可以成为父母自身消费欲望的载体或焦点。历史上,这种关系已经具有了相当大程度的矛盾:孩子的消费行为充当了一个知识库,既是父母的恐惧和想象的整个范围,同时也影响着什么是"好的教养方式"的观念(见第四章)。在父母与孩子协商必要需求如食物、服装的时候(这在前两章已谈论过),以及涉及教育方面的时候(将在十一章谈到),这种矛盾显而易见。

本章从三个主要方面来谈论消费在父母和孩子的关系中所扮演的角色。第一,我认为我们需要从更广泛的家庭生活历史变化中来理解这一现象——从家庭结构、家庭掌控时间的方式、管理空间的方式以及教养的思想意识等方面。所有的这些促成了当代家庭中权利关系的一个总体转变,这个转变在消费方面起着显著的影响作用。接着第二,相比简单的两个(或三个)不平等争夺者之间的权利斗争,我认为这个过程要更加复杂:更确切地说,围绕孩子消费行为的争论比流行概念"缠功"引发的争议更加复杂。最后,我认为父母也不可避免地被卷入到了消费文化中。他们和孩子的关系(他们对孩子的关心和爱护,以及他们的担忧、希望和愿景)与消费欲望有着千丝万缕的联系。然而,我还想指出社会阶层在此也是一个关键问题,在社会不平等日趋严重的背景下,这些关系运转的方式越来越令人担忧。在关注父母与孩子的关系时,本章的讨论主要针对年纪较小

第八章 父母怎样摆脱孩子哭闹磨人的梦魇

的孩子群体。下一章将会用类似的方法讨论同伴群体，重点关注处于前青春期和青春期的较大年龄的孩子群体。

家庭结构转型带来的新问题

如我们在第一章中所见，有些知名评论家指出，当代家庭正处于危机中——尽管这样的言论由来已久。教养已成为社会公共辩论和政治干预的一个重点关注问题：对于现代父母教育的失败，社会上有着日渐增强的焦虑意识，并且越来越多的人要求加强监督。批评家们经常抨击他们认为已经全面崩溃的父母教导，指出现在的父母存在优先考虑工作需求而忽略"家庭时间"需求的趋势；而另外一些人则热衷于谴责他们所认为的过度保护、甚至是"偏执型"的孩子教养方式。一定程度上，因为这个明显的危机或父母的失败，所以商业力量被认为在童年阶段扮演着越来越重要的角色。

然而，现实情况却远比这要复杂和矛盾。起码可以说，关于传统家庭生活方式将会消失的戏剧化论断有点言过其实。尽管现在家庭生活方式已经有了非常明显的变化（人们既可以积极看待，也可以消极看待这些变化），但是对想象中的家庭和睦和团聚这一"黄金时代"的怀旧情绪很大程度上放错位置了。在接下来的几个小节里，我列举了一些广义上的社会变迁，这些变迁突出体现了过去几十年的家庭生活。我在此处的言论特指英国的情况，但其他国家的读者也许能发现可比较之处（在美国有相类似的变化发生，例如：Pugh，2009）。本文中的多数信息来源于社会数据，这些数据使得我们可以系统地比较五十年来的变化。[1]

在当代英国，家庭结构和构成已经明显在发生变化，尽管这些变化并不像某些评论家说得那么激进或迅猛。在过去的五十年，家庭结构总体上变得"又长又细":大多数家庭里需要供养的孩子变少了(因为出生率下降了),但孩子在家庭里待的时间变长了。虽然家庭组织和各种替代形式变得越来越常见,但超过四分之三的孩子们仍然和两位父母(包括继父母)住在核心家庭里。家庭人数总体在下降,尤其是大家庭——尽管这种大家庭形式在一些种族群体中更加常见。女性推迟了生孩子的时间,这一现象与女性就业机会的提升密切相关。有越来越多的孩子是非婚生子(在英国,这个比例超过40%)。结婚率自20世纪七十年代以来在持续不断地下降;离婚率曾经全面上升,但目前已趋于下降。单亲家庭的数量呈显著性的增加(1971至2007年间翻了三番),越来越多的孩子(目前约有10%左右)与继父母生活在一起。现在的孩子倾向于一直住在父母家里,居住时间比过去要长,不断上涨的居住开销也是促成此现象的原因之一:大多数的孩子直到二十多岁后才会长期离家居住(英国经济与社会研究理事会〈ESRC〉;英国国家统计办公室〈Office of National Statistics〉)。

这些发展变化对家庭和孩子的消费行为有一些潜在影响。家庭人口的整体减少意味着相应的更多经济资源可以分配给孩子,孩子在家庭支出中有了更大的话语权;但是这也意味着陪伴孩子的兄弟姐妹减少了,因此孩子会更倾向于单人的娱乐形式或者通过电子媒介与朋友联系。女性经济独立性的提高打破了家庭里的"权力平衡",从而在很多方面势必影响了购买决定。如今给孩子买东西的血亲(如叔、伯、舅、姑、姨等)变少了;但他们的祖父母更有可能给他们买东西(并且确实是这样,如果父母离异或再婚,这种现象将会相应地更加明显)。与此同时,这种家庭的拉长还表明孩子依赖父母的时间变得更长了。

在不同的家庭结构和社会群体中,收入和支出模式呈现明显的多样化。总体看来,在过去的几十年里,可支配家庭收入和财富的平均水平在英国有了显著上升,即使上升得不太平衡:尽管家庭人员变少,除去通货膨胀影响后的平均的家庭纯收入在过去四十年里已增长了一倍多。然而,

第八章 父母怎样摆脱孩子哭闹磨人的梦魇

贫富不均的现象也增加了：富人变得相对的更加富有，而大多数人仍受物质资源缺乏之苦。在有孩子的家庭中，结婚夫妻的平均收入水平最高，接着便是同居伴侣，最后才是单亲父母：就中等收入而言，单亲母亲的家庭收入只有结婚夫妻的三分之一。在英国，较大的少数民族群体仍然像过去一样，收入水平比大多数的白种人群低。

家庭开销已有了大幅度的增加：将通货膨胀考虑在内的话，与1971年相比，现在的家庭开销已经是当时的2.5倍。有孩子的家庭开销最多，抚养孩子的成本已经在实质上有了显著的增加。我注意到，有一个商业估计显示现在将一个孩子从出生抚养到二十一岁需要花费20万英镑以上——相当于每天要花25英镑左右（利物浦维多利亚友好协会〈Liverpool Victoria Friendly Society〉）。家庭支出的分配也发生了实质性的变化：购买服务的钱增加了，购买物质商品的钱减少了；像通信、休闲、度假和"文化"等消费类别占的支出比例更大了，但其他类别如食品和服装类的支出占的比例却变小了。尽管我们可以从中总结说现在"生活必需品"消费占家庭收入的比例下降了，但这同样表明从前被认为"奢侈"的物质享受现在已经被当成是生活必需了：这一现象适用于很多商品，例如电视、供暖、冰箱、洗衣机、小汽车，还有新媒体如电脑和手机。

这里再一次产生了不均衡问题，我发现休闲开支的增长分布并不均衡，尤其是单亲家庭几乎没有用于休闲的商品或活动——如庆祝家庭活动的度假和礼物，而富裕家庭却视这些为必需品。低收入家庭一般不太可能负担得起正规的幼儿生活安排。很多单亲父母仍然没有工作或一贫如洗，虽然这种情况随着女性就业机会的增加正在有所好转。

因此，从广义的角度来看，过去五十年里英国社会财富水平的提高引起了家庭消费范围和规模的增长。然而，此处最引人注目的一个方面却是家庭财富和收入的持续不平衡发展，及其导致的不平等的商品和服务享有权。这些不平衡清楚地反映了基于社会地位、性别和种族的不同而早已形成的社会不平等；这些不平等在单亲家庭中表现尤为突出，而有越来越多的孩子开始生活在单亲家庭。在过去的十年里，英国贫困儿童的数量已经有所下降，虽然英国仍是贫困儿童最多的发达国家之一：有200万（约六分之一）的孩子生活在成年人没有工作的家庭，有280万儿童生活贫困。不平等的社会经济环境不仅进一步显著影响了儿童受教育情况，而且影响了他们参与构成当代消费社会的娱乐和文化活动。富人和穷人不仅仅生活在不同的物质世界，也生活在不同的文化和社交世界。

家庭内部时间与空间的重新分配

当我们将视线转移到家庭内部时，会发现家庭中的时间和空间资源分配方式已经发生了巨大的变化。尽管还有关于工作和生活平衡、"家庭时间"压力方面的顾虑，但人们花在有偿工作、无偿工作、休闲、娱乐方面的时间比例已经相对固定。相比十年前，父母们每周工作时长已经稍有缩减，虽然工作仍然是除睡觉之外最耗时的活动。已婚妇女们用于有偿工作的时间增加了，特别是越来越多的母亲获得了有偿工作：2006年，约30％有孩子的已婚妇女或同居母亲拥有全职工作，还有30％的人从事兼职工作。男人照看孩子和做家务的时间大大增加了，但女人做的仍然多得多，即使双收入家庭也是如此。虽然花在干家务活上的时间减少了，但照看孩子的时间却增加了（据报道，英国人花的时间要远远高于美国和其他欧洲国家的人）。总之，父母们——尤其是双收入家庭——表示都要"挤时间"，个人休闲的"自由"时间非常少：这种感觉男女皆有，尽管女性体会更加深刻。

家庭成员待在家里的时间变长了，而不是变短：2005年，人们约有70％的时间待在家睡觉、做家务、看电视或电影、听音乐等——当然，这

第八章 父母怎样摆脱孩子哭闹磨人的梦魇

些事情并不是一家人一起做。但是这反映出休闲活动越来越家庭化，这一现象也与人们心头日渐加重的安全忧虑有关。这个地区的数据出了名的不可靠，虽然真实犯罪率下降了，但似乎人们对罪犯的恐惧情绪却并没有下降得那么戏剧化（虽然它确实下降了）。事实上，针对儿童的犯罪事件发生场所主要是在家里，而不是在大街上：暴力伤害儿童的犯罪人员中，有四分之三是家庭成员。然而，儿童在公共场所是极其危险的，因为他们拿着其他人也想要的商品，尤其是电子产品如手机和 MP3 播放器之类。这样的情况下，孩子们独立在外的活动持续受到了限制。家长对交通问题的担心和害怕恋童癖者绑架孩子的恐惧心理，使得年纪小的孩子在更多的情况下是被开车送到学校。父母也倾向于让孩子在家玩，而不是"出门"到大街上或公共场所去玩。

家庭的空间分配也改变了。一部分原因在于家庭成员的减少，使得越来越多的孩子有了自己的卧室。中央供暖系统的广泛应用使得孩子可以在自己的卧室里待着，而不用一家人挤在一个房间里。孩子们现在也有了更多接触电视和其他媒体的机会，如今大多数的孩子在自己卧室里都有一台电视机，还有超过三分之一的孩子可以上网。数据显示，现在年龄稍大的孩子都单独看大量的电视节目，但是如果家里只有一套多频道电视设备，仍然是一家人一起看电视的情形较为常见。电脑和游戏机的使用情况也是如此，即使一些其他形式的设备（如任天堂 Wii 游戏机）被商家宣传定义为促进和庆祝家庭和睦的产品。

父母提供给孩子大量家用设备的动机之一源于他们对公共场所可能发生犯罪事件的恐惧心理。然而，现在设备丰富的卧室环境同样也给孩子增加了新的风险，这是因为孩子都无人监管（尤其是上网）：从某种意义上说，此处的问题（至少有些人家）是家里的私人空间被媒体设备和消费入侵了。这样一来，一种可知的风险变成了另外一种。触手可及的个人上网权限很有可能会引起家庭生活的分散。不过，这些技术（通常指手机和邮件）可以让不在同一地方的家庭成员保持联系——这也是为什么父母首先会给孩子们买手机的原因。

在某些方面，情况却非常矛盾。虽然父母花在有偿工作和无偿工作（如家务）上的时间少了，但他们却越来越感觉要"挤时间"。可能"挤时间"这种感觉（或者说是感觉缺少与家人共度的"优质时间"）是因为现在有了越来越多的可以供人们消遣的休闲活动和商品。然而，随着童年这个概念的象征性不断（或者说是加速的）被稳固，父母们面临着要与孩子在一起的更大压力，而且要确保看起来他们很享受与孩子在一起。从这个角度来看，这种愈加强烈的家庭生活焦虑情绪已经影响了父母们。他们认为自己正处于巨大的公共监视压力之下。从网络、书本和电视可以看出来，父母对于育儿建议的需求已逐渐成为一个广阔的市场。

实际上，"家庭时间"的概念（特征是一家人集体开展休闲活动、吃团圆饭、办庆祝活动和集体出游等）是一个相对较新的现象。正如我们所看到的（第六章），团圆饭是一个家庭和睦的典型标志，虽然有人认为现在一家人吃团圆饭的情况变少了，但目前没有证据构成定论。即便如此，人们还是可以争辩说与孩子在一起的"优质时间"这个概念已经被商品化了，被看成是可以买和卖的东西了。父母可能会给孩子买东西以弥补他们的愧疚心理，因为他们被外界引导着认为自己没有花足够的时间与孩子相处——尽管数据表明现在的父母实际上比前几代的父母与孩子相处的时间更多。这样的情况下，父母们就会感觉有一股越来越大的压力让他们去创造和捍卫与孩子相处的"优质时间"，而不仅仅是在家庭集体活动上花钱。我们可以发现，父母们还产生了一种紧迫感，那就是要将儿童消费的重点放在有价值或有提升作用的商品和活动上。

零用钱赋予孩子多大的消费权利

各种不同的发展变化已经让孩子成为了家庭中越来越重要的经济主体。孩子已是家庭支出的重点对象，在家庭决策中也有也更大的话语权。这一点从他们不断增加的可支配收入里得到了体现。给零花钱是一个相对新兴的行为，起源于 20 世纪中期。零花钱有多种形式，包括临时花销，每周、每月的零用等。大概有三分之二的孩子会有零花钱。在有的家庭，零花钱与具体的义务（如学校功课或杂务）没有关系，但在另外一些家庭，孩子们需要做一些家务活或给家族事业帮忙才能得到"工资"形式的零花钱。

对孩子拿到多少零花钱的预估差异很大，尽管过去二十五年的长期研究表明虽然零花钱的增长只有一点点，但它在实质上确实增加了（哈里法克斯零用钱调查〈Halifax Pocket Money Survey〉）。然而，有证据表明父母"随手给"的临时花销和礼物变多了：一些测算数据表明，英国地区每年给孩子的零花钱约为 21 亿英镑（Mayo and Narin，2009）。令人惊讶的是，这些钱竟完全独立于家庭收入，因此，对不太富裕的家庭而言，零用钱占家庭收入的比例更大，这些家庭里的父母会为了给孩子零花钱而牺牲自己的需要。

以前，孩子们需要把在外面挣的大部分收入交给父母，而现在父母反而给孩子零花钱，这代表着一个重要的转变。虽然现在很多年龄大点的孩子会在某个时期做点兼职工作，但与 19 世纪的情形相比，现在的孩子很少出去工作。与我们的猜测相反的是，高收入、双亲家庭的孩子比低收入、单亲家庭的孩子出去工作的更多。前一类孩子通常是为了挣钱买一些额外的"奢侈品"——这样的工作是出于消费动机。相反，来自贫困家庭的孩子通常依靠这些收入来参加大多数人认为普通的儿童活动。

除了可以自主支配自己挣的钱之外，如今孩子在父母或家庭的采购决策上起着越来越重要的作用。营销者对此现象已了解多年，因此这已成为广告宣传和其他推销策略的一个重要方面。虽然在购车和置业方面孩子的影响较小，但是在购买食品、节日用品、硬件（如电子设备）、给朋友家人的礼物等方面，孩子的影响越来越大。女孩的影响多在购买礼物方面，而男孩的影响集中在电子产品、音乐和游戏方面。这种影响表现在多个环节，包括发起购买，收集相关信息，推荐商铺等。尽管这一影响难以量化，但这个"影响市场"远比儿童市场本身要重要。

家庭中孩子作为越来越重要的经济主体反映了意识形态和物质观念的转变。我们可以看到（第四章），关于孩子教养方式的认识已经有了普遍的历史性的改变，更加倾向于平等主义。父母和孩子之间越来越重视沟通、开放和对话，而不是一味地将父母的权威强加给孩子。"教学法式"的教养方式现在已成为社会公认的准则，虽然育儿专家们还在热衷于区分这种方式和各种溺爱教育方式的不同。

上述现象进一步体现在了家庭支出方式的转变上。市场调查人员发现，现在的父母比以前的父母更加倾向于在支出方面参考孩子的意见。根据领先的儿童市场调查权威机构詹姆斯·麦克尼尔（James McNeal）的调查，当代家庭是"孩子制"（filarchy），大多数的决定权都让给了孩子。我们很难给这一说法找到确切的证据，但仍可以从几个方面找到原因。随着妈妈们参加工作，像购物之类的任务就落到了孩子头上。也有部分原因在于孩子们接触了很多广告和营销，他们看起来更加了解购物和消费方面的信息。确实在某些方面，孩子比父母更专业，他们可以给父母介绍最新时尚和产品、提供相关的信息以及帮助父母安装和使用新产品。这就将父母从复杂和耗时的决策过程中解放了出来。对中青少年期和后青少年期而言，孩子的"顾问"角色显得更加突出，他们在家里购买某些方面的东西

第八章　父母怎样摆脱孩子哭闹磨人的梦魇

时起着关键作用。青少年能利用自己和朋友的经验，吸收来自网络和其他媒介的信息，从而影响消费，且父母对这种现象基本持肯定态度。即便如此，在涉及"大单"采购的最终决策时，孩子们并没有预料中那么大的影响作用。我们在接下来的章节中将可以看到，虽然有人认为孩子影响作用的变大是合情合理的，但也有人认为这是我们需要讨论的家庭冲突和不快乐的源泉。

"缠功"引发的家庭冲突

"缠功"（也有人称"烦人因素"）这个概念争论双方都常规性地认可了。虽然营销者对这样的概念理所当然的谨慎一些，但大多数人倾向于认为这是个好事，因为他们认为这是儿童自主权和家庭话语权的增加。相反，活动家们认为"缠功"是商业力量没保证地入侵到私密家庭关系的进一步证明。事实上，在英国和整个欧洲都有相关规定，禁止商家过分鼓动儿童纠缠父母买东西：20世纪五十年代那条著名的广告语"妈妈，别忘了水果口香糖！"（Don't forget the Fruit Gums, mum!）肯定是被现行法律禁止的。[2] 然而，引起"缠功"并不需要这么直接的话语：现在的孩子被认为是不需要别人明确教他们如何让自己的消费欲望被人知道。那么在什么样的程度上，"缠功"可以描述父母、孩子和商家关系？孩子们的购买需求仅仅是不受欢迎的、烦人的家庭冲突来源吗？父母是不是一定会自发地拒绝他们？最终在这些关系中，它的功力体现在哪里？

关于这个话题的大多数研究是在"媒体效果"的框架下进行的（参看第三章）。虽然大多数的研究开始于20世纪七十年代，但在过去十年，荷兰学者蒙尼尔克·布伊阵（Moniek Buijzen）和她的同事们开展了一系列研究，调查了儿童接触电视广告后对家庭生活造成的影响：儿童购买需求增长这一预期的效果似乎导致了一系列意料之外的后果,包括家庭冲突的增加、物质观念增强、"生活不满意度"提高、不快乐和失望的情绪增多等。这些后果在低龄儿童身上表现更加突出,因为他们缺乏知识和经验,更容易被诱惑,而且因为他们没有耐心等待,在游说父母时也没有复杂的技巧,最后在家庭中就引发了更大的冲突。

然而关于这些论断的证据是非常有限的。和其他众多媒体研究人员一样,布伊阵坚持呈现一些好像能构成因果关系的相关系数和关系。例如,布伊阵和福肯布尔格(Buijzen and Valkenburg)虽然声称"广告促进了物质主义",但事实上他们的研究显示,只有看电视多的孩子才更有可能表现出物质主义的态度。同样在他们误导性的宣称里,如"广告引发父母和孩子间的冲突"和"广告引起失望和对生活不满",研究结果中的疑问也很明显。当然,很有可能是孩子看了电视广告后缠着父母买东西;但同样也有可能是缠着父母买东西的孩子会更加仔细地看广告。(关于买东西)与父母发生冲突的孩子也可能会看更多的电视。很明显,这样的因果关系可以双向推导;而且其他因素也很有可能影响这两种现象[3]。比方说,贫困在此可能会是一个重要因素:贫困家庭的孩子可能会看电视多一些,尤其是因为他们没有其他娱乐活动可替代,并且如果家里钱不够,那么他们的购买请求就更有可能导致家庭冲突。

在后续的研究中,布伊阵和她的同事研究了父母如何"调解"(mediate)广告带来的效应。"调解"一词本身就暗示了父母在基本的原因—结果关系中像一道屏障或过滤网。该研究区别了两种调解形式:"主动性"调解和"限制性"调解。前者是指父母跟孩子谈论他们所看的内容,后者是指父母努力减少孩子的接触广告的机会。这两种形式与更广义的家庭交流模式有关。"概念主导型"家庭倾向于讨论和协商,而"社会主导型"家庭注重服从和一致。后续的研究比较了"事实型"调解(告诉孩子广告的意图和技巧)和"评价型"调解(例如,简单地驳斥广告或反对广告言

第八章 父母怎样摆脱孩子哭闹磨人的梦魇

论）的差异。这些不同的形式似乎能在认知或态度上帮孩子建立对广告的"防备"心理。

后期的一些研究是试验性的。例如，让一个班的孩子先看一个3分钟的6条商品广告，每个商品广告后都有一个试验者给出一些评论；然后用20分钟让孩子们回答一系列测试问题，用以检验哪类形式的评论更加有效（比方说，让孩子回答他们更想让父母给他们买广告里的哪样商品）。这样的研究很显然并不能清楚反映父母和孩子真实的生活行为。研究的结论还有互相矛盾之处。例如，有一个基于日志的研究发现"社会主导型"的方式更有用，而另一个实验表明"概念主导型"方式更好。有些情况下，孩子们更容易受到"事实型"而不是"评价型"调解的影响，但在年龄较大的儿童身上却发现了相反的结论。这样的结果直接指向了一开始对于事实型和评价型区分的任意性。

这类研究使用的理论结构和测量方式引来了不少批判。例如，"物质主义"在文献中有多种定义，测量评估的标准五花八门，结果导致这类研究结论不一致，甚至相互矛盾（参看第九章）。对"社会主导型"和"概念主导型"的区分是有高度价值取向的，而且好像把"交流类型"看做了一个独立于其他社会和物质方面的固定变量。[4] 这两种类型都是通过态度和行为报告来进行测量的，就意味着会受到社会期许偏差的影响。属于某个社会群体或某个年龄段的人，可能或多或少地会给出"政治上正确的"回答。与此同时，儿童在此处被视为定义为没有能力的"缺陷模型"。对孩子的评估是根据他们不能做什么，而不是他们实际做了什么；而家长却被假设成能做出理性评价和决策的人。此外的家庭模式是绝对以家长为中心的：家长被当作孩子消费欲望的调解人和控制者，家长自身没有被当作消费文化的参与者。

然而最重要的是，此处"效果"的基本定义有问题。它再一次地把父母和消费文化的关系假定为简单的一系列因果关系等式，而这些等式可以脱离其他，从社会生活中提取出来。孩子的购买请求被绝对地看做主要产生于广告，而父母被简化为消费活动的有效或无效监督者，就好像是父母身处局外，仅仅只是等式中的一个变量。调解被视为建立心理"防线"的方式，可以明显帮助孩子隔绝广告的影响。就人们如何理解和运用市场营销而言，这些结论提供了一个太过简单的理解方式（见第三章）。

父母应了解"缠功"之外的协商

凯特利奥娜·纳什（Catriona Nash）就"缠功"这个概念提出了一个重要的批判意见，这个概念对她所指出的"父母—孩子购买关系"只给出了非常狭隘的理解。她认为"缠功"本身就是一个贬义的概念，它暗示着孩子的购买请求是不受欢迎的，势必包含让父母厌烦的哭闹和呻吟。因为孩子的可支配收入有限，几乎没有机会单独购物，也没有能力用成年人理解的方式表达想法和需求，所以"缠"（或者更确切地说，请求父母买东西）就在所难免了。通过回顾以往的大量文献，纳什发现孩子在求父母买东西时会务实地采用一些策略，几乎没有哪种策略是所谓的"缠"。同样，父母的回应表明，这些请求并不总会引发冲突，也不总是令人厌烦，且很少有孩子对父母的拒绝感觉失望。非常重要的一点是，这些请求里只有相对很小的一部分是由广告引起或促成的，而且孩子越大，广告的作用越小。

最近的一些实证性研究支持了这一结论。那什她自己的研究使用了定量研究中的采访方式。她的爱尔兰调查对象将消费当成一个游戏，游戏规则很简单，这是家庭交流中自然的和可预期的一部分，父母和孩子都致力于达到一个平衡，父母有时会答应孩子的请求，有时会避开，有时会分散孩子注意力，或采取拖延的办法，也有时会直接拒绝；而孩子们会仔细选

第八章 父母怎样摆脱孩子哭闹磨人的梦魇

择并判断他们提出请求的方式和时间，对不同父母采取不同的策略。她认为，孩子们一般会接受父母的权威决定，理解他们的经济压力。这里呈现出的整体画面，不是一个被冲突、不幸和物质态度撕裂的家庭（就像以上很多媒体效果所讨论的），而是一个双方理解的有趣画面。在这个游戏里，广告只是一个小角色，家庭和同伴起着更加关键的影响作用。

类似的结论可以从用观察法进行的购物研究中获得。比方说，最近几个丹麦的调查研究观察了孩子的影响在家庭超市购物中是如何实现的。玛利亚·诺加和凯伦·布鲁索（Maria Norgaard and Karen Brunso）发现，食物采购过程包含一系列的考虑和协商，包括不同家庭成员的口味和爱好，营养知识，膳食制备知识，量、质、价格的判断，是否愿意尝试新产品，以及家庭需求的估计。同样，马琳·格兰姆（Marlene Gram）发现，决策制定包括一系列复杂的协商策略。通常决定都作得很快。虽然它们有时候是民主同意的决定，但并不总是经过深思熟虑，或达成一致。在这个过程中谁影响了谁并不是很清楚：孩子并不总是闹情绪或提要求的一方，父母也并不总是理性的一方。

在一个不同的情境里，克里斯蒂娜·威廉姆斯（Christine Williams）在美国玩具店的人种志研究同样观察了父母和孩子的协商过程。在这种情况下，尽管父母会选择满足孩子的欲望，但他们会教育孩子学会节俭，或者鼓励孩子选择蕴含更多文化资本的产品。可能有点好笑的是，威廉姆斯称这个过程中有"施虐主义"的因素。父母通常买玩具给孩子作为特别对待或奖励，但带孩子进玩具店传达了综合的信息：控制你的欲望、要听话、最终会让你"挥霍"、父母也会向诱惑投降。孩子可能会产生一种害怕心理，他们担心如果没有收到礼物是因为不讨父母喜欢了，而父母会担心孩子只是因为想要更多的玩具才表现良好。这一现象暗示我们，购物引发的情绪对父母和孩子而言都是非常矛盾的。

同时，英国最近的几项研究探讨了父母应对孩子的购买请求时，会发挥作用的一些标准。朱莉·埃文斯和琼·钱德勒（Julie Evans and Joan Chandler）研究发现，父母会考虑货币价值、教育质量、是否能长期保持有趣、特定商品的使用以及孩子提出请求的坚持程度；莎朗·博登（Sharon Boden）发现在给孩子买衣服时，父母会考虑质量、价钱、适合年龄和品牌等因素。这些研究还提出了一系列急需解决的复杂问题。例如，埃文斯和钱德勒研究得出，父母对孩子想要"融入"同伴的需求特别敏感（下一章将会谈论这个话题），并且他们会回顾自己的童年生活，进而去了解孩子的消费需求。同时，博登发现孩子可以影响父母在着装品味、帮助父母变得"时尚"。这是一种"反向社会化"的表现形式，这样的形式同样适用于技术和媒体消费（见第三章）。同威廉姆斯一样，埃文斯和钱德勒也指出了关键的一点：买东西能承担或表达喜爱、亲密和愧疚的复杂情感。

所有的这些研究都集中在实际购买环节的协商过程，但我曾说过，"消费"还与商品使用和流通有关。从这方面看，第六章和第七章讨论父母与孩子之间关于吃和穿的交流也与消费有关，同样还有第二章关于消费的人类学研究也与此相关。媒体效果研究给人形成一种家庭冲突的凄凉印象，但这些研究与下一节的某些研究给出了另外一幅画面。研究表明，广告（或者更广义上说是营销）是一个相对影响较小的因素。此外，它们还说明父母在孩子消费过程中的角色远比简单的"调解人"要复杂得多。相反，父母可能会答应孩子的请求，不是因为他们无法抵挡广告的"功力"，而是因为他们自己会在消费中进行情感投入。

这意味着父母通常会参与到孩子的消费中，而不仅仅是局外的监管者。父母通常通过给孩子买东西的方式表达喜爱和关心之情，或者是想让孩子高兴起来。这是父母情感的一个方面，也是商家们一直努力追求的，但是，这些情感可能是非常矛盾甚至相互冲突的。这些情感与父母的愧疚感、焦虑感、自身童年的幻想和憧憬、自己与孩子的社会地位等因素

第八章 父母怎样摆脱孩子哭闹磨人的梦魇

有关。

因此,正如我们所见,当代父母都在体验着"时间压力":他们觉得自己与孩子在一起的时间不够多,于是他们在这方面加大了情感和经济方面的投入。父母因愧疚和焦虑心理想要弥补时,就会在买东西时参考孩子的意见,更容易答应孩子的消费请求。与此同时,"溺爱"孩子也代表了父母对自己童年缺失的一种妥协心理。还有一种冲突在于父母想保护和培养孩子,但是父母又希望能给孩子表达自我的空间,这样的话孩子就能拥有他们当时失去的自由。社会流动性在此处扮演了重要角色:社会地位上升了的父母会试图给孩子购买他们小时候被父母"拒绝"过的东西;然而当将他们自己童年经历(通常被理想地称为零消费)与孩子的经历相比较时,父母们又会感觉不安。在这样的情况下,过去的经历与现在和将来的事情就联系起来了,因为父母会期待孩子实现当初他们没有实现的梦想。

同时,在孩子还不能表达自身需求的时候,他们是父母消费(特别是明显展示高级商品)的载体。关于富裕社会(如挪威)的调查指出了"花瓶儿童"的问题。有钱的父母或祖父母会花大笔的钱在儿童用品上,如高科技婴儿车、由著名设计师设计的婴儿服饰、游戏设备等。品牌儿童服饰市场的扩大反映了同样的明显趋势,后续章节将会谈到这个问题。与此同时,我们将在第十一章中看到,商家们通过呼吁人们做个好父母来瞄准父母这个消费群体,尤其是在推销教育产品和服务的时候。从这个意义上说,孩子的消费可以视为父母拥有、或者没有物质资本和文化资本的表现或载体。

不平等和关爱矛盾

艾利森·皮尤的《向往与归属》(Alison Pugh, Longing and Belonging）是一部出色的美国家庭人种学研究作品，书中非常详细地讨论了上述问题。皮尤重点关注了商业力量如何同父母关爱的社会意义联系起来的。她指出，在不同的社会阶层，问题的表现不同。在她的研究里，大多数有钱的父母对于孩子的消费文化感觉非常矛盾。一方面，他们努力地通过规定或零花钱来控制孩子的消费欲望，避免倾向于"象征性剥夺"的炫富消费，有时还会鄙视孩子的品味或贬低商业价值。[5]但另一方面，这些父母的社会地位都提高了，曾经在儿时经历过被剥夺了童年的感觉，因此他们会试图给孩子"他们从没得到过的东西"，会支持孩子消费，即使这样的消费是他们之前想制止的。与之相反，低收入家庭的父母没有这么矛盾的感觉。他们对孩子被同龄人排斥的感觉非常敏感，会试图给孩子买高级服装和品牌商品，争取保护他们摆脱贫困的烙印。他们把给孩子买东西当作"良好教养"的明确标志，对孩子拥有这么多物品也不会表现出道德上的疑虑。然而，由于低收入工作的周期性和不稳定性，他们为孩子买东西的能力也是间歇性的。家里的经济紧张时期与"象征性溺爱"或"暴发户式抚养"时期轮流交替，而且这样的父母常常会为了给孩子买东西而牺牲自己的需求。

我们在前面章节中看到的，研究者们要么把孩子看成受商家引诱的上当受骗者，要么认为创新型消费好，皮尤的研究超越了这种简单的极端化。但是，她对所认为的"差异、关爱和归属感的商品化"持批判态度。她认为，孩子的消费欲望只有少部分是因为无法抵抗商业游说，更多想法源于消费品所代表的情感价值（这不并仅仅因为广告）。虽然方式不同，但在她的研究中，父母看起来都很容易受到一个观念的影响，那就是：父母"供养"的本质和程度——他们给孩子买什么（或不买什么）——是表达喜爱和关怀的标志。然而当孩子试图在同龄人中寻找归属感和认同感时，父母在一定程度上只是旁观者。父母对皮尤所说的同伴群体中的"经济尊严"非常敏感——认为地位取决于消费商品和消费知识（这个话题在

第八章 父母怎样摆脱孩子哭闹磨人的梦魇

下一章会详细讨论)。皮尤称,对父母和孩子来说,关爱和归属感都需要通过"市场营销"关系来调解(一定程度上叫做定义),而且这种现象最终加剧了社会不平等。

如皮尤所说,消费不仅仅是获得商品,还包括体验——尤其是"教育"体验。中产阶级父母更有能力为孩子成长"购买"一个良好的社会环境——如社区、学校、其他形式的儿童看护、假期和课外活动。中产阶级父母会更加看重这些,而不是收集"物品"。因此,不同"道"的父母们为孩子买来的不同环境加剧了种族隔离和不平等。

在之前安妮特·拉鲁的人种志研究《不平等的童年》(Annette Lareau's *Unequal Childhoods*,2003)里,皮尤的发现也得到了支持和证实。尽管拉鲁并不是直接研究消费的角色,但她确实考虑了不同社会阶层教养孩子的经济层面。拉鲁定义了一种中产阶级的教养形式,她称之为"协同培养"——包括忙碌且昂贵的钢琴、芭蕾、家教、体育和其他提升类课程。这在瓦莱丽·渥克代(Valerie Walkerdine)的研究中被称作"饱和日志综合征"(full diary syndrome)。拉鲁表示,这种开发孩子天赋和梦想的目标式培养会让中产阶级的孩子产生"强烈的权力感"(a robust sense of entitlement),从而可能导致他们对疲惫不堪的父母提出更高层次的需求。通过对比,她发现工人阶级的父母通常会让孩子自己掌握时间,让他们与同伴们在一起。她把这种教养方式称作"自然成长的成就"。然而,工人阶级孩子缺乏结构和父母监管的闲散经历可能会使得他们不太受得了学校规章制度和其他机构的设置。拉鲁明确指出,不同的教养方式取决于不同的经济能力:例如参加集体组织的体育活动开支对富裕家庭而言不值一提,但对贫困家庭来说是可怕的压力。然而不仅仅是指不同家庭将时间花在不同事务上,还包括只有富裕的父母能够做到(用布尔迪厄的话来说)将经济资本转化为文化资本。

英国也有一些关于这方面阶级差异的显著研究。卡罗尔·文森特和斯蒂芬·鲍尔（Carol Vincent and Stephen Ball）分析了他们定义的中产阶级儿童的"生活构成"，分析结果与拉鲁的"协同培养"有很多共同之处。研究发出了越来越多有钱的中产阶级父母为学龄前儿童购买商家提供的大量"增值活动"（如体育运动、艺术和外语课程），而咨询建议行业（例如精美的父母教养指导刊物）的快速发展又推动了父母的这种购买活动。那些建议强调父母要为孩子做好"学习准备"，提供一个"创造性的环境。"文森特和鲍尔称"孩子在这里被当成了一个项目——柔软、有可塑性，可以发展和提高"。与布尔迪厄的说法相同，他们认为这些活动会发展形成代表社会地位标志的品味和性情，这样的话、这些活动就像是一个设计用来复制现有社会不平等模式的策略。有些情况下，父母会通过这些活动来丰富孩子的简历，以备孩子在十一岁时能通过激烈竞争择校入学。父母再次感觉到了一种紧迫的需求，那就是要为孩子提供最多的机会，让他们的能力得到充分发挥。文森特和鲍尔称，社会的变迁会强化这样的感觉和行为，在社会变迁中，中产阶级的孩子将来不会那么容易取得成功（伊伦里希〈Ehrenreich〉在美国的研究发现了这一现象）。

与之相对的是，苔丝·瑞吉（Tess Ridge）研究了在贫困家庭或"被社会排斥在外"的家庭里关于钱和家庭支出的沟通协商。在她的调查对象里，只有一少部分的孩子能有规律地拿到零花钱，有的孩子就用这些钱来购买生活必需品（如衣服）或坐车去学校。尽管这些孩子可以通过工作的方式增加收入，但是资金缺乏仍给他们在同龄人中的获得地位和认同感造成了很多困难（下一章会讨论这个话题）。他们通常没法参加商业化的休闲活动，几乎没有几个家庭会有钱度假。然而，这些孩子对父母的经济困难表现出了复杂的理解心理。当他们需要父母买点什么东西时，他们会根据经济情况调整自己的期望，或者干脆不开口要。研究中还有证据表明，有的父母为了保护孩子不受贫穷困扰，他们会为了给孩子买高级服饰而不给自己买东西。然而，同样还有不少孩子（尤其是女孩）保护父母的事例，他们会减少自己的要求以避免给父母造成额外的压力。但是当问及他们想改变生活中的哪个方面时，这些孩子并没有说想要更昂贵的物品，而是想要更多与朋友们交往的机会，或者是从每天的辛苦中解脱出来。

在这些研究中，无疑存在过分极端化描述"中产阶级"和"工人阶级"生活的可能性，也可能忽视了构成儿童"共同文化"的日常现象——包括商业现象。家庭生活包括了一整套的每个人都有的日常体验、习俗和常规习惯。除去某些父母会努力微调孩子的时间、限制孩子的参与外，各个社会阶层的大多数孩子都能接触到商业媒体和市场营销。此外，我们可以说，所有的父母都有着一种矛盾心理。即使是有钱的父母，虽然有能力给孩子买他们想要的东西，但仍然把消费文化当成一定程度上的愧疚、后悔和不确定心理；当他们花了大量的时间和钱"培养"孩子时，又会担心"超前培养"的危害，担心孩子需要在没有大人监管的环境下放松和玩耍。无论如何，在孩子的家庭生活中、消费文化中，仍然存在着引人关注的不平等现象。这个话题在后续章节中会进一步展开讨论。

结 论

在本章结束前，需要承认的是我的上述说明是没有区分性别的。当讨论在儿童消费中的发挥作用的父母时，毫无疑问指的是母亲。我看到的大部分研究事实说明，是母亲而不是父亲负责管理和监督孩子消费行为，以及负责实际购买工作。同样的，在大众的争论中都会指责母亲是"糟糕的消费者"，没有管控好孩子的消费。在很多地区，事关孩子的发展和社交问题时，几乎都是责怪母亲。在消费关系中，性别因素几乎没有明确讨论过，因此它是将来的研究急需面对的问题。

在这一章，我试图在社会关系这个大的框架下讨论儿童"理性"消费的价值。正如我所说，父母通过很多方式参与到了消费过程中。但是，在父母仍然起重要作用的同时，随着孩子年龄增大，同伴的作用会越来越重要。在很多研究中，父母通常感觉他们的能力取决于所谓的孩子的"同侪压力"。下一章将讨论这一问题。

孩子之间的"面子经济"

第九章

如今，孩子之间的攀比之风日盛，你有的名牌商品我也要有，而且对品牌的热衷程度日益提升。如不如此，很难融入同龄人的圈子，甚至遭到排挤、刁难。而过度品牌化与物质化势必对孩子的心理健康和品格塑造产生严重影响，所以正确处理此类问题、正确引导孩子，成为摆在父母面前的又一难题。

第九章 孩子之间的"面子经济"

在儿童消费中，家长和营销者当然不是唯一起到关键作用的人。从孩子们开始与其他孩子相互交流开始，他们就会表达并且展示自己在消费方面的偏好。在操场上或托儿所里，孩子们之间最初的接触多半和争抢玩具及工具相关，而这些玩具、工具大部分是商业产品。发现并维持彼此的共同点取决于彼此对共享信息的认同度，而这种认同度至少有部分来自于消费文化，彼此之间的共同点也是共同游戏的必要条件。随着孩子们的长大，他们会越来越多地和同伴们商量吃什么，穿什么，玩什么，或者是不吃什么，不穿什么，不玩什么。等到花自己零花钱的时候，他们主要会参考同伴们的想法和喜好，而不是自己父母的。

正如我们已经看到的，许多家长很配合孩子寻求同龄人群体接受的尝试。"同侪压力"被认为是一种难以抗拒的力量，在儿童消费中产生关键影响。例如，钱德勒和伊万斯（Chandler and Evans）指出，家长们觉得，为了让孩子免受嘲笑或欺负，他们不得不屈服于"同侪压力"。在他们的研究中，最小的孩子（七岁）就已经清楚意识到"融入"同龄人中的必要性，如果有人穿"错"衣服或没能买到最近流行的东西，就可能受到排挤。同龄人群体在衣服、外表以及媒体、玩具和其他商品方面的标准压倒了家长的期望和价值观。当然了，对很多家长而言，这很令人恼火，因为他们由此意识到自己的力量和权威是有限的。

本书第八章讨论过的艾利逊·皮尤特别研究了同龄人之间的"面子经济"。例如，儿童（小学一年级的孩子）如何做足"面子工作"或印象管理工作以保持自己在同龄人群体中的地位。接触消费文化——拥有或仅仅是知道媒体、玩具和其他商品——提供了一条建立地位和被他人接受的途径。这在一定程度上被当做是父母"供应"的证据：儿童显示自己得到良好照顾的努力导致其不断攀比个人所有物的数量和价值。从某种程度上来说，这与父母的价值观不同，甚至有所抵触：例如，表现自己对"成人"电视节目的了解，或者拒绝承认对那些为儿童设计的东西感兴趣——这些都是为了建立"酷"和受欢迎的地位。而这一过程也需要持续不断的协商——提出要求和拒绝要求，隐藏和否定，侦查和自律：在儿童针锋相对的互动中，他们在一个朋友圈的所属状态总是不稳定的、临时的。

在皮尤的研究中，社会不公很明显。富裕家庭的儿童更倾向于吹嘘不同的东西——如出国度假或家庭聚会和生日聚会所租用的昂贵场地——而贫困家庭的儿童则不得不经历"意外之财育儿方式"的变化无常。在不同的社会和制度背景下，不同的"面子象征"所代表的价值也不尽相同，尤其在学校试图禁止儿童带特定产品进入校园的情况下。然而，对于来自不同背景的孩子而言，商业产品是一种共同的象征语言。最后，皮尤称，像家长与子女之间互相关爱的关系一样，儿童之间的同辈关系也充斥着市场文化：消费已经成为社会融入的中心，金钱已经与归属画上等号。

那么这样一个赤裸裸的结论能在多大程度上得到其他研究的证实呢？在当今社会，"你有能力购买什么"真的决定了"你是谁"吗？商业影响在某种程度上真的会增加儿童同龄人群体内部的竞争压力吗？或者这样的竞争压力在任何情况下都存在吗？儿童和父母仅仅是"同侪压力"的受害者吗？"同侪压力"真的能够将消费在儿童社会关系中的作用概念化吗？本章从社会认同及其与儿童消费之间的关系开始讨论，然后再转向讨论媒体消费；在这之后将详细讨论服装和时尚。最后将回到"物质主义"这一更为广泛的问题，以及反复出现的一个说法，即对人们而言，财富比人更重要。

第九章 孩子之间的"面子经济"

理解孩子通过消费获得身份认同

众多学者曾利用多种理论揭示社会认同在儿童消费中的作用。心理学家称，随着儿童自己参与到更广阔的社会世界，尤其是同龄人群体中去，家长的影响力会逐渐消逝。他们认为这是儿童适应环境并逐渐获得成年人的身份认同的一个必要发展阶段。类似地，在关于"消费者社会化"的研究中，儿童被看做朝着一个最终的、"反思"的阶段发展，在这个阶段，消费的社会意义会涌现出来。这样，在刚步入青少年时期的时候，儿童会逐渐根据他们的消费者偏好判断他人，并且用商品来展示自己的个性特征和身份认同。这被看做他们认知发展的一个功能——他们越来越能够"换位思考"（站在别人的角度看待世界）和"社会比较"。这还与他们的社会发展、人际互动、合作和处理冲突有关。然而，正如我们所见（第三章），这些发展模式存在着严重问题——主要是年龄非常小的孩子之间都普遍存在着如此复杂的协商。

很多社会理论以不同的方式阐述过这些问题。广义上说，社会理论强调这是一个社会过程，在此过程中，儿童寻求将自己定位为群体的一员。例如，"社会认同理论"讨论的是人们如何架构"内群体"和"外群体"这两种关系；它研究的是社会比较、包容和排斥、分类和刻板印象。后结构主义方法也研究类似的问题，如个体如何定位自己和他人，或者社会认同在特定的背景和关系中如何"发挥作用"。这些理论都认为，身份认同架构并不是一个独一的成就（如成人后自动获得），而是一个持续的过程。身份认同并不是单一的也不是既定的，而是多重的、变化的、而又不完整的；它并不是一个纯粹内在的过程，而是需要社会协商并且在特定的条件下实现的。从这种意义上说，这一过程不应该称"身份认同"（一个固定的目标），而应该称"身份认同化"（一个过程）：这里的身份认同是人的行为，而不是人的属性。

从这种观点来看，消费文化为人们提供了符号资源，人们借由这些符号沟通和制造涵义，并以此表示或表明自己的身份。例如，对于安东尼·吉登斯（Anthony Giddens）而言，消费文化至少为人们满足自我需要提供了一部分手段，人们可借此构建自己的身份：这是他口中的"自我投射"的一个重要维度。正如我们所见（第二章），"后现代主义"理论强调消费者如何通过消费选择和实践积极创造和表达个体身份。例如，衣服可以提供一个社会涵义系统，消费者可利用衣着来定义他们的社会身份，并进行对自我的表现。然而，这样的理论似乎过于个人主义：人们经常批评这些理论未能说明市场的结构影响，并给消费者制造了一个完全自主的形象。这里所需要的是一种能够充分考虑消费、特别是儿童消费的关系性本质的研究方法。

尽管如此，这些观点确实为我们提供了一些理解消费在儿童社会关系中作用的有效途径。它们集中研究儿童如何建立社会地位，如何向社会展现自己，如何评价他人，如何与他人结盟或如何和他人保持距离，以及如何建立自己的独立性。这些理论还让我们注意到，很多年轻人在建立自己的身份认同的过程中会遇到矛盾，即对加入并属于某个群体的渴望与对维护个体自主性的渴望之间的矛盾，或者用通俗的话来说就是"合群"和"离群"之间的矛盾。

为什么消费文化似乎在这一过程中拥有如此重要的地位？穆雷·米尔纳（Murray Milner）对美国高中同龄人群体（《坏女孩》（导演：马克·沃特斯〈Mark Waters〉，2004）等电影让全世界都知道并且讽刺了，这些群体具有强烈的排外性和竞争性）运转状况进行了详细的人种学研究，并提出了一个很有意思的观点。米尔纳认为，在当代美国社会，青少年确实有着很大的自主权，但鲜有真正的经济或政治权力。他们被隔离在学校等机构中,并且对这些机构几乎没有控制力;在生活的其他很多方面,他们经常被羞辱,并被认为低人一等。米尔纳称,他们唯一拥有的真正权力是互相品头论足:他们有力量根据自己的标准建立地位体系——而且要建立这样的地位体系,他们必须向消费文化要资源。因此,米尔纳研究了这些高中学生如何利用商业市场的符号、商标和产品来建立并标示身份等级:拥有并展示商品(从衣服到音乐到手机)能够定义社会权力和团结,显示对群体规范的服从,并表达对成人权威的抵制。

米尔纳的理论建立在一个相对过时的理论来源上——马克思·韦伯(Marx Weber)的地位群体的理论,尽管(至少在消费方面)米尔纳的理论与第二章所讨论过的布尔迪厄(Bourdieu)的作品有着很多的共同点。可以说,他对身份等级的解释过于决定论:即使大多数的年轻人可能受群体影响,但他们并不是米尔纳定义的狭隘群体的成员;其他研究表明,至少在更多样、多文化的社会环境中,存在着多个等级制度和价值观标准。米尔纳关于学校应该采用多种手段将消费文化拒之门外、防止社会竞争(例如规定穿着校服、或将学生随机分班)进入校园的建议,似乎要求学校要以"全控机构"的身份完全控制住学生。然而,尽管受到这些批评,米尔纳确实为消费文化的作用提供了一个解释,并且这个解释跳出了"青年人只是市场操纵被动受害者"或者"是差劲的家长教育的产物"的观点。相反,根据米尔纳的观点,是教育制度的结构使得青少年被局限在同龄人群体中,并导致他们对地位的过分在意,而这又导致他们热衷于消费文化,从而让消费资本主义得以出现和维持[1]。

儿童如何在同伴中获得认同

对儿童媒体消费的研究对这种方法提供了很大的支持。我曾详细研究过儿童在谈论关于电视和其他媒体时的社会动态的变化。这里的焦点是儿童对媒体的讨论如何成为一种"建立身份认同"的形式。在表明自己的品味和喜好并争论对媒体的判断的过程中，儿童同时也表明了自己的身份认同。从这个角度来看，交谈不仅是对儿童真实想法和观点的反映，更是其社会行动和社会表现的形式（见 Potter and Wetherell, 1987）。在这里，儿童关于体裁和表达的判断和对电影或电视连续剧的复述不是认知过程，而是内在的社会行动；媒体知识（媒体素养）的增长则被认为是其社会动机和社会目的。

例如，我曾在多个研究中关注儿童如何使用针对儿童的批判性语言，以及这些语言在儿童社会认同方面的作用。因此，男孩对肥皂剧的讨论（哪些剧情比较现实，哪些剧情在现实中不可能发生）与其男子气概的形成过程有着不可分割的关系；而女孩们不停地抱怨冒险类卡通片中不现实的情节则反映了她们希望与男生幼稚的喜好划清界限，并以此彰显自己的成熟。男孩们对传奇剧的厌恶和女孩们对暴力动作片的排斥不仅仅是固定的喜好判断；相反，它们代表的是对特定社会地位的认领宣言——这种宣言有时是试探性的、不确定的，在很多情况下是可以改变的。

另外，这样的判断还能让观众调节或拒绝承认自己的情感反应——如恐惧或悲伤。例如，怀疑恐怖电影中的特效、或斥责它们"并不真实"可以避免被人称为"胆小鬼"，这一点是一些男孩子特别注重的。尽管这类电影的乐趣在一定程度上依赖于"自愿终止怀疑"——实际上也就是自愿被吓到——这种观影后的讨论可以作为学习如何"处理"潜在的不受欢迎的情感反应、树立更"成人"的身份认同的手段。

这种研究方法不把涵义构建仅仅看做一个发生在孩子头脑内部的心理学现象。相反，这种批判性的谈论被认为在与他人的对话中具有某种社会和人际功用。显然，该研究的背景在此非常重要。任何成年人询问孩子有关电视节目的问题——尤其是在学校这种环境里——都有可能会得到这些批判性的话语。大部分孩子知道很多成年人不赞同他们看"太多"电视，而且他们至少熟悉一部分有关电视不良影响的理论。在某些情况下，他们会直接谈到这些理论，但通常认为自己没有受到这种影响：也许自己的弟弟妹妹会模仿从电视上看来的东西，但他们自己绝对不会。就像成年人会把电视的影响转移到儿童身上，从而说明他们自己并不会受到危害，儿童也认为只有比他们还小的孩子才会受到不良影响。

从某种意义上来说，有关电视节目"不现实"的论断也有相似的作用，尽管它的作用更加间接。这种论断能让说话人显得更加成熟，以至于可以"看透"电视节目所提供的假象。事实上，这种论断代表着一种对社会地位的要求——尤其是在这种情境下，它代表着对"成年人"地位的要求。这些要求的对象可能是问问题的人或是同龄人群体中的其他孩子，它们通常会把说话人和一些隐形的"其他人"区别开来——"其他人"指的是那些傻到相信电视节目真实的人。从这方面来看，谈论电视节目还可以显示或主张自己的年龄身份或是"世代"（见第三章）。

进行这一研究的环境通常是焦点小组，但是，从很多方面来看，它似乎至少可以反映一些在自然环境下发生的事情。最近在学校通过"偷听"进行的研究显示，儿童在操场上或是课堂上进行日常互动时，经常会谈到媒体中的内容。在日常交谈中显示"专业知识"、品味和热情能够定义一个人在同龄人群体中的身份和地位，以及他和学校官方文化的关系。

参与式媒体和品牌化的身份认同——儿童获取认同的方式

身份认同的社会构建在年轻人和新型数字媒体的接触中也同样明显。正如我在第五章提过的，企业逐渐把社交网络等参与式网络服务作为营销的载体——即使这些媒体的商业维度对其使用者来说并不明显。脸谱

（Facebook）等网站是高度商业化的空间，它们由企业持有，进行商业化运作，而且经常被用来进行营销或是收集消费者的习惯和偏好信息。这些网站的盈利方式包括在儿童同龄人群体进行交流的环境中插入商业信息，比如通过含有带有商标的内容的竞赛或问答等。在这个过程中，网站的使用者也会成为某种植入性广告的营销对象，其中还包括病毒式营销和点对点营销，它们看似来自个人用户，实则由企业控制；个人用户上传内容的所有权通常是网站所有者；而且营销者可以通过在线问卷调查和网上信息块搜集用户的个人数据。更广泛地说，这些网站所提供的服务会鼓励对身份认同的商业化构建：用户被要求用自己的消费偏好和消费行为来定义自己；并被鼓励使用带有商标的资源来设计自己的个人主页，并和他人进行交流；他们还被迫"宣传"自己，更确切地说是某个版本的自己。

针对这种行为，营销者提供的理由通常是他们在鼓励"参与"、鼓励"创造性"、鼓励"自我表达"。在这里，儿童不仅仅是"消费者"；相反，他们成了商业信息的传播者和创造者。对于那些处于注重个人身份形成和同龄人群体互动时期的孩子们来说，这种营销方法具有难以抵挡的吸引力。在这些媒体中，营销和儿童的社会生活及其作为自主社会行为人的身份认同联系得如此紧密，以至于成年人（家长或老师）很难进行干预。

到目前为止，这一领域的很多讨论只关注网路霸凌这种特殊的形式——尽管在这种环境下，很难定义什么是霸凌，也很难找出是网络媒体的哪些特征让霸凌变得更加严重。但是，至于身份认同如何被定义，如何被实践，使用网络媒体可能会产生更加严重、更加普遍的后果。虽然没有言明，但是这些媒体更倾向于某些特定的自我呈现和交流方式，并会边缘化、排斥其他的方式；而这些又会含蓄地定义作为某个年龄群体、性别群体、社会群体或是朋友群体中的一员意味着什么。同时，年轻人也在积极构建自己在网络空间的社会规范、社会习俗和礼仪。在这个过程中，个体、身份认同和亲密的涵义可能发生变化——而营销失败的风险可能会增加或是增强。

这些新媒体为身份认同的构建提供了许多新的可能，但也造成了不少新限制，还可能引发监管的新形式。新媒体提供了娱乐和社交的新形式，但它们并不像看上去那样自由、那样开放、那样让人解放。无论是在线上还是在线下，合群，离群，以及身份等级体系的建立与协商，这些都是年轻人非常关心的问题。网络媒体可能会增强这一过程，或是让它更富戏剧性，但是要想理解惊人的风险，就必须研究平凡的网上行为。

儿童服装品牌化

在服装这一领域，消费对儿童社会身份构建的作用更加明显。正如我所指出的，服装通常被视为具有语言的功用，我们通过这种语言来表达自己的个人特征——尤其是对于某个社会群体和类别的归属感、矛盾感和反感。当然，这部分是由市场驱动的——但绝不是什么新现象。在儿童的案例中，克莱尔·罗斯（Clare Rose）曾经展示过，19世纪末，企业通过快速的创新（尤其是对男童服装的创新）来推动消费者需求，她还列举了一些例子，说明这种创新在孩子中间引发了攀比和霸凌。但是，近年来，重点似乎从服装转移到了服装的品牌：越来越多的厂商开始在衣服上印制品牌名称和商标，品牌本身成了关键符号——它成了表达个人身份和判断他人身份的手段。尽管如此，品牌的社会涵义并不是固定的，在很多例子里，服装企业努力地控制、防止品牌的"非官方涵义"的传播——比如，当品牌成为政治运动焦点的时候（在耐克的例子里），或是当产品吸引了厂商不喜欢的消费者群体时（在汤米·希尔费格和巴宝莉的例子里）。

英国的儿童服装业在20世纪九十年代发展很快，在顶峰时每年的产值能够达到60亿英镑，但之后就开始衰落。[2]但是，克鲁伊和科林斯

(Crewe and Collins)指出，童装部门发生了重大改变，现在它更注重设计、质量和风格：童装逐渐受到时尚的影响。博登（Boden）指出，在儿童和青少年市场，大众明星和体育明星对某种穿衣风格社会涵义的界定起着非常重要的作用——主要通过代言，或是亲自参与设计。在这里，媒体（尤其是流行音乐杂志和青少年杂志）再次成为儿童消费的重要媒介。

但是，童装市场似乎也经历了一定程度的两极化。一方面，名牌童装的市场得到扩大：高档国际品牌如阿玛尼、范思哲、唐娜卡兰和普拉达都推出了童装系列，还出现了《童装时尚》（Vogue Bambini）这样的专业杂志，保罗·史密斯（Paul Smith）、凯瑟琳·哈姆内特（Katherine Hamnett）等英国小众设计师已经开始试图去吸引那些注重时尚的中上层阶级父母。另一方面，在过去的五年里，超市所售的童装在童装市场的份额提高了一倍，达到了30%[3]。德·凯尔文诺埃（de Kervenoael et al.）等人指出，这种增长的原因包括超市销售的童装便于消费者购买（在买食品杂货的时候可以顺便挑选童装）、价格便宜、质量和性价比让人能够接受等——其他原因还包括，大超市试图在这一市场中建立自己的品牌，明星代言、网络营销增加等。这让超市销售的服装不再被看做廉价货或是时尚禁忌。波尔等人指出，超市和连锁店的普通品牌与行销渠道各异的"独立"品牌之间发生了两极化；"最高端"产品和日常购买的"便宜"产品之间发生了两极化。以上这些学者称，市场研究显示，这两个极端的产品消费者都会使用，穿哪一种取决于所处的环境。这就表明，那些认为高档品牌取得绝对胜利的报道是不真实的——同样，家长和孩子也没有像被批评的那样受到这些高档品牌的奴役。

"风格失败"带来的焦虑

另外，这并不是说品牌对所有的年轻人都那么重要，也不是说所有重要的方式都相同。有一些研究指出，女孩比男孩更注重时尚，也有一些研究指出，男孩比女孩更在乎品牌（尤其是运动服饰）。有些研究称，尽管年龄较小的青少年可以支配的收入较少，但他们反而比大一些的孩子更注重品牌。还需要注意的是，也有一些年龄大一些的年轻人是抵制品牌的，但是这种抵制本身就是一种对个人身份认同的声明。总的来说，大部分年轻人倾向于声明自己不是"时尚牺牲品"或是"从众者"：年轻人之间最具侮辱性的形象是"想望者"，这是一种社会边缘人，他们非常想要进入某个同龄人群体，因此会过分明显地展示品牌服饰。

尽管如此，许多研究为儿童如何使用品牌来表明某种社会身份认同、定义群体规范、建立身份等级体系提供了充分的证据。在这里，性别是一个很重要的维度。比如，琼·思维恩（Jon Swain）的人种学研究描述了伦敦某一工人阶级小学里的孩子如何通过衣服和鞋子的品牌来寻求同辈的认同、建立共同的联系，并分享亲密。尽管群体分组比较灵活，但是，想要融入主流的男性群体，就必须参与体育活动，说话和肢体语言也要遵循特定的方式，还要穿着特定品牌的运动服装——这些都能帮助持续表现"酷"。地位高的男孩有一个品牌的等级体系，在这个体系里，特定品牌的运动鞋行情最好：首先，耐克被认为代表"财富、优质、自由、平等、善于运动、随意、反学校和集体归属感"——这些都是耐克的营销手段所直接宣传的。购买这些商品所花的钱非常重要：必须要让大家知道这双运动鞋是在正规商店以全价购买的，而不是从折扣店淘来的。认真执行学校穿着校服规定的孩子会被侮辱戏弄。穿着得体已经成了一种文化任务，它能够证明男性能力——但不是所有的男孩子都那么在意这件事。和米尔纳一样，思维恩也认为，除了服装，这些不那么富裕的孩子几乎没有其他方法能够声明自己的地位。

弗洛什（Frosh）等人在英国进行的一项大型研究证明了思维恩的结论，这项研究发现了品牌在年龄较大的男孩子中具有定义、维系霸权性男性气质的作用。如果不能穿着对的品牌，就可能被排斥，服装是男性开玩笑和争夺地位的焦点。但是，弗洛什等人也发现，这一过程通常发生在工人阶级家庭出身的男孩子身上：在他们研究的样本中，一些中上层阶级的孩子对注重品牌的行为颇为不屑。

沙乌娜·波梅兰兹（Shauna Pomerantz）在温哥华一个非常多元化的高中针对女孩进行了详细的人种学研究——这一研究和米尔纳对美国高中小团体的研究有很多相似的地方。在这里，"风格"——包括服装、发型、装饰品和配件——被视为具有"社会皮肤"的功能，是一种在社会情境下交流身份的手段。波梅兰兹研究了女孩如何谨慎地对这些元素进行选择、改造、结合，从而将自己和与之相交的社会身份认同联系在一起（不仅和性别有关，还和年龄、社会阶层和种族有关）。在这里，达成某一种身份只是暂时的：女孩们必须努力得到合法性和真实性，并避免过于性感的"卖弄风骚"的污名。她认为，女孩子采用某种风格是为了被视作某一种女孩；但是"错认"的风险一直存在，她们有可能得到自己并不喜欢的定位。波梅兰兹直接反对有关"很多现代女孩的时尚采取'性化'风格"的观点（第七章在提到十到十四岁的儿童时曾经讨论过这一点）。尽管她承认女孩的身份认同部分是由消费文化塑造的，她反对那些把女孩病态化为营销傀儡的观点——不论是以"虚假意识"的形式，还是认为女孩对品牌的联系是她们缺乏自尊，墨守成规，需要关注的体现。

理查德·艾略特和克莱尔·莱纳德（Richard Elliott and Clare Leonard）在对英国不富裕家庭的孩子的运动鞋消费进行研究时，谈到了社会阶层动态。他们向八到十二岁的孩子展示了一系列运动鞋的形象，这些鞋子有的是名牌，有的没有牌子，孩子们对这些鞋的主人提出了一系列假设：他们觉得，昂贵的名牌运动鞋的主人是富裕的、年轻的，而廉价、没有牌子的运动鞋的主人则又老又穷。他们说，自己更愿意和穿着名牌运动鞋的人说话，因为这些人会更受欢迎；而且他们自己也愿意穿着这样的

第九章 孩子之间的"面子经济"

鞋，主要是因为不穿就会受到戏弄。当然，以这种方式询问孩子有关品牌的问题可能会鼓励孩子忽略其他在现实生活中起作用的条件，而且有可能给孩子造成一种"品牌的奴隶"的形象。但是，这些孩子也谈到了他们曾经因为没有穿对牌子而被同龄人欺负戏弄，他们买名牌运动鞋部分是为了避免这种情况再次发生。就像思维恩的研究一样，这些学者指出，类似经历可能在不那么富裕的儿童身上更加常见（或者只是更加明显），这一群体会更多地体会到想要得到无法得到的东西的压力。

罗萨琳·柯罗根（Rosaleen Croghan）等人对年龄较长的孩子的研究也证实了这一点。在这里，由于无法承担名牌服饰而导致的"风格失败"在此成为歧视和排斥的理由。没有穿对品牌的孩子会被边缘化、嘲弄或骚扰。使用的名牌产品必须是真货，而且必须以全价购买；假货和打折商品是不被允许的。但是，那些寻求赢得或维持社会地位的人还必须通过他们行为的其他方面来建立自己穿着某些品牌的权利；而对于有些孩子来说，普通不出格的穿着让他们更自在。在这里，对某种衣服的消费和展示再次成为表现对共同规范的服从的手段：它成为了体面的表现，因此也是要求别人尊重自己的手段。根据这些学者的研究，在同龄人群体的风格文化中，经济因素被转化为身份和道德价值的归因："风格失败"成了个人失败和个人的错误。同样地，通过指责他人风格失败，可以让自己疏远他们，从而建立自己在道德上的优势。

泰斯·里奇（Tess Ridge）（在上一章提到过）对英国弱势儿童群体的研究也有类似发现。在这里，我们再次找到大量证据，证明这些孩子会通过有技巧地购买代表高地位的名牌产品来遮掩自己的贫困，从而避免被边缘化或是被欺负。但是，里奇指出，这些儿童被排斥的经历不仅包括服装，还包括参加不起同龄人群体中的主流活动。

我在这里的叙述主要强调性别和社会阶层，因为大部分具有说服力的研究都是针对这些领域进行的。有些研究提出，品牌和种族认同标志有着相似的作用，尽管起作用的方式有时会影响到阶层认同，但是这一领域的高水平研究很少（除了 Elizabeth Chin，2001年对非裔美国儿童的研究）。品牌和年龄身份认同之间的关系也可以说是以类似的方式在运转，而且正如我们所见，有关"性化"的讨论（第七章）至少有部分和儿童服装的适龄性有关。

这些研究都提出，用服装来表明社会身份认同并不是直截了当的。相反，它通常包含了个人在某种程度上的不确定性、举棋不定，甚至是自相矛盾；所有对身份认同的主张也有可能受到他人的抵制。我在这里讨论过的社会身份认同的不同参数（如年龄、性别、社会阶层、种族）会以复杂甚至难以预测的方式相互交叉，从而制造更多（有可能会互相竞争）能够界定身份和价值的条件："规则"从来不是固定的，无论它们看起来是多么僵硬。因此，相比于皮埃尔·布尔迪厄等理论家所描绘的不变的、静态的世界，儿童消费在当代的背景环境已经非常不同了：涵义变得更具流动性，社会等级体系不再僵硬明确，品味和社会身份认同之间的关系也更难解读。

另外，应该强调的是，对服装的选择是非常难以预料的，而且取决于当时的情况：人们挑选衣服并不都是对某种外表进行有目的的选择、构建和展示，而是会为了适应环境要求而发生巨大的变化。尤其是对儿童来说，个人所作出的消费选择出现在一个社会关系网络的背景下。家长仍然会对儿童的服装选择产生影响，他们一方面会以道德为出发点作出判断（比如，对"性化"等问题的考虑），另一方面也会考虑经济限制。来自同龄人的影响可能会和父母产生冲突，但同龄人群体本身也不是铁板一块。我们可能会夸大儿童同龄人群体中对服从的强调：正如我提过的，大部分年轻人并不是高地位小团体的成员，许多人只要保持"一般"水平就满意了。

从表面上看，这个研究可以为有关消费主义和"同侪压力"结合后产生危害的流行观点提供支持。但是，实际情况远比这样复杂。并没有证据表明，名牌商品本身的存在能够在同龄人团体中引发更大的冲突：媒体和消费行为可能会成为同龄人群体附互动的不良影响的载体，但是它们并不是这些不良影响的制造者。同时，与"缠功"的概念类似，"同侪压力"似乎把儿童看做无助的受害者，而不是积极主动的参与者——并且受到了小团体心态的奴役。在这种情况下，同龄人好像遭到了营销者的洗脑和征召，他们没有自己的思想，完全随着品牌的曲调迈出统一的步伐。

与之相反，我认为，儿童会主动分配消费文化的象征来构建自己的社会身份认同和社会关系。当然，他们并不能随心所欲地使用这些象征；而且享用物质商品的机会也不是平等分配的。但是，儿童并不是市场的傀儡，他们并不会全盘接受市场想要销售给他们的产品。同样的，同龄人群体也不是一个单一且全能的力量，即使有很多家长就是这么认为的（或者儿童在提出购买要求时就是这样向家长描述同龄人群体的）。相反，和家庭一样，同龄人群体本身就是一个存在着矛盾和抵抗的地方——同时也存在涵义和乐趣。儿童并不是被同龄人逼迫着服从，也不是被邪恶的营销者欺骗，从而想要一些自己不需要的东西。这些问题会引发针对消费对儿童心理健康和"物质主义"的作用的讨论，这一讨论将放在本章的结尾部分。

关注儿童在"物质主义"中的心理健康

正如我们所见，这一领域的社会活动家常常宣称，在最近几年里，消费主义的兴起要对儿童心理健康和情感健康情况的急剧恶化负主要责任。在英国有关"有毒童年"的讨论中（第一章），这一观点尤为盛行，2007年，联合国儿童基金会对21个发达国家的儿童生活质量进行了调查，英国排名垫底，这一结果更是助长了这种观点。尽管这一调查关注了教育和物质剥夺等许多因素，但是它的几个主要指标都和更加主观的方面有关，如人们对社会关系、福祉、幸福的质量的看法。然而，这些观点的证据受到了广泛质疑。对"福祉"的量度的定义通常很不明确，在全球范围内进行比较显然是成问题的，这种情况的主要原因包括：很难将各种术语准确地翻译为各国语言，而且不同文化中表达情感的社会习俗也各不相同。同时，尽管有好的一面也有坏的一面，其他研究对英国童年的描述要更加正面。

历史比较提出，青少年中的心理健康问题在20世纪七十年代到九十年代末之间大量增长：在这段时间里，敌对行为和反社会行为的案例增长了一倍，而抑郁的案例增长了50%——但令人惊讶的是，多动症的案例却没有增加。但是，有越来越多的孩子去看心理医生或是接受心理药物治疗并不代表心理健康问题在增加；这也许只能说明有更多的人选择告诉别人自己的心理问题，或者说这些问题得到了医学方法处理。有些研究提出，事实上，人们对心理健康"流行病"的感知和诊断水平提高有关。有人称富裕程度的提高导致了这些问题，也有人认为，这种问题在贫困人群身上更为普遍——这就意味着，如果商业影响在这里的确扮演了某种角色，那这个角色很可能是复杂的。

如果说这些观点缺乏具有说服力的证据，那么对"物质主义"问题的研究就相当丰富了。但是，物质主义也是一个颇具争议且定义不清的概念。有名的社会评论家常常不满儿童"用后即扔的态度"以及他们对生活中更有意义的事物的忽视；与之同时出现的还有现在的孩子都被宠坏了的观点。对"物质主义"的指责也常常反映了规范判断：有些物质商品通常被视为坏的（通常是那些和流行文化、名人、时尚有关的），而有些则被认为本质上是好的（尤其是那些和高雅文化、教育相关的）。

研究者曾经采用各种方法和无数心理尺度来度量物质主义。这些尺度

第九章 孩子之间的"面子经济"

彼此之间并不一致,而且所提问题明显基于自我报道的态度,而不是实际的行为。如果我们用物质主义(粗略来说)来指代目前重物轻人的发展趋势,似乎没什么证据能够表明今天的儿童和年轻人变得比以前更加物质主义。事实上,政治科学领域有许多研究显示,二战后的富裕导致了代际的态度变化,而现在的年轻人更倾向于采纳后物质主义价值观。针对这些问题的社会市场研究调查显示了与之矛盾的发现,而且在历史比较方面,这些调查更不可靠——但是,它们似乎表明,年轻人认为其他事情比对物质商品的获得和占有更加重要。

几个心理学研究显示,持更物质主义观点的人更难达到"生活满足",这可能是因为在他们看来,自己现在的生活状态和理想生活状态存在着难以填补的差距。过于追求这种理想状态也和受损的社会关系有关,后者会减少幸福的感觉。尽管缺乏针对儿童的证据,但是这一研究的整体发现是相似的。十岁出头的儿童尤其容易相信购物能够解决很多缺乏安全感的问题,如对自己的外表不满意,在学习上遇到困难,被欺负,家庭生活不快乐等。在服从同龄人规范、购买正确的品牌方面,不受欢迎且缺乏安全感的孩子感到的压力最大——事实上,他们希望通过消费让自己变得受欢迎。但是,对"生活满足"和"幸福"的量度的有效性值得进一步推敲,尤其是把成年人的标准用在儿童身上,这不是一件容易的事。很多用来测量福祉的量度原本是医生用来诊断某些病症的,如抑郁、焦虑和其他身心疾病。

但是,即使这些研究中物质主义和福祉之间的联系是清晰的,商业影响的作用也很难评估。正如我们所见,有的研究认为与各种媒体的接触和物质主义有关联。电视广告看得多的孩子的物质主义价值观更强烈,低收入家庭的孩子更容易表达物质主义信仰。但是,在某些情况下,人们预期的物质主义、接触广告和福祉之间的关系并没有出现,或者比较弱。

在这里,贯穿整个研究的主要问题仍然是确定因果关系的方向。可能是物质主义导致了福祉受损；但也可能是福祉受损导致了物质主义，而人们觉得占有物质能够让自己高兴起来。同样地，可能是看电视鼓励了物质主义价值观；但也可能是持有物质主义观点的孩子更爱看电视，因为看电视能够满足他们的渴望。同样地，信仰物质主义的年轻人与朋友之间的交流更频繁，而且也更易受到朋友的影响。可能是"同侪压力"在助长物质主义，也同样可能是原本就比较物质主义的孩子更倾向于和朋友交流最近又买了什么。

毫无疑问，贫困是一个影响因素，但是它起作用的方式是复杂的。贫困的家长和孩子比富裕的孩子更容易体验商业压力，从而遭受有害的后果，这看起来是符合逻辑的。这种压力的表现形式可能包括：家庭内部和同龄人群体内部矛盾大，生活满足感和自尊水平低，以及其他在生理健康和心理健康方面的后果。然后，这些因素可能会相互加强，对物质的欲望没有得到满足，从而损害到福祉，并反过来刺激对物质的欲望，导致更加物质主义的态度。

但是，这些观点的证据并不明确。正如我们所见，毫无疑问，不那么富裕的家长在处理儿童对消费品的要求时会遇到更大的困难。然而，也有研究显示，贫困家庭的孩子在花钱时更加精明，因为他们必须形成这样的技巧；而且他们学会了限制或调整自己的要求。这些研究还提出，这些孩子的消费选择更倾向实用性，更利他，而不是那么以自我为中心。另外，贫困家庭的孩子也并不总是有着比较低的情感健康水平。事实上，美国的一些研究发现富裕家庭的孩子的抑郁、焦虑、恶瘾和饮食失调的情况更严重。这可能是因为这些问题更容易被上报，但实际上，富裕阶层的家长似乎不太会寻求或接受帮助，这样，健康专家就难以感受富裕阶层孩子的问题。这些研究者提出，富裕阶层孩子的心理健康问题发病率高可能有两个原因：一是他们的父母给了他们更大的成功压力，而使他们和父母的关系没有那么亲近。这一研究还指出，穷人更注重家庭和睦、群体导向、相互

第九章 孩子之间的"面子经济"

支持和个人成长；他们珍视儿童本身，而不是他们能达到什么高度。

家长和同龄人关于物质商品之间的矛盾也需要从家庭历史方面来理解。比如，最近英国有研究显示，富裕家庭中，家长与孩子的冲突和物质主义之间的联系更大，尽管这些孩子物质主义的水平没有贫困孩子高。这可能是因为贫困的孩子理解他们的父母无法负担所有他们想要的，因此在遭到拒绝的时候不会那么伤心。这也可能和富裕程度提高的环境下代际变化的过程有关。如果和以前相比，父母的社会地位得到大幅提高，那么孩子就会希望比他们小时候得到更多物质享受，但是这群物质主义的孩子会发现，相比于购买物质商品，他们的父母对提高学习成绩更感兴趣。

最终，有关这些问题的证据少之又少。贫困、不平等、频繁接触媒体、更物质主义的态度、家庭或同龄人群体内部矛盾大，这些因素之间可能也存在某种联系；但是它们之间的因果关系并不明确，需要进一步的调查研究。

结　论

这一章和上一章探讨了商业因素如何影响儿童在家庭和同龄人群体中的人际关系。但是，很难说这些因素究竟是引起了更大的矛盾，还是增加了矛盾发生的可能性。孩子和家长之间肯定会发生争执，但没有可靠证据表明广告本身能够让这种争执变得更加普遍。很不幸，有些孩子就是爱欺负别的孩子，即使不是针对衣服和鞋子，也会是外貌的其他方面（比如体重、身高、发色）。显然，营销或品牌等因素并不能引起不平等，尽管它们会加剧不平等的某些负面后果。

人们常常使用物质商品来表明个人身份、调解关系、传播社会涵义，且正如人类学家所说，即使是在部落里或更接近公有制的社会也是如此。

也可能如皮尤所说，个人关系中的许多方面，如归属感、关怀、竞争性、不安全感，已经"商品化"了——但是这就相当于假设商业力量对人类关系来说是外来的。在这里，不平等的确是一个问题：家长和孩子都可能用商业产品来表明地位，不那么富裕的家庭可能要努力遮掩贫穷的迹象。尽管如此，这和反复出现的孩子（或者家长）已经变得更加"物质主义"的观点还是非常不同：如果"物质主义"意味着什么，那它一定是症状，而不是原因。当然，这两章提到的研究并不能证明孩子重物轻人，如果真证明了什么，也是证明了他们重人轻物。

来自电视节目的冲击

第十章

随着娱乐潮流的兴起，电视节目发生了很大转变。孩子更容易接触到成年人的电视节目，儿童电视节目数量日益缩减且更加成人化，从前简单轻快的动画片被充满暴力与时尚元素的儿童卡通所取代。孩子长期观看此类节目，变得早熟且更加浮躁。在无法完全避免的情况下，如何应对来自电视节目的冲击，成为了新时代父母的艰巨任务。

第十章 来自电视节目的冲击

前面的章节重点讨论了儿童对物质商品的消费（尤其在玩具、食品、服饰方面），以及广告和其他宣传策略对儿童消费的影响。在之后的章节中，讨论重点将由实物消费转向电视广播和教育这两项服务类消费。同时，还将探讨广泛的商业力量和压力是如何影响儿童的经历和机遇的。

以上提到的这些领域都见证了商业介入的悠久历史，但在过去的三十年中，私营企业和市场力量的作用已变得越来越重要：公共服务被外包给私营企业；公共机构也不得不面临与私营企业愈演愈烈的竞争；政府监管渐渐被削弱或减少；公共商品和公共服务的供给模式也已被市场化。普通消费者可以明显感受到其中一些变化，例如宣传资料的品牌重塑和落款更新，但是大部分变化就比较难以察觉。在有些方面，公共性质和私营性质的分界线现在几乎难以分辨。

商业公司的介入同时也伴随着政策与实践的重大改变，以至于很难分辨出商业化的特殊影响。在某些领域，尤其是在教育领域，商业化带来的影响对儿童来说是长期性的，并且十分深远。但是在当下这些影响力并不一定那么容易显现。以上这些现象最终让我们思考更广泛的问题，那就是：我们希望建成什么样的社会，以及希望社会被商业规则影响到什么程度？

儿童电视节目应具备公众服务功能

儿童电视节目为研究商业化发展提供了一个非常有趣的案例。尽管近年来儿童电视节目的收视率有所下降,但绝没有一些人暗示的那么夸张。虽然儿童已经能够接触到更"个性化"、更多样化的媒体技术,但电视节目依然自称保持最高消费率,尤其是对更年幼和社会经济条件相对薄弱的儿童而言。当然不可否认的是,儿童一直花更多时间观看大众类电视节目,而不是儿童类专属节目,尽管也有数据显示近年来儿童节目收视率在总体收视率中的比例稍有增长。电视节目,尤其是儿童类电视节目对儿童来说依然至关重要。

从历史看来,儿童向来被视为一个特殊的电视节目收看群体。由于大家认为儿童有特殊需求和脆弱点,就使得儿童特制节目应运而生,同时酝酿出了各种规定,以保护儿童不受有害信息的影响。但是,我们可以从第五章看出,近年来媒体和文化产业已经经历了翻天覆地的变化。媒体技术和机构的繁荣、市场管制解除和全球化都对儿童类节目有着独有的影响力。这些发展趋势就引发了一个问题:儿童的特殊地位在新环境下能否维持?或者说,是否所有儿童的需求都能得到满足,或是否会造成对儿童需求满足的不平衡?这一问题的答案与儿童所代表的价值息息相关。在人们看来,儿童是经济价值或利润的来源,还是代表社会和道德价值呢?电视广播公司为何以及从多大程度上认为播放儿童类节目是有意义的?

儿童类电视节目的发展历史表明以上问题在不同时代不同国家的解决方法亦是迥异的。下面我将简要回顾一下儿童类节目在两个不同背景下的发展:一个是在本质上商业化、市场化的美国;一个是在以公共服务为传媒宗旨的英国。在美英两种不同背景下,电视广播系统的运行模式都是相

第十章　来自电视节目的冲击

当综合的。在美国，会存在公共服务性质的公共广播公司（PBS），而在英国，公众服务需求导向和管理制度的强制力不仅适用于商业性广播电视公司，也同样适用于英国广播公司（BBC）。近年来，在公共服务还是市场起主导作用的问题上，已经发生了重大变化，因为英国的体系已经快速向自由市场模式转变，而这一发展趋势将会带来两面性的后果。此章节将详细分析这些后果，但首先我们要回顾一下历史。

儿童观众在市场中的分量

政治经济学家达纳斯·史密斯（Dallas Smythe）曾指出，商业性的电视节目的根本特质就是为广告商赢得观众。广电公司兜售的商品是观众，而不是电视节目。通过电视节目，广告商能够"购买"到观众，或者至少能赢得观众的关注，而节目则仅仅是吸引观众观看的"鱼饵"。广电公司的"鱼饵"吸引力越大，广告价格就越高，获得的利润就越高。（需要强调的是，这并不是在衡量广告自身的有效程度，因为广电公司只负责让更多的观众能够看到广告，而并不保证真正的销售业绩。）在这种体系下，要不就是能够吸引尽可能多的观众，要不就是能影响到广告商认为特别具有购买潜力的观众（因为这些观众有更高的可支配收入，或者无法通过其他方式触及他们）。这一体系的批判者指出，在这种情况下，观众的需求只有在与广告商利益重合的情况下才能得到满足，因而会导致某些群体需求能够很好地得到满足，而有些则不能。

基本上来说，儿童观众的地位是由他们的经济价值所决定的，而这就相应地决定了他们是被视为独立的消费者，还是仅仅被视为成年人消费的重要影响因素。如果相比其他观众，儿童在经济价值方面竞争力比较弱，那么为儿童特制节目就显得没有意义，因为这样会丢失其他更有经济价值的观众。因而我们可能会注意到，包含为儿童特制节目的家庭类节目一般被安排在其他观众很少观看的时段（例如周六早上）。相反，如果儿童观众被视为更有经济价值，那么我们将会看到各个广电公司不遗余力地去博取他们的欢心。然而，这一经济逻辑同样也告诉我们，如果所吸引的观众数量是一定的，那么节目制作的花费则越少越好。如果只有增加投入才能吸引有价值的观众，那么则会投入更多；但如果即使减少在节目制作上的花销同样也可以维持相同数量和价值的观众，那么增加投入就几乎没有意义了。

  在美国，儿童电视节目在大部分时期都遵从了这条非常残酷的市场逻辑，但是经济价值和符号价值也有交叉的地方。后者在威廉·梅乐迪（William Melody）口中的电视"推广阶段"尤其明显。从一开始，电视在美国就被视为一个商业媒介，但人们需要被鼓励购买电视机——在上世纪五十年代，电视机比现在贵得多。在这里，儿童被视为拥有某种象征地位，至少对他们的家长来说是这样：营销者想尽办法让家长相信电视能够让一家人团聚在一起，而且对儿童特别有益，广播公司在黄金时段会播放几个小时的儿童节目。这让有些人认为，当时是儿童电视节目的"黄金时代"，但是全国性的电视广播网络和地方性电视台有些不同，后者对儿童观众不怎么感兴趣，因此倾向于播放一些比较便宜的节目。（有趣的是，这和家庭电脑的早期营销有类似的地方，在刺激家庭消费方面，它们都强调产品可以起到重要的教育作用。）

  到五十年代末的时候，大部分家庭都已经购买了电视，这时，儿童在销售宣传方面的作用就减弱了。广告商逐渐开始通过赞助等方式发挥控制作用，他们强调的是最大限度地吸引观众。在这种背景下，儿童不再被认为具有足够的经济价值，无论是自身作为消费者，还是作为对成年人的影响力。黄金时间太宝贵了，不能只浪费在儿童身上，因此，儿童节目的播出时间通常是其他观众无法观看电视的时段——这就造成了儿童节目在周末清晨的扎堆播出。儿童一般被归入家庭观众，对应的电视节目通常是冒险剧情节目或是情景喜剧等适合各年龄阶段观看的节目。

当时，"廉价销售"的逻辑也开始出现。人们假定儿童会观看任何正在播放的电视节目，这就导致了"有限动画"的产生，和迪士尼的作品相比，这种动画的图像细节比较少。竞争逐渐加大也意味着失败的风险提高，因此创新的机会就少。人们倾向于重播节目，或者制作衍生作品或是标准化作品——尤其是易于在海外销售的产品。到了六十年代末，90％以上的在周六早晨播出的儿童电视节目是动画片；很少有实景真人或是真实的电视节目。人们也很少试图为儿童观众中的不同群体专门制作节目。比如，电视产业认为，女孩子会看为男孩子设计的节目，但是男孩子不会看为女孩子制作的节目，因此就有了"拿不准，就制作男孩节目"的格言。

但是，在七十年代，人们逐渐认识到，儿童是一个潜在的市场：他们本身就具有经济价值。专门针对儿童的广告呈几何级数增长，在儿童节目扎堆播放的时段，广告的时长平均能达到每小时十六分钟。尽管并不是什么新鲜手段，产品搭售和商业赞助的使用变得更加广泛，而且研究儿童观众的市场调研也大量增加。这导致了在七十年代末，出现了"节目长度的广告"，以及玩具厂家为了销售产品而制作的动画片（第五章有详细介绍）。这些发展后来又随着专门有线电视频道在八十年代的产生而进行了扩展：随着大众观众的减少，儿童成为"人口学上纯粹的"观众，因此被视作重要的市场利基。

由于政府解除控制，商业针对儿童的营销成为可能，这甚至是得到鼓励的。但是，这并不是没有引起争议。公民行动——最著名的是儿童电视节目行动组织（ACT）——在七十年代经历了重大发展；尽管这些运动反对的对象多种多样，但主要的焦点在广告的支配地位。儿童电视节目行动组织调动起有关儿童容易受到广告影响的观点，但是它有时也关注商业力量支配播出时间、节目多样性、节目质量以及对儿童需求的关注的广泛影响。在短期内，儿童电视节目行动组织游说联邦通讯委员会（美国的最高管理机构）的努力几乎没有进展；而八十年代里根政府所采取的更加强劲的"自由市场"立场让他们收到了更大挫折。用代尔·昆克尔（Dale Kunkel）的话来说，联邦通讯委员会的立场从"挑挑眉"变为"转过身"；许多对广告的管理限制被取消，必须提供儿童节目的要求被消除。但是，在九十年代初民主党执政期间，情况发生了一些改变：1990年的《儿童电视节目法案》明确提出对电视台提供教育性节目的要求——一开始，对法案的解读比较松，在1996年，管理条例逐渐变得严格。尽管如此，对这一部门的监管仍然比较薄弱；总的来说，这种改变是对公众抱怨的应激反应，不是主动的。

总结一下这段简短的历史，美国的电视广播本质上是一个竞争性、商业性的体系，政府监管较少。自由市场经济学家常常称这种安排能最有效地满足消费者需求：他们认为，市场能够提供一切。另一方面，批评者常常谴责这种安排从根本上无法满足消费者需要：就像克莱恩（Kline, 1993）等人指出的，市场永远无法提供一切（见第三章）。但是，这部分取决于一开始如何看待这些"需求"。历史上，儿童需求（在电视节目的数量、种类、和质量方面）能够从多大程度上得到满足主要取决于人们理解儿童经济、符号和社会价值的不同方式。

童年与公共服务

英国电视系统的历史和美国相差很大，其中原因有很多。英国对商业和政府的关系的看法和美国不同，而且英国有提供公共福利的传统，在电视方面，不久之前，英国的电视频道还很少，而且采取的是比较集中的全国系统。这些不同点对儿童电视节目有着尤其重要的影响。

第十章　来自电视节目的冲击

有不少学者都曾探讨过英国公共服务电视广播的历史，这里就不再赘述。BBC 的创始人约翰·里斯勋爵（Lord John Reith）将电视广播视为文化任务的观点很著名：电视广播可以提升大众的文化素养，并且是保证强烈的民族认同感的有力手段。对公共服务电视广播的批评通常会大谈特谈里斯的这种家长主义，但是，有一些基本原则可以得到比较中性的定义。法律要求公共服务电视广播提供一种"信息、教育、娱乐"之间的平衡，并且要提供给所有人，要照顾比较特殊的观众群体（包括儿童），而且节目要有质量、多样化。在英国通讯管理局最近刚刚修订的定义中，电视广播的责任还包括激起人们对科学、人文学科和艺术领域的兴趣，丰富他们的知识，并反映和加强文化身份认同与文化意识。

公共服务电视广播和公共部门电视广播是不同的，后者指的是 BBC。BBC 的资金来源不是广告或商业赞助，而是观众所缴纳的观看许可费。自 1955 年起，BBC 就与许多播放广告的商业电视台并肩而坐。但是，这些商业公司也会受到监管，以保证它们能够遵守公共服务原则。有人认为，这种综合（公共/商业）系统曾经帮助抑制了英国的家长主义，而 BBC 的强大则帮助保证了商业电视台的"诚实"。（需要注意的是，公共服务要求并不适用于有线电视广播机构和卫星电视广播机构。）

在英国的公共服务系统下，儿童一直被定义为一种特殊的观众群体，和成年人不同，他们有着特殊的需求和特别脆弱的地方。这种特殊地位的表现形式有很多。比如，在播放时间方面，电视台必须在特定的时间段播放儿童节目，以保证儿童能够观看（比如傍晚），不管这一时段是否还有在商业上更有价值的其他观众群（比如家庭主妇）。在节目多样化方面，电视台必须提供信息、教育和娱乐类节目；还要提供各种节目类型，比如现实的节目、动作剧情片、动画片、娱乐节目等；电视台要照顾到不同年龄儿童的需要。当然，质量是一个更加具有争议的问题；但是，电视台曾经被没有根据地（商业电视台）要求使用非常大量的广告收入投资制作高档次的电视节目。比如，这意味着儿童节目必须包括真人演出的电视剧情片等比较昂贵的节目形式，还要包括只适合英国文化背景的节目，这些节目在海外市场很难销售。

这些总体原则在儿童电视节目方面的实现形式经历了几次重大变革。我们的研究显示，对童年的定义和对儿童需求、儿童欲望的理解是电视工作者不断争论的对象。BBC 的儿童节目部曾经在业内占有垄断地位，随着商业电视（ITV）在五十年代末的出现，BBC 的地位受到了严重挑战。相比于 BBC 更优秀、但更庄重的节目，儿童似乎更喜欢 ITV 更具娱乐性的节目，BBC 的节目制作人和决策者曾努力试图理解这种现象的文化意义和实际意义。一方面，BBC 认为自己必须保卫以国家为中心、且围绕中产阶级行为标准构建的童年的定义；另一方面，它又不得不承认大众对深受美国影响的商业化节目的偏好，这些节目（如卡通）挑战了传统品味。最终，在现有体系下，这成了一个无法得出结论的争论。在一段时间的内部危机之后，BBC 的儿童节目部在六十年代初关闭了：取代它的是家庭节目部，儿童节目部后来又重新成立，但是它对儿童的看法就没有之前那么家长主义了。

在上世纪七十年代，随着 BBC 开始涉及更广泛的儿童文化，公共服务特质经历了进一步的现代化：比如，BBC 进一步承认了流行音乐，开始强调儿童的自主和独立的声音，并开始体现工人阶级家庭儿童的生活经历。但是，在经历这些发展的同时，还是不断有人争论，批判"美国化"，并认为儿童电视节目必须反映民族文化和社会生活的模式。尽管如此，这一监管下的双头垄断时期（只有 BBC 和 ITV 提供儿童电视节目）具有相当的稳定性：商业电视台的确激发了创新，但它也要接受监管（比如 1962 年的《皮兴顿报告》和 1990 年的《广播电视法案》等一系列干预行为），监管要求电视台对儿童节目的投资和提供保持在一个稳定的水平。

在八十年代和九十年代，多元化的市场竞争（包括国际媒体集团在内）逐渐成为英国儿童电视业全貌的一个重要特征。在九十年代末，针对儿童的有线电视和卫星电视频道大幅增加；尽管新节目的一般范围比较狭窄，但它们都显得很新鲜，因此儿童的选择范围就增大了。就像五十年代的 BBC 一样，当时资格较老的电视台都在努力适应这些新的竞争对手。尽管节目受众受到一定侵蚀，BBC 的儿童节目所得到的资金仍然比较多，但是 BBC 也开始依赖合拍节目、营销和海外销售。与之形成对比的是，主要的商业化电视台（ITV1）的儿童节目开始大幅衰落。

这些经济和体制上的变化在对儿童观众的看法的改变上也有体现。我们在九十年代末对电视节目制作人进行了访谈，并发现了四个相互重叠的对儿童观众的定义。第一个概念主要是关于脆弱儿童的观点——儿童可能受到电视节目不良影响的威胁，或是可能受到消费文化的诱惑，因此，儿童需要得到保护。第二个是"以儿童为中心"的话语体系，在这一体系中，儿童的天性、生长发育的阶段和需要被用来证明节目播出时间和制作的合理性。第三种和第四种言语体系假定儿童是善于表达的社会人，而不是一个处于发展中的过程（是存在，不是过程，见第三章）。这几个体系相似的地方在于它们都强调儿童偏好的重要性和他们的社会能力。它们不同的地方在于使用不同的定义方式（尽管有重叠）来改变社交活跃的儿童形象：它们对儿童的理解有所不同，有的认为儿童是消费者，有的认为儿童是潜在的公民。当然，这些观点本身就反映了有关童年的观点的变化；它们也可以被看做对广播电视业和消费文化中经济变化的反应。

乍看起来，二战后英国广播电视发展史反映了这些模式的逐渐发展，但在现代对儿童电视节目的讨论中，这些理论（出现于不同的历史时期）都是同时存在的。但是，它们的地位是不平等的。在公众对电视的看法中，保护主义仍然有很大的影响，但是作为一种职业意识形态，保护主义在电视从业者心中并不占主导地位。以儿童为中心的观点仍然重要，但是它的繁荣所依存的制度基础已经不复存在了，现在，它必须依赖不断和市场压力进行协商来生存。第三种把儿童视作主动消费者的观点正在变得越来越重要,而且大部分有线电视、卫星电视节目制作人都支持这种观点。最后,认为儿童是社会人的观点(把儿童看做公民)对少数节目有影响,而且在媒体从业者的企业宣言中具有特殊的公众地位。

尽管经历了这些变化和冲突,英国公共服务电视广播对儿童观众价值的看法还是和美国商业体系对此的看法有很大不同。无疑,在英国,孩子对父母来说具有象征价值;为了保护自己的收看许可费制度,BBC倾向于采用儿童纯真的传统形象,认为这样能够得到父母的支持。但是,还有一种对儿童需求的看法并没有考虑儿童作为消费者的经济价值,这种看法秉持的是对儿童的责任,其在本质上属于道德范畴。必须要强调的是,这种看法并不是以教育来定义的(就像美国的《儿童电视节目法案》所定义的那样)。事实上,英国的儿童电视节目制作人并不认为他们作品的目的在于教育孩子:儿童电视节目可以具有教育性,但不能仅仅具有教育意义。实际上,孩子们应该得到的是公益的一种,也是一种必要的文化体验。

儿童电视节目的两个案例

到目前为止,我所描绘的图景展示了两种相互对立的"理念类型",这张示意图可能有些过于简单了。但是,在英国,公众对儿童电视节目的大部分讨论比我的示意图还要刻板、还要两极化。有些社会活动家认为,公共服务电视广播的"伟大传统"已经走到了尽头,现在,大量廉价的美国产品支配着英国的儿童电视节目市场。他们认为,儿童电视节目的难度在降低,品质的标准在下降,为了取悦广告商,儿童节目抛弃了有关公民权和儿童社会发展的基本价值。除非现在就采取行动,否则,英国的孩子将来就只能被托付给美国卡通片了。

这类观点依靠的是一系列非常有问题的对立和假设。英国的公共服务传统被等同为优质和负责,而美国系统所提供的则被视为没有价值的垃圾。公共服务电视是为了服务儿童,而商业电视则是为了利用儿童;公共服务电视为儿童提供他们所需要的,而商业电视则提供他们想要的。这些极端——至少在某些社会活动家的语言里——依靠的似乎是对文化价值的未经证明的假设:比如,动画片的本质是不好的,而真人出演的动作剧情片(尤其是根据文学作品改编的)则是好的;娱乐从本质上是坏的,而教育则一定是好的;商业化电视无法提供高质量的节目,而公共服务则能有效地保证节目的品质。在英国这一环境下,这一观点也建立在针对民族身份的假设上。对进口节目增多表示担心的社会活动家通常认为英国的孩子应该观看含有英国生活场景的电视节目——但这相当于假定了"英国特性"的单一性和一致性,而且也没有说明电视节目应该包含哪一部分英国人的生活场景。

如果这些极端的观点本身是有问题的,那它们和当代的现实生活也几乎没有什么关系。尽管英国的系统由强大的公共服务精神驱动,但这一系统也包含了公共部门和私人部门之间的动态关系。在电视广播方面,英国一直实行混合经济体制——但也是受到监管的体制。和公共电视广播相比,市场运行的某些方式肯定会让电视广播业更好地回应大众的口味和需求。但也有市场无法提供的方式。然而,在当前环境下,商业化电视和公共服务电视之间的界线越来越模糊;对儿童来说,这一现象带来的结果是复杂且矛盾的。在讨论儿童电视节目可能面临的未来之前,下一小节将讨论两个相互对立的例子,它们显示了一些当前正在起作用的力量:这两个例子是 BBC 和美国尼克儿童频道[1]。

BBC

在最近几年，BBC 经历了商业化和市场化的巨大变革。它逐渐需要和其他商业化电视台竞争，其收入不仅来源于衍生产品的销售，还来自跨国合拍节目和海外节目销售。BBC 已经从内部市场化了：它不得不将一部分的节目制作外包出去，部门之间需要竞争，并以内部市场的形式为自己的活动提供资金。同时，BBC 的正统性也屡遭质疑；随着观众占有率不断下降，它在证明收看许可费合理和展现公共责任方面面临着更大的压力。BBC 已经进入有线电视和卫星电视市场，还发展了自己的网上平台，但也有人批评并不是所有支付了观看许可费的观众都能享受到这些服务。

这些经济需要和文化需要之间的竞争在儿童节目制作中尤为明显。作为辅助产品、服务以及海外节目销售的主要收入来源，儿童本身带有很大的经济价值。因此，BBC 为其开设了两个专门的有线电视/卫星频道，并提供越来越多的儿童网站和线上服务；而且，BBC 在内部出版物、内部产品、授权玩具等方面的销售收入越来越多。但同时，儿童被认为带有符号价值。对社会活动家来说，儿童电视节目是公共服务的试金石，而 BBC 一直渴望展现它在这方面的道德责任感。

到目前为止，在解决这些不同责任之间的竞争方面，BBC 做得最好的要数学龄前市场——正如我已经指出的，这一市场最近增长很大（见第五章）。简内特·斯蒂莫（Jeanette Steemers）对当代英国的学前儿童电视节目市场的"生态"进行了详细的分析，她的分析关注了商业责任和公共服务责任之间的紧张关系。她认为，新频道的不断涌现导致了观众的进一步细分，这又鼓励了电视台为不同的儿童细分市场提供独特的品牌。但是，电视台也越来越依赖联合筹资、海外节目销售、衍生品销售等方式为节目制作筹集资金——但是销售的巨大成功相对少见。

由于建立在公共服务这一传统上，无论是在英国还是在国际上，BBC

在这一市场都是非常强大的品牌；BBC针对学龄前儿童市场开设的频道（CBeebies）尤其成功。CBeebies这一频道横跨三种媒体，有线电视、卫星电视、地面电视（BBC2）、广播、网络都能收到。这里强调的是通过玩耍来学习、满足儿童的成长需求、建立自信和群体意识。但是，BBC并没能一直区分教育节目和具有教育意义的节目；许多学龄前儿童节目的附属出版物采取了教学式方法，其目的可能是为了迎合有关"优质"教育的传统观念。同时，通过海外销售和商品销售，这种节目还是制造收入的有力手段：在BBC的商业部门，儿童相关内容带来的年收入接近七千万英镑。

《天线宝宝》无疑是近年来最成功、最具影响力的儿童节之一，刚刚谈到的一些紧张关系在它身上也有体现。自从1997年开播以来，这一节目被销往了全世界六十多个国家，被译为四十多种语言。《天线宝宝》的视频、杂志、电脑游戏、玩具等商品卖了数百万英镑。《天线宝宝》是一个外包制作的独立节目，但是和节目有关的商业活动几乎都通过BBC的商业部门（BBC Worldwide）来授权。如果不是在早期就预测到这些投入可能带来的回报，如此巨大的投资规模（最初委托制作的节目量为260个）几乎是不可能的。但是，尽管这个节目很快就在儿童观众中流行开来，但它也收到了许多批评：有人指责这一节目抛弃了教育性节目的伟大传统，因此把观众弱智化了，还有人指责这是对儿童的剥削利用。BBC对类似指责的敏感反映了它所面临的困境，它不仅要维持英国的公共服务传统，同时也要依靠商业活动和海外销售带来的收入。

美国尼克儿童频道（Nickelodeon）

尼克儿童频道是商业儿童电视台中最成功的一个。频道开播于七十年代末，现在，频道的所有者是美国的媒体巨头维亚康姆，涉及的领域还包括在线媒体、电影、印刷出版物、卡通玩具、主题公园等。尼克儿童频道覆盖了全球上亿家庭，是一个国际品牌——但是，需要注意的是，该频道大部分的节目都在美国制作，在制作方面的投资相对来说较少。一开始，尼克儿童频道的目标受众为儿童整体，但后来又特别开设了学前儿童频道，在美国，尼克儿童频道还专门开设了卡通频道；尼克的主频道主要播放动画片；必须要说，近年来许多最具新意的动画片都是尼克儿童频道的产品，比如《淘气小兵兵》《龙兄鼠弟》《海绵宝宝》等。但是，尼克也播放情景喜剧、综艺节目以及市场上少数几个针对儿童的新闻杂志节目中的一个——尼克新闻，尼克的学龄前儿童频道主要播放真人节目《蓝色斑点狗》以及教育性卡通节目，如《爱探险的朵拉》。

和 BBC 一样，尼克想出了很多方法来结合商业责任和公共服务责任——但是在公共服务方面，无论是在英国还是在美国，都没有监管要求。但是，尼克在语言和品牌方面等和 BBC 有着很大不同。当然，在应对家长方面，BBC 倾向于追溯过去、援引（或者重新确立）传统——并且在这一过程中迎合家长对自己小时候看电视的怀旧心理。与之相反，尼克没有取得家长认可的需要（因为它不需要家长点头支付观看许可费）：尼克频道能够直接应对儿童的需求，而且他们满足儿童需要的方式通常是强调他们古怪的、无法无天的幽默和感官享受。

但是，这明显存在着一些紧张局势。一方面，尼克的管理者热衷于向家长强调，尼克的节目忠实于既定的社会道德准则，又具有教育作用，以及尼克对儿童来说是一个非暴力的安全空间。因此，尼克频道经常举办和志愿活动、环境保护、健康饮食等主题相关的活动；而尼克的学龄前儿童频道的卖点正是其教育功用。但是，另一方面，尼克的主频道也采取了一种充权的论调——认为尼克频道尊重儿童的意见、站在儿童的角度思考，是儿童的朋友。这通常会和"反成年人主义"联系在一起，认为成年人一定是无聊且保守的——但是，就像希瑟·亨德肖（Heather Hendershot）指出的，这种颠覆性对每个世代的人都有吸引力。

然而，这种论调也强调儿童的积极参与：儿童被敦促成为变革的推动者，并参加其所在群体的公民行动。这种观点作为一个例证证明了市场价值观已经与儿童权利的自由主义政治观点结合起来（见第五章）。就像莎拉·巴内特—维泽（Sarah Banet-Weiser）指出的，这代表了一种新型的"消费者—公民权"，它将购买力和认为儿童社会、政治力量逐渐提高的观点结合起来。从这个角度来看，该频道对"女性力量"和"多样化"的强调不仅仅是一个政治上正确的粉饰门面的行为，还是赋予儿童公民权的根据——尽管是在消费文化方面。

有趣的是，BBC 和尼克频道的区别在学龄前儿童频道表现得更为明显。尼克学龄前儿童频道的教育风格和 CBeebies 有很多相似的地方：它们都强调，照顾、养育、玩耍要以儿童为中心，但是，尼克频道倾向于采取一种更为说教式的教育法。然而，尼克的主频道和 BBC 的对应频道 CBBC 相比，风格要更加狂放；CBBC 更加强调责任和社会性发展等概念，而尼克主频道为自己塑造的形象主要是幽默、有趣，反学校、反成年。

BBC 和尼克频道之间的对比显示，公共服务和商业系统的简单对立是错误的，也和当代现实不相符。尽管两个频道的特质和提供的节目和服务肯定有所不同，但是这些不同并不是绝对的。在现实中，公共服务和商业体系在很多时候是协同合作的。双方不仅会联合制作节目，BBC 和尼克频道最近还分别在在英国和美国播出了对方的节目。我们不能觉得公共服务广播电视自身就能满足儿童需求或是保证节目质量。但这并不意味着二者之间的区分是没有意义的——事实并不像尼克频道的宣传语所说的那样："对孩子有益的对企业也有利"。对于未来政策来说，最大的挑战在于如何精确地识别出市场不能供应的东西。

儿童电视节目应该体现的价值

就像我所说的,近年来,英国儿童电视广播中公共和私营的界线已经变得十分模糊。现在,英国的地面电视台面临着越来越大的竞争,这种竞争不仅来自有线电视和卫星电视,还来自其他的数字媒体;他们的预算有所缩减,并被要求从商品销售和海外节目销售中赚取更多的收入;政府监管的作用越来越小;传统的广告正在衰退,电视台不得不从多媒体平台创收;尤其是BBC,由于享有特权而收到了公众的批评。在过去的二十年里,有一系列的报告(许多出自监管机构,如前广播标准委员会和现在的英国通讯管理局)指出,儿童电视节目可能面临着危机——但是,目前还不清楚这究竟是暂时的调整,还是长期的根本问题。事实上,这些发展对儿童的影响看起来十分矛盾。英国通讯管理局的报告《儿童电视节目的未来》(The Future of Children"s Television Programming,2007)提供了这方面一些有趣的发现。

在某种层面上,儿童电视节目的数量经历了大幅度增长(至少对于大部分订购了有线电视和卫星电视的英国家庭来说),在过去的十年里几乎增长了六倍。但是,地面电视台提供的节目基本保持了稳定,最近还稍微减少了一些,尤其是商业地面电视ITV1和第四频道(Channel 4)。儿童电视节目播出时间在整体上的增长不可避免地导致了重播所占比例的大幅上升。最重要的是,大部分的新节目都是美国制作的;它们中的大部分都融入了玩具等基于授权角色的商品;并且,节目类型很有限——主要是动画片和情景喜剧。由英国商业地面电视台委托制作的节目明显减少,在1998年到2006年期间,这些电视台用于首播原创内容的花销减少了一半。

第十章　来自电视节目的冲击

同时，新技术的出现和对儿童市场日益增长的兴趣导致了专业儿童频道的惊人增长，现在英国大概有三十个这样的频道。正如我所指出的，BBC的两个专业儿童频道取得了巨大的成功，尤其是CBeebies，而ITV进入这一市场则更晚。但是，其他的专业儿童频道都由美国大型企业所有，最著名的有迪士尼、特纳和维亚康姆；而且大部分这样的频道必须订购套餐才能收到。这些电视频道很少投资用来自英国的材料制作节目（大约是新节目总投资的10%），而且这些源于英国的节目在制作时通常是准备在全世界销售。尽管这些频道的观众份额很小，但是随着孩子们逐渐对地面电视台失去兴趣，这一份额还在增加。同时，尽管有孩子的家庭更有可能订购有线电视或卫星电视，仍然有10%左右的家庭没有订购。

在英国的地面商业频道，儿童电视节目一直是一个得到保护的领域，电视台在儿童节目上的花销要多于在这方面的广告收入。但是，随着儿童节目数量增长，电视台在广告和家庭订购方面的收入反而有所下降，这就让儿童节目在商业上的吸引力进一步下降。频道之间激烈的竞争和观众群体的细分不可避免地拉低了每个频道对于广告商的价值。同时，购买儿童节目一定比原创节目便宜，因此，所增加的播出时间很可能会被引进节目和重播所占据。由于电视台收入的下降，电视节目制作者也相应地更加依赖来自附属产品销售以及全球市场销售的收入。

同时，儿童电视节目的管理机构也经历了巨大的变革。2003年的《通讯法案》引入了一种更加灵活的自我监管（或共同监管）方式。其中，该法案取消了对这些频道儿童节目强制水平和配额的要求。这样，电视台就可以自己决定节目的数量和内容，但是，英国通讯管理局可以考虑这些频道是否为儿童和年轻人提供了"适当数量和种类的高品质原创节目"。这之后又出台了有关食品广告的新规定，电视台认为这一规定一定会导致广告收入的下降（见第六章）。2008年，英国通讯管理局允许ITV1减少播放儿童节目的时间，这实际上结束了儿童节目受到保护的傍晚播放时段。

这一举动最富戏剧化的结果就是地面商业电视台削减对原创节目的投资。尤其是ITV1，该频道已经停止了对英国儿童节目的资金支持。尽管有人认为这是对食品广告管理条例导致收入下降的应激性反应，但它实际上是过去十年中一个长期变革的最后一步。作为目前英国制作节目（尤其是现实性节目和剧情片）的主要投资者，BBC成为了大家关注的焦点；人们开始思考是否需要多个节目提供者。尽管BBC目前提供的儿童节目要多于其服务执照所要求的最小数量，理论上，BBC可以大幅减少它的节目产出。

这些变化对不同的节目类型有不同的影响。总的来说，在国际市场上，动画片和学前儿童节目比真人演出的动作剧情片和现实类节目更易销售。节目的文化特征越明显，就越难卖——但也有一些例外。具有衍生产品的节目比其他节目的利润大。"保质期"长的节目（不会很快过时的节目，如学龄前儿童节目和动画片）更能吸引投资（比如和现实类节目相比）。另外，有些类型的节目制作起来更贵（比如真人演出的动作剧情片）。这导致了这么一种情况；比如，企业不愿投资不是喜剧的现代剧情片。这反过来又把反映英国文化经历和价值的节目更加边缘化了。

英国通讯管理局的报告还指出了这对不同年龄群体的不同影响。总的来说，现有节目能够很好地满足学龄前儿童和幼童的需求，但是稍长一些的孩子（九到十二岁）就没有那么幸运了，尤其是在英国原创剧情片和现实类节目方面。这份报告还指出，相比之下，家长对地面商业电视台的节目更为不满——但是BBC和它的两个专业频道的处境要好得多。学龄前儿童和幼童的家长总体上比较满意，但是年龄稍长的孩子的家长和这些孩子本身感觉他们的需求没有得到很好的满足，尤其是在针对这一年龄段的剧情片和现实类节目方面。

总的来说，英国儿童节目不断变化的特质反映了本章之前所提出的

第十章 来自电视节目的冲击

"市场逻辑"。这在地面商业频道身上尤为明显。如果有多种可能观看节目的观众群体，利润最丰厚（在广告收入方面）的观众更有可能被电视台视作目标；而且，为了接近某一观众群体，企业可能会选择最经济的方式。在这种情况下，效果也可能变为原因。因此，如果青少年觉得专门面向他们的节目较少，他们可能会倾向于使用电视以外的媒体；在这种情况下，电视台可能会觉得没有必要向儿童提供专门的节目，尤其是如果可以通过针对成年人的主流节目覆盖儿童观众的话。

这样，儿童电视节目的前景看起来会有很多变数。无论是节目数量、节目种类，还是节目质量，儿童市场一些部门——特别是学龄前儿童和幼童——得到了比较好的服务，但是其他部门得到的服务质量明显下降。有些英国企业，包括 BBC，是国际儿童电视节目市场的主要参与者；有些美国的有线电视频道和卫星电视频道也认识到了英国原创节目的品牌价值。尽管如此，我们很难想象英国的儿童市场将如何熬过当前的竞争水平——尤其是专业频道的不断增加。这里的另一种可能性是互联网可能会占领儿童电视节目曾经的领地，但是这种潜力是有限的。尽管 BBC 的网站很受孩子们欢迎，其资金来源为收看许可费和附属产品销售收入。另外，互联网是一个缺乏管理的商业媒介，而且也没有为网上公共服务内容（面向儿童的）提供资金的可持续模式。

但是，这里的另一个问题在于这些对儿童本身是否有意义。如果英国制作的儿童电视节目逐渐消失，会对儿童产生怎样的影响？如果儿童节目只有美国有线电视频道和卫星电视频道所播放的动画片，对儿童来说又意味着什么？在讨论这些问题时，社会活动家们几乎一定会提到有关文化价值和教育价值的观点。比如，他们认为，英国的孩子应该在电视上看到英国孩子的形象，这对民族文化认同和公民身份的形成非常重要。同样的，他们称儿童应该观看针对其年龄制作的不同类型的电视节目——包括真人演出的动作剧情片、新闻、纪录片，而不仅仅是动画片；而且他们指出，这对他们的社会化和健康的文化发展非常重要。这些论点可能很有说服力，但是几乎没有研究能够证明它们：这些观点属于规范性判断，并没有通过证明。

结 论

儿童电视节目的例子为有关媒体环境商业化之影响的研究提供了一个非常有趣的案例。但是，这种商业化对儿童本身的影响还不清晰。有些证据表明，无法观看收费频道的较为贫困的儿童可能会受到负面影响，因为地面频道所提供的节目有所减少；而且这样的孩子也不那么可能接触到其他替代品，如宽带网络。但是，市场提供了更多的针对儿童制作的节目。当然，数量并不等于质量和多样性，但是这里的图景是复杂的。我们有理由称儿童节目的种类减少了，但质量就没那么容易弄清楚了。在某些领域——主要是动画片和学龄前儿童节目，但也包括及一些参与式节目——商业电视台已经成为了创新的重要力量。即使电视的公共部门在整个图景中的地位有所下降，但几乎没有证据表明公共服务价值已经被完全抛弃了。就像尼克频道"消费者公民"的例子，我们可能会看到新的混合模式出现——但要想知道儿童本身对这些模式的接受程度，就需要进行更多的研究和讨论。

学习如何花钱

第十一章

当下，营销的触角已伸向校园，许多机构都试图发掘儿童市场的巨大潜力。不仅如此，连教育行业也逐渐向市场靠拢，各种早教和培训机构如雨后春笋般涌现。当然，不以升学为目的的兴趣班还是有一些好处的，比如可以培养孩子的特长，增强孩子的自信，让孩子更好地融入集体、融入社会，获得更多的认可。但是家长在面对众多的选择时，往往会变得迷茫，进而盲从，不仅消耗大量的金钱，而且让孩子产生逆反心理。因此，学会教育投资也就成为了家长们的必修课。

第十一章 学习如何花钱

学校教育，或者更宽泛意义上的教育，已经成为一个儿童接触消费文化越来越重要的平台。从前教学楼、教学设施以及教师培训和考试等公共教育体制的诸多重要方面，现在都由私人公司提供。商业活动为学校提供了大量教学材料、赞助项目、方案以及"免费"设备；作为回报，学校为商业广告和市场研究提供便利。除正式的学校教育外，商业公司也为学生们提供课外辅导、家教服务，并积极宣传学习教材、杂志、光盘、网站等，供学生们在家自学使用。尽管这些绝不是新的社会现象，但在过去的二十年中它们的规模都得以显著扩大。

本章集中阐述该现象的五个主要方面。关于学校，我讨论了三个独特而又相互联系的过程：商业化过程——也就是广告和营销活动现身学校。私人化过程——也就是原来由公费支持的项目改由提供教育服务的私人公司资助。市场化过程——即公共教育的调整重组以市场原则为导向。下面我们来考虑一下校外学习的两个方面：教育商品和服务的商业营销以及儿童休闲娱乐的商业化。正如我试图要论述的那样，这些都是互补发展，都将促使当代消费者社会中学习的本质和意义发生巨大变化。

最后，让学校完全脱离市场经济运转，这听起来似乎不现实，甚至有些乌托邦。然而，正如儿童广播节目案例所揭示的那样，公共教育服务商业化程度以及对孩子们产生的影响涉及到很多道德问题和政治问题。这反过来又提出了关于学校和教师如何应对这样的趋势以及儿童们怎样了解市场运作的问题。本章将在结论部分回答这些问题。

学校与营销的矛盾

正如我们看到的那样,儿童经常被描述为不稳定的市场,营销者很难理解和触及他们。在这样的社会环境下,学校被看做对于广告和营销有价值的竞技场。早在20世纪二十年代,就有商家为美国的学校以小册子、挂画、电影等形式提供商业性的课外资料。广告登上学校教材,推销员和娱乐明星走进校园,学生们收到代金券被邀请参加竞赛,而这些竞赛会让他们的家长购买指定产品。这些活动饱受诟病——1929年,全美教育协会(NEA)发布报告警示教师们企业所谓的免费资料的危害性——但这些免费资料似乎很受教师们欢迎。20世纪七十年代末,拉尔夫·纳德法律援助中心在一篇名为《教室中的小贩》的文章中指出商业性的教学材料在学校的广泛使用,而这些材料一般都含有误导性的行业宣传。

然而,这种公然的营销形式只是冰山一角。如拉里·库班(Larry Cuban)所说,至少在美国,从20世纪早期的职业教育到过去十年的目标导向、私有化的教育市场,商业在学校中的发展历史显而易见。商业利益入侵公共教育领域,形式包括企业赞助、雇员培训项目、营利性学校等。伴随着许多精心设计的改革,学校在运作和管理上更加商业化。

这些活动通常以"合作关系"加以粉饰,在这种合作关系中,企业以现金或实物的形式赞助学校;作为回报,学校则允许企业进入学生市场。企业经常将其进入学校的行为解释为利他主义或出于社会责任,是一种回馈社会的行为,对于他们所要求的提升品牌效益的回报则闭口不提。然而从某种程度上来看,这种合作关系是矛盾的。根据库班的解释,这些活动构成了试图实现自上而下改革历史的一部分;这些改革的企图严重忽略了学校的工作条件,玷污了教师的职业素养。库班称这些改革失败是因为他们忽略了商业和学校之间的区别,而这是改革基本的,也是最根本的要求。他还认为,家长和学生不仅仅是"顾客":在公民意识方面,学校必须服务于更多的社会目标,并对公众负责。这就意味着学校的公共职责和商业利益之间存在不可避免的冲突。

校园里的营销

这一现象与商业化相关的最明显的层面就是商业营销和广告现身校园。亚历克斯·莫尔纳(Alex Molnar)多年来一直对美国境内的商业活动进军校园情况作年度评论,他整理出了校园内商业活动的多种类型,主要包括:

- 商业赞助,如赞助校园活动
- 与企业签订提供商品和服务的排他性协议(一般意在分享利润)
- 刺激消费项目,如发放代金券或购物卡
- 占用校园空间张贴企业标识、横幅或宣传画
- 赞助或提供自己品牌的教学资料和教学方案
- 电子营销(为学校提供电视和计算机设备或服务,以获得广告权)
- 用于协助学校筹集资金的商业项目或捆绑计划

其他类型:

- 将学校作为学生市场研究的场所
- 提供设备赞助(尤其是计算机设备)
- 营销项目或计划,例如商业图书俱乐部
- 为特定领域的成就提供奖品、奖金或风等标志
- 发放免费小样

正如简·肯威和伊丽莎白·布伦(Jane Kenway and Elizabeth Bullen)

指出的那样，很明显，企业在这些活动中能够获得利益。这些活动使得企业能够在儿童市场中准确瞄准潜在客户，在儿童消费者中建立品牌忠诚度，同时打造慈善家形象（比如为家长节省了成本）。在电视广告效果下降、某些领域规则严格的情况下，这些活动为企业提供了另一种隐性的营销形式。这些活动给学校带来的好处更是不言自明；正如批评家们指出的那样，有证据显示，这些活动更受那些位于贫困社区、缺乏资金支持的学校的欢迎；尤其是在美国，这种现象更加明显，因为美国的学校资金之间有很大差别。尽管很难获得可靠数据（莫尔纳的研究仅以新闻报道的数据为基础），但可以肯定地说，近年来这些商业活动在规模和范围上都有显著增长。

  莫尔纳和波宁格（Boninger）的研究显示，美国校园中的商业活动已经从"强行推销"广告宣传转向更隐性、更具说服力的方式。例如，一频道——它向学校提供免费电视节目接收设备，但学校要每天播放包含广告的新闻节目——现在在校园似乎越来越少见，尽管它一度声称为美国百分之四十的中学和高中服务。巴士广播是另外一项类似的服务，它为学校巴士提供插播商业广告的音乐节目，尽管（与一频道一样）饱受诟病，现发展势头却依然良好[1]。然而，莫尔纳认为企业现在正转而采用间接的营销方法，也就是以品牌化和顾客关系管理为基础的方法，而不是仅依靠广告宣传。这与市场营销的整体策略向参与式方法转移（见第五章）是一致的。市场营销人员已经注意到，在这种环境下，显性市场营销会招致公众批评，这不利于树立良好的品牌形象。正如肯威和布伦指出的那样，企业开始关注这些商业活动的"道德管理"，寻求培养长期合作关系，用亲社会、振奋士气或政治正确的内容传播商业信息。

第十一章 学习如何花钱

英国校园里的营销和广告宣传

校园里的商业活动形式在美国已经发展成熟（且缺乏监管），这些商业活动也都以某种形式出现在英国校园。有些是众所周知的，如由英国乐购超市赞助的"计算机进校园"活动，多数其他项目规模相对较小，因此很难引起公众注意。进军校园的大企业包括雀巢、麦当劳和联合利华，许多当地规模较小的企业也赞助校园活动。这些企业——从金融服务类企业到能源类企业，再到谷歌和迪斯尼——都为学校提供教学资料，还有很多以广告为创收手段的网站为学生提供学习资源。考虑到肥胖问题引起公众越来越多的关注（见第六章），正如我们预料的那样，食品和饮料公司在校园尤其活跃。它们提供资源和设施，赞助比赛，为课外体育项目提供培训和设备。此外，英国电信集团、道达尔以及苏格兰皇家银行等企业则为学校赞助奖学金，尤其是他们内部员工推荐的学校；当然，像微软、苹果、普罗米修斯等企业也为学校提供免费设备和软件。Jazzy Books, Boomerang等公司为学校生产印有广告的习题册和记事本。Edcomms和Ten Nine以及社区企业联盟等则扮演这些活动的中间人角色。

这些受到商业影响的相对显性的层面极具争议性，一直是非政府组织和教师工会领导的运动的关注焦点[2]。然而，绝大多数批评的焦点是肥胖问题：尽管公众反对的是将校园作为商业活动场所，"垃圾食品"成为目前的众矢之的。同时，英国政府（前儿童学校和家庭部）与英国广告人联合会一道制定了学校和企业的商业合作伙伴关系指导意见。这些意见大多站在商业活动一边，规定评估这些商业活动是否符合教育价值的标准——尽管这实际上很难判定。指导意见要求学校管理人员对品牌广告和销售广告是否恰当作出判断，并考虑（如在补助计划案例中）促销条款是否明确无争议。关于垃圾食品宣传有具体的指导意见，包括对校园自动售货机的规定，然而，关于学校在这种合作关系中的主动程度或者说他们是否仅是这种商业性赠予的接受者，依然是个问题。

近些年来，英国校园内显性营销形式一个很好的例子是吉百利公司推出的"活跃起来"活动。在这次活动中，吉百利公司鼓励儿童收集巧克力棒包装中的代金券，这些代金券可用来换取校园运动装备[3]。活动的参与者估计儿童们需要至少消费价值 2000 英镑的巧克力（总热量大约 125 万卡路里），才能换取活动提供的一件运动装备，即一套排球柱[4]。这次活动虽然得到了政府的官方支持，但依然很快遭到禁止，而雀巢、家乐氏等企业依然进行着赞助体育比赛、为校园赞助奖学金等活动（如家乐氏营养早餐业余游泳协会奖，为学校提供足球训练指导的社区足球计划）。

吉百利的促销活动因为意图过于明显而惨遭取缔，而其他此类活动却获得了成功。沃克薯片（百事可乐公司的一个部门）从 1999 年到 2003 年与鲁伯特·默多克的新闻国际（News International）合作，推出"图书进校园"（Books for Schools）活动。在此次活动中，沃克薯片捐赠了价值 700 万英镑的图书给学校，并向学生发放代金券。这次活动得到了政府的支持，教育部长大卫·布伦基特将此次活动描述为商业在国家层面参与教育事业的优秀案例[5]。对此活动的一个小规模研究发现，学校对花在收集、裁剪和分拣代金券上的时间和精力并不满意；而且此次活动中图书的可选范围很狭窄，仅局限在一个出版社所出版的图书。有批评指出此次活动中企业与教师或学校图书管理员之间没有任何合作，但毋庸置疑，这次活动确实增加了学校图书馆的藏书量。

儿童肥胖问题具有很强的政治敏感性，所以沃克计划可能本就不该继续下去，尽管雀巢公司（类似的食品促销活动发起者）继续推出一个相似的"盒盖换课本"活动，这项活动提供可下载的教学资源[6]。一个争议性较小的例子是乐购公司 1992 年推出的"计算机进校园"计划。毫无疑问，乐购公司实施这项计划是在试图改变公众对其经营方式的批评，并树立有公德心的企业形象。有报道称，乐购公司的这项计划已经为多所学校提供了价值8400万英镑的计算机及相关产品[7]。但消费者协会称，顾客需要在商店消费大约22万英镑，才能集齐购买一台价值1000英镑的计算机的代金券[8]。

乐购在此次活动中选择以计算机作为赞助物，是对当代教育中科技的重要意义的一种彰显。几十年来，计算机营销作为教育关联性和可信性的必需保障，重要性与日俱增。正如我曾经指出的那样，出于"信息时代"、"知识经济"的假设，以及近来对"私有化"这一不明确概念的解读，进军教育领域的科技公司数量急剧增长，尽管当前还缺乏有效的研究证据表明这种科技是行之有效的，或者与其他赞助形式相比更物有所值。在数字兴奋的状况下，我们很难分辨"技术促进学习"的政治倡议（或学术倡议）与计算机销售代表之间的区别。计算机进军教育行业是笔大买卖，为企业进军国内市场提供了强有力的跳板，为学校提供赞助或"免费"设备也是企业打造品牌忠诚度的有效手段。私有企业经营的数字"学习平台"的出现为学校和家庭提供了相互监督的机会，这使得有效营销唾手可得。

一方面校园里的商业活动的的确确在增加，而另一方面对企业赞助的教学资源本身或者商业活动占据英国校园的程度鲜有独立的评估。盖里·雷恩（Gary Raine）对英格兰北部小学校园内与健康促进有关的商业活动进行了有针对性的调查。调查结果显示，超过50%的被调查学校参与过至少四类商业活动——代金券收集活动（最普遍的活动，约占85%），商业竞赛或考试，与商业有关的体育指导和赞助。值得一提的是，这些商业活动在那些经济贫困地区的学校更为常见（与美国情形相同），这就意味着这些活动的部分功能是补偿这些学校公共供给的不足。被调查的学校几乎都没有对这一问题制定明确的政策，这意味着这些学校对这类问题的决策都是临时决策。雷恩称，与20世纪90年代晚期的研究相比，近年来校园内的商业活动发展很快，一部分原因在于预算下放（也就是所谓的学校"地方管理"）：这一方面让学校可以在市场中自由运作，另一方面也让学校失去了从前通过地方当局享有的集体议价能力。

很明显，该类研究表明企业渴望将学校作为攻占儿童（以及家长）市场的手段，因为学校为企业提供了本来难以获得、现在却成为"受制听众"的顾客。这种策略是否盈利——从给予投资者回报这种意义上说——可能是另外一个值得研究问题。特定品牌的资料、设备以及广告的出现，可能被看做学校对这些产品的认可；尽管这种方法不可能对所有的学生都有效，但家长会注意到这种现象，而家长则更容易接受它。然而，学校也有传递复杂信息的风险，如营养和健康饮食等，在这些方面企业赞助的可能与教材内容有出入；当然，这里还存在偏见问题，如能源公司赞助关于环境的教学资料，银行和保险公司提供关于"金融知识"的课程。

如威尔金森（Wilkinson）所说，这类商业活动可能会促进"资本主义世界观和物质消费观"在学生们中间传播。然而，将此看做一种教导学生消费主义的形式则夸大了其影响。恰当地说，其影响可能是潜移默化的。肯威和布伦在澳大利亚学校的研究表明，与校园内的影响相比，学生们更容易被校园外的商业营销所吸引，在有些案例中，学生可能会强烈反对这一点，尤其是考虑到道德层面。然而，他们可能将这些活动看做生活中不可避免的东西，或者是获得"免费商品"的必要手段。从这个角度来看，商业广告和品牌的出现就会显得无处不在以至于被看做理所当然的事情，这样公共服务和私营企业服务之间任何有意义的界线也就没必要继续存在。

第十一章 学习如何花钱

教育服务业的崛起

如果说到现在为止我们讨论过的商业活动大多呈显性的话，教育事业中其他形式的商业活动则没有那么明显，至少对于家长和学生们来说是如此。斯蒂芬·鲍尔（Stephen Ball）曾对英国过去十年飞速扩张的"教育服务业"进行过详细分析。这些企业活跃在地方、国家甚至国际层面：有些以盈利为目的，有些则不是。他们的业务包括：外包服务，提供信息技术、保洁、校园餐饮等商品和服务；学校建筑物和设施的管理和维护；学校、学校群组甚至整个教育系统的赞助、管理和经营；提供职业培训和"学校改善"服务；国家计划和战略，如国家语文与数学战略（National Literacy and Numeracy Strategy）；考试和评估，相关培训和课程资料；就地方和国家政策提供咨询服务。这些商业活动之间有很强的商业协作关系：例如，在英国，私人考试机构与图书出版商签订排他性协议规定考试参考用书，同时还垄断职业培训市场。在过去的十年间，若干个政府发起的活动——如"教育行动区"（Education Action Zone）、"特殊学校"、"建设未来学校"（Building Schools foe the Future）以及"私人融资计划和学院"等活动——都包含有浓重的商业元素。教育服务业中的一些重要企业包括 Serco、Jarvis、CEA、诺德安达教育机构（Nord Anglia）、Capita 以及如汇丰银行和高盛等主要金融资本企业。参与教育服务业竞争的企业也大多对公共服务的其他方面感兴趣，如儿童护理、保健服务等。如鲍尔所说，有些私人学校也已经成为这个新兴市场的参与者。它们在市场上通过向其他学校提供建议和服务获得利润。

尽管这种形式的商业活动已发展至如此，也只有在出现严重后果的时候才引起公众注意。2008年，对针对十四岁学生的国家 SAT 考试管理不善使得政府取消与美国教育考试服务中心（ETS）的协议[9]。政府发起的私人融资计划也饱受诟病；这项计划先将学校建筑物出售给私营企业，然后再从私营企业那里租用。英国政府的王牌计划——院校计划，大多在市中心平民区开展；在这项计划中，私营企业支付少量的成本便可控制这些学校的课程设计和日常管理。然而，一般来说，这些发展的增量和隐性本质意味着它们已经成功打入校园市场并站稳脚跟。

鲍尔将这些发展看做政府与市场之间关系变化的象征，而两者之间关系的变化正是新工党的"第三条道路"及其参与全球化的"知识经济"时代竞争的努力。与在其他领域一样，政府的角色正从公共服务的提供者转变为代理者，或承包人，抑或是私营企业的"合作伙伴"；一般认为，在创新、管理和效率方面，私营企业比政府更专业。然而事实上，新兴教育服务行业关键岗位工作人员大都来自原公共服务部门，公共服务部门和私营企业之间的界线极其模糊。鲍尔和尤达尔对国际教育的报告也明确指出这是一个国际上的普遍现象，这既指全球或跨国公司参与其中（如爱迪生、美国教育考试服务中心和环球教育集团），也指世界上众多国家都存在这种现象。在这样的全球背景下，坚持在公共服务部门和私营企业服务提供商之间明确划清界线似乎根本不可能，甚至如乌托邦一般。

除这些多种形式的商业化和私有化之外，商业对教育的影响还有一个方面，这个方面被称为市场化。学校市场化包括借用私营部门的观点和技术，使得教育更显"商业化"。例如，学校市场化包括强调学校之间的竞争以及家长们的选择，对教职员工实行企业式管理。在英国，这些发展开始于保守党执政时期，并在新工党时期得到迅速发展。

市场化的倡导者们强调政府提供服务的低灵活性和低效率，并断言"自由市场"原则能够让学校高效运转。从这个角度来看，家长应该扮演好理性的经济代理人角色，在充分竞争的市场中作出他们的选择；学校也应该面向市场需求提供课程和服务。市场化以可用来计算和对比绩效产出的客观标准为基础。这样，学校和教师的质量就可以根据预先设定的目标和标准进行评估；学校之间以公布的考试排名或成绩单为基础来竞争；而家长要根据这些信息为自己的孩子选择学校。这样的发展使得学校成为像在自由市场互相竞争一样的企业，而家长就成为他们为学生提供的服务或产品的顾客或消费者。依据自由市场原则，学校市场化也遵循"适者生存"："失败"的学校会像失败的企业一样，或者卧薪尝胆、浴火重生，或者退出市场。

然而，批评家们认为这种对市场模式效率的信仰多基于空想而非铁证。他们指出，即便有人希望教育市场化，但教育不能按照"纯粹"或完全的市场竞争机制来运行的原因有很多：教育市场中的供给和需求比商品市场复杂，学校不能简单地像商业经营那样快速对市场需求做出反应。在实践中，政府有义务规范市场，弥补市场的不足。

市场化并不是一个特别的过程，其对于学校产生的影响并不均衡，有些方面甚至十分矛盾。在过去的二十年间，教育市场出现众多新"代理人"（如经理、咨询师以及企业家），很多教师的工作环境和日常工作发生了巨大变化。教育行业出现了教务人员和工勤人员新的级别划分（如高级教师、优秀教师和教师助理）以及新型学校（拨款公立学校、专科院校和特殊学校）。这些变化通过新出现的理论得以证明，如现代化、效率、合作等理论。在这里，家长作用的改变尤为明显。在第一波市场化中，家长被重新定义为"消费者"，他们小心翼翼地审视着学校排名，而不是孩子教育的合作者。最近几年，正如哈特利（Hartley）指出的，市场化从大规模生产模式转化为个人化模式，这和第五章讨论的新型参与式营销是一致的。从这个角度来说，家长不再是单纯的消费者，而是教育服务的合作缔造者。

在这个过程中，有很大部分依赖于学校和教师如何表现自己、宣传自己。学校需要相互竞争，以得到公共资金，而对教师的评估则使用的是来自商业世界的绩效管理手段。校长会得到商业技巧方面的培训，有些学校甚至会雇用资金筹集者来争取商业赞助。就像肯威和布伦所描述的，学校在企业式宣传上的花销越来越多，比如图片精美的小册子、业务通讯、网站和针对当地媒体的公关材料等。现在，学校非常注意"形象"：学校在公共领域通常会采取类似企业的风格，强调员工需穿着得体，注重个人形象，还会针对潜在的学生家长举行开放日活动。在这里，学校对科技的展现至关重要，如电脑等。但是，正如肯威和布伦指出的，在当前环境下，强调传统的教育价值（如纪律、学习成绩和职业成就）也是十分强大的营销手段。但是，尽管所有学校都参与了这场教育选美比赛，有些学校必然要更具吸引力。

教育市场化对儿童的影响

这些发展对儿童本身究竟存在什么意义？就像在公共广播电视领域一样，这个问题的答案并不简单。几乎没有真凭实据能够证明这些发展能够带来它们所承诺的好处；而且人们对应该考察什么也意见不一。就像史蒂芬·鲍尔指出的，我们不能简单地把公共和私人一分为二，因为这二者之间的区别已经在发展变化中变得模糊不清。鲍尔认为，我们无法回到公共教育垄断一切并保证教育公平有效的过去。但是，就像库班（Cuban）一样，鲍尔也指出，这种发展对社会公平有着破坏性影响，而且导致用来衡量学生学习的指标越来越少。

商业企业进军教育是为了获利。这一目的有时会和服务消费者重合，但有时两者是背道而驰的。比如，政府的私人融资计划包括把学校建筑和设备卖给私人公司，他们可以在上课时间以外把这些设施租出去赚钱。一方面，这改善了学校的硬件设施。同样地，企业融入到学校管理中去给学校带来了更多资金，但这在一定程度上损害了学校的公共任务。比如，赞助商会提供一定资金，但是他们要求对学校的控制权作为回报。虽然这里存在某种形式的"交易"，但我们很难否认这些形式的私有化大大减轻了当地的问责制。

教育的市场化产生了类似的矛盾的后果。政府肯定会争辩称设定可衡量目标和标准提高了教育行业整体成绩；家长们现在处理与学校之间的关系时更"有地位"；并且学校之间的竞争促进创新和提高效率。然而，对于很多家庭来说，尤其是城市里的家庭来说，选择学校一般主要取决于他们能够在什么样的地方生活，从这一点来看，自主选择学校还只是个空想。有研究指出了中产阶层家庭"玩转"当地教育市场的方法。学生报名多的学校可以选择最"优秀"的学生，而这些学生大多来自中产阶级家庭；工人阶级家庭的学生大多被限制在那些注定要"失败"的学校，或者那些挣扎在衰败边缘的学校。这样，教学市场就会有利于那些社会地位、教育和经济背景处于优势地位的人，市场化似乎会导致更严重的社会分化。此外，学校和教师被要求"教学为应试做准备"——有时甚至为谋私利而改动数据以期在排名上保持竞争优势。任何这些都不能被当做是扩大社会不平等的恶意——相反，这只能被看做市场机制的无情。

当然，这里包含着多个危如累卵的复杂过程，并且区分开商业化的后果和私有化以及市场化的后果是很重要的——尽管要做到这一点并不容易。然而如果我们对照这些发展要实现的目标来评估它们的后果，这显然不是正面案例。鲍尔和尤达尔总结称，"并没有直接证据表明教育选择权或学校外包在提高学生成就上的优势"。2006年，一个下议院特别委员会也得出了相同的结论。库班对美国教育所处境遇的评价同样持怀疑态度，尤其是关于长期变革的证据方面；而劳德和休斯依据在新西兰开展的一项广泛的纵向研究得出结论称，教育市场化不但没有提高效率或学生整体成就，反而加大了社会两极分化。

当然，这样的结论引发了很多争议：关于这类问题的证据绝不会很确定。然而在有些方面，这个问题比这要宽泛。正如鲍尔所说的那样，这些过程从大的方面来说对教师和学习者进行了重新定义，反过来也反映了人类身份认同或主观性的转变，而有人将这种转变视为"后现代"社会的特征。市场的"逻辑"似乎要求教师和学习者们以比从前更独立，更有竞争意识地工作，同时还要开展更多形式的自我约束和自我监督。最后，评估商业对教育的影响引出了关于"我们想要什么样的社会"的政治问题和哲学问题：这是一个道德和价值观问题，不能仅依据是否有利于提高效率或提高整体"成就"来评估。

孩子是否应该参加校外学习

校外教育商品和服务的商业化也很明显。同样，这也绝对不是新现象。正如卡门·卢克（Carmen Luke）以及其他研究者指出的那样，16、17世纪的"发明"童年，在当代伴随着众多以家长和儿童为目标消费者的教育产品，包括识字读本、建议手册、指导手册以及玩具。埃伦·赛特（Ellen Seiter）、斯蒂芬·克莱恩（Stephen Kline）以及加里·克洛斯（Gary Cross）都曾指出20世纪早期玩具市场的发展一部分要归功于人们认为玩耍具有教育价值，并且能够促进儿童发育；作为出版业和媒体业的次行业，玩具行业一直迎合着家长们教育子女的雄心壮志。

然而，近年来瞄准英国消费者的"教育性"玩具、软件、图书、杂志规模都飞速扩张。教育性杂志爆炸式增长，尤其是那些为学前儿童及其家长生产的杂志；流行资讯图书市场也出现精致、吸引人的新产品；几十年前儿童必备的百科全书现在已经大多被CD光盘版取代；以发展缓慢的家庭软件业务为基础，家庭在线学习市场崭露头角并如雨后春笋般发展、壮

第十一章　学习如何花钱

大。该现象最具标志性的表现应该是为少儿提供的《小小爱因斯坦》节目，我们在第五章已经对其进行过讨论。

除教育资料以外，我们还看到家教行业，以及由 Kumon，Crescendo 和 Stagecoach 公司经营的校外辅导课程都有所发展；后者提供的课程包括主流科目和艺术、体育等课程。这些现象都与学校的规定有关：例如，许多学校出售复习指导（包括商业运作的考试委员会提供的复习指导），或者让"有天赋"的学生参加额外的由企业提供的周末或假期项目。正如艾莉森·皮尤所说，家庭富裕的家长更能够决定他们子女的成长环境和"成长道路"（见第八章）：他们通过进入私立学校，或参加课外"拓展活动"解决公共学校未能处理的问题，并免除自己对子女与谁交往的担心。

为了夺得这一市场，企业一般会迎合家长们"人性中高尚善良的一面"——也就是他们认为作为一个好父母应该做的。家用电脑的营销最能体现这一点，因为家用电脑营销中一直强调家用电脑将如何"让你的孩子脱颖而出"。家用电脑公司一般会声称信息技术能够使学生在竞争中获得"教育优势"，从而帮助他们"在班级名列前茅"。同样，教育软件在营销过程中也向家长强调其产品可以让"家庭作业变得有趣"，并因此让学生在学校取得好成绩。这些企业一方面宣传家长可利用"评估技术"测试学生学习"必要技能"和"掌握基本原理"的进度，另一方面又声称软件对学生独具"魅力"，这很矛盾。

正如鲍尔所说，这种宣传恰巧迎合了家长对学生参与竞争的焦虑——这种焦虑会因为学校市场化的发展而愈加严重。在当今这样一个利己主义盛行的"风险社会"，谨慎而又负责的家长不能再依靠国家提供的教育服务或者他们自己的常识：他们要向商业市场寻求职业发展建议（例如如何在越来越多的专门化子女教育杂志和网站中作出选择），以确保他们的子女能够抓住对未来成功至关重要的机会和经历。从这个角度来看，这个市场可以被看做拉鲁所谓的"协同培养"的表现形式；协同培养是一种将子女视为培养项目的培养方式（见第八章）。如拉鲁和其他研究者所说，这种培养方法常见于中产阶层家庭，他们一般有足够的财力将这种方法付诸实践。

然而事实上，我们的研究结果表明这里存在着尴尬的协商——儿童们游戏和娱乐的渴望与家长的要求之间的冲突——例如双方关于家用电脑如何使用的分歧。营销人员试图通过强调寓教于乐或寓学于乐来解决这一两难局面，尽管有证据显示"寓教于乐"仅仅是试图说服家长的说辞，学生要做到这一点很难。所以有证据表明家用电脑的教育目标远没有实现，也鲜有迹象表明这些"教育性"产品在促进学习上尤其有效。

即便如此，这些发展似乎还很可能加剧了教育不公。尽管这些产品确实吸引了来自各个社会阶层的家长，但事实情况依然是富裕家庭的儿童更容易获得这些机会。的确，这样一个市场的存在可能会有助于在教育行业引入竞争机制，但在这样的竞争机制中，贫困家庭的儿童会不可避免地处于更加不利的地位。

在儿童校外学习商业化的同时，他们休闲和娱乐上的商业化也随之发展。运动、游乐和休闲场所越来越多地成为商业广告的聚集地，以前由政府提供的娱乐设施逐渐变为由私人赞助。正如我们所知（见第八章），儿童的娱乐日益趋向于"家庭生活"或者在家里游戏。至少在英国，儿童们的活动大多局限于家中；与三十年前的儿童相比，他们很少独立外出。从20世纪70年代开始，室内娱乐逐渐取代了街头户外的娱乐（主要是由于电视和电脑的出现），这种现象在富裕的阶层表现尤其突出——他们送子女参与室内运动、音乐训练等室内活动。与此同时，不论是城镇还是乡村，公共娱乐的场地都在减少，因为城镇中的人口密度在增加，而乡村中农业用地的巨大占地量使娱乐用地成为奢侈。在过去，公共娱乐服务通常将工程签约外包，私人公司逐步成为提供该类服务的主体。如果儿童在外游乐时不得不付费，必然会显现出社会不公。

第十一章　学习如何花钱

与较年幼儿童相关的一个当代的进步是商业性娱乐场地的增加，这些场地包括软体玩具区、棒球场、攀登架以及安全水域。合作供应商 Tumbletots、Charlie Chalk、Wacky Warehouses 很快意识到应该抓住这个新出现的商机，引导儿童在保证安全的前提下参与更有挑战性的活动。此类商业性娱乐场地同样希望向家长展示吸引力，因为从根本上说家长才是他们的"顾客"：他们与商店和酒店合作，或者在场地周边提供咖啡，使家长可以及时看护儿童，儿童也能够随时找到父母。事实上，富有争议的是，很多人认为不论是在娱乐场所的消费数额还是在选择光顾哪家场所的决定权上，儿童都只是边缘角色；这些场所为成年人提供的服务比为儿童提供的多得多。

作为当代对游乐园继承发展的产物，主题公园已经成为有儿童的家庭一个主要的娱乐场所。1955 年迪士尼乐园开放了第一个主题公园，其中的娱乐设施和游乐场均以其公司产品为原型，从这以后，迪士尼公司开始致力于发展这种将娱乐与提升品牌影响力相结合的模式。其他品牌则在较大的主题公园中赞助娱乐设施，各个公司也在赞助博物馆、动物园以及遗产工业中扮演者越来越重要的角色。娱乐和消费的结合也是大型购物中心的一大特点。如英格兰东南部最大的综合购物中心 Bluewater，它称自己绝不仅仅只是一个购物场所。Bluewater 公司在专为儿童设计的拥有一面攀登岩的娱乐场地里建设了多个影院、餐厅和小吃店。这种购物与娱乐的结合在销售儿童用品的商店里也可以看到。例如乐高品牌店和更具教育性的英国早教中心，为儿童提供众多机会尝试自己品牌的产品，这种逻辑也被一些公共空间采用，电子艺界公司为随父母在机场休息室等待的无聊的儿童们提供电子游戏。

商业市场可能会为休闲和娱乐带来更多可能，但能够获得更多娱乐的仍然是富裕家庭的儿童。那些生活条件较差的儿童更多的是留在家中，这可能会更有益于他们的身体健康，尤其是避免肥胖问题。还有一种可能是，生活条件较差的儿童可能更倾向于在公共空间共同玩耍和往来——或者在像购物中心这样的商业空间——在那里他们被视为"麻烦制造者"，因此受到更多的监督。

对儿童进行消费教育

我在本章已经讲过，学校，更广泛地说是教育已经与商业市场的运作脱离不了关系。说它能够为消费文化提出更多批评性意见可能听上去有些矛盾。有人会争论说商业规则和企业价值观已经完全入侵公共教育：学校必须完全恢复公众使命。我个人的观点则更为乐观，或者可以说很实际。我认为学校（事实上还包括家长）在让儿童了解和批评甚至在必要时抵制商业市场运作方面，应该扮演更加关键的角色。

"消费者教育"的尝试有着悠久的历史，这些尝试并不是全部成功。丽莎·雅各布森（Lisa Jacobson）描述了 20 世纪二十年代和 20 世纪三十年代美国学校的活动，有些活动是与银行合作，而银行旨在提倡节省开销和建立良好的存钱习惯。"节俭教育"的这些形式逐渐被限制性说教性更小的"消费者训练"项目所取代，尽管几乎没有证据表明究竟哪种途径更为有效。现在，"消费者教育"一般根据类似的功能术语理解，被解读为如何成为一个"理智的消费者"。例如，英国通讯管理局将"消费者素养"定义为"选择和有效使用通讯产品的能力"——一种将消费者看做理性的经济行为人的观点。

另外，消费者教育业可以看做使消费者了解自己的权利——例如涉及到欺诈或侵权行为，以及如何维权或投诉。例如，在英格兰，消费者教育是公民国定课程，该课程主要强调消费者的权利和义务。公平交易局（Office of Fair Trading）将消费者教育当作培养有权利意识的消费者的途径,他们期待消费者能够追求高标准的商品,从而促进市场竞争,激发市场活力。确切地说,曾有计划致力于促进提升公民的"金融素养"或"金融能力",也就是指检索、理解和评估关于金融产品和服务信息的能力:英国金融服务监管局曾大力推进这类计划,经济合作和发展组织也曾在国际上力推此类计划。个人金融教育也是英国个人社会与健康规定教育课程的一部分。

这些计划总体来说具有积极意义,但它们的定义过于狭窄。总体来说,它们希望鼓励年轻人成为见多识广、理性、谨慎的消费者——这忽略了理论家认为在当代世界极为重要的消费方式,也就是非理性、象征性消费(见第二章)。国定课程中对消费者教育这类课程前后不一的定位也反映了消费和公民身份之间的矛盾:它体现的是对消费仅仅是个人问题还是一个社会实践和价值观问题的不确定。

相反,肯威和布伦(Kenway and Bullen)提出了一个研究他们所谓的"消费者—媒体教育"的更大胆的方法。他们的主要论点是,对于很多学生而言,学校现在缺乏"消费文化具有的魅力",结果导致知识局限于"他们的身份和关心的问题"。学校应该积极接触消费文化,在此过程中,学校要时刻注意不要显得说教和权力主义,也要牢记理性主义评论的局限性。另外,他们还应该处理青年解除消费文化时的情绪、审美和具体问题:"消费者—媒体教育"应该融入休闲娱乐以及政治元素。因此,对于肯威和布伦而言,理解消费文化远非仅仅指审慎预算、理性购物:它还要求对消费中的个人情感投入以及消费在身份认同和生活政治中的作用的深刻反省。

尽管这些作者都提出了一些关于现实中如何实现的建议,但他们关于他们所称的"世俗、通俗教育"的建议在某种程度上都很模糊。然而,在媒体素养教育领域,这类问题经常以具体的方式解决。尽管对这种方法进行具体解释不属于本书的写作范畴,但媒体教育远胜过培养儿童对广告的批判性理解,这一点非常重要。例如,大多数的媒体研究课程都包括对媒体行业进行调查，而调查一般会要求学生研究和模拟媒体行业。这类工作能够为儿童提供了解、思考决定他们消费的娱乐和信息种类的商业力量。媒体教育还包括批判性学习和媒体的创意产品；在后面这个领域，学生可以探索和分析他们与消费文化接触的情感和象征方面。

当然，这并不是说媒体教育者已经解决了所有具有潜在危险的问题：媒体教育也像主流方法一样纯理论和工具性，有时候自以为是。越来越多的参与式营销实践的出现为媒体教育者们提出了更多的挑战。我们的研究表明教师们可能没有意识到对儿童们进行数字营销的本质和范围，也没有意识到当前的课堂教学策略（例如广告文本"解构"）可能在解决该问题时效率不高。更重要的是，当代市场营销的方式牵涉到了儿童与同龄群体之间的关系——比如在社交网络领域——这使得教师更难处理。

然而，媒体教育并不能被看做一种保护自己、预防媒体的方式。如我们所见（第三章），精通媒体的人（无论是成人或儿童）不一定就对媒体的免疫力更差。正如识字教育的目的不是为了减少"不良"图书的影响一样，媒体素养教育的主要目的也不是减少"不良"媒体或广告的影响。恰恰相反，媒体教育应该被看做我们对如何在一个充斥着商业媒体的世界教授文化的重新思考的一部分。同样，该领域的教育也不应该被看做另一种形式的市场监管，而应看做市场的必要伴随物。

结 论

总体而言，判定教育行业中商业活动的规模和本质相对简单，探究其对儿童的意义却是难上加难。有人可能会争辩称（与其他领域一样）商业企业进军教育行业为教育提供了大量新产品、新设备和新服务。但这些产品或服务是否符合儿童、家长和教师的需求，要取决于如何定义这些产品

第十一章 学习如何花钱

和服务。

本章和前一章所探讨的问题可能要比主要与广告和营销相关的问题更宽泛。商业力量现在成为决定儿童和青年可以享有的机会和经历的重要角色。商业企业成为越来越重要的公共服务提供者。即使在那些私营企业没有涉足的领域,商业市场也已经成为如何组织和提供服务的模范。与从前相比,儿童能否享受学习、游戏和休闲经历现在更像是市场机会——正因为如此,有些儿童注定比其他人更能享受这些东西并从中获益。在这一过程中,公共利益的信条被客户满意原则所取代。

这里我集中讨论了两个领域——传播和教育——但这里的分析必然可以适用于其他领域,比如卫生和社会关怀。这些发展对儿童有利亦有弊。最后,市场几乎一定会加重已经存在的不公平现象。本书将在最后一章阐述这一问题及其对公共政策的一般性启示。

塑造孩子的消费习惯

第十二章

"望子成龙、望女成凤"是每一代中国家长的夙愿。而新一代的中国父母们不仅关注孩子的身体、学习成绩，同时还更为关注孩子的心理健康，希望自己的孩子具备良好的品格修养。而面对物质时代的各种物欲冲击，他们倍感无力，不知如何应对。如何塑造孩子的消费习惯这一课题应运而生，对相关问题给出适当的处理建议，能帮助孩子在当前环境下减少物质冲击，形成良好的消费习惯，进而塑造优秀的品格。

第十二章　塑造孩子的消费习惯

部分来讲，本书谈到的对儿童消费日益增长的担忧是对环境变化的反应。近几年，儿童本身逐渐变为一个非常重要的市场。现在，企业针对的儿童营销力度越来越大，目标群体的年龄也越来越小；为此，企业使用了一系列新的营销策略，其中有一些引发了严重的道德担忧。尽管针对儿童的营销历史悠久，但其目前的广度和强度的确是前所未有的。同时，在提供公共商品和服务方面，商业力量的影响力不断增强，其中就包括教育和休闲活动。学校的私营化和市场化致使老师和学生在教学和学习时采用消费化的方法；亲代抚育、归属感等基础价值观逐渐通过购买、使用商业产品和服务来表达；而且，儿童在构建自己的同龄人群体关系时，消费的地位也越来越重要。

这本身就是一个很重要的问题，但它又成了许多其他与之相关的担忧的焦点。正如我们所见，在大众的相关讨论中，儿童容易被认为是无助的受到剥削的受害者。对儿童的关注是社会活动家们掌握公众支持的有力手段。他们告诉我们，童年正在经历商业化，儿童的纯真正在受到侵蚀，现代世界已经堕为空虚、物质主义的地狱。如果有人质疑这些说法，那他们就是根本不关心儿童。

本书的部分目的就是矫正这种夸张的观点。我认为儿童不仅仅是被动或无助的消费者。我认为，广告和营销的力量常常会被过分夸大。我对试图责怪儿童（家长）屈服于物质主义欲望的道德主义观点提出了挑战。成年人很容易将儿童的消费贴上负面的标签，如过度、没有品味、有害等，但又假定自己的消费不存在这些问题，我对这种倾向提出了质疑。从某些层面来看，我似乎对某些营销者的观点给予了支持——但是我也对品牌大师们浅薄、甚至虚伪的主张持怀疑态度。

但是，本书的主要目的是超越人们讨论这一问题时常用的两极化的用语。关于儿童的形象，我们并不一定要从被动消费者和自主的强大消费者之间二选一。消费的定位也并不能局限于简单的操纵控制或是自由选择。消费者并不单纯是"品牌的奴隶"，也不完全是在开心地创造涵义——更别提表达对那些力量的反抗了。无论是夸大的理性悲观主义，还是后现代的一厢情愿，属于这两个极端的观点似乎都深受感情用事之害。

为了超越这种简单的两极化，我尝试着为儿童消费问题构建一个新的框架。部分来说，就是把消费放在大背景下进行理解。因此，我试着把儿童消费增长放在更广阔的社会历史背景（主要是家庭生活的重要变化）下理解。我提出，**我们不能仅从个人的角度看待儿童消费（和成年人消费），而应该把儿童的消费放在他们和家长、同龄人、社会的关系中进行理解。**儿童通过消费行为和周围的人建立关系，并参与到整个社会世界中去：消费文化中不可避免地产生了身份认同或主观性。最终，这让商业行为和非商业行为以及消费行为和与之无关的社会环境之间的区分变得十分困难。

从这种角度来说，"童年商业化"至少也是一种过度简单化的说法。在过去的几百年里，消费资本主义不断成长，儿童逐渐接触更多的消费品和服务只是这种历史进程的一个部分。市场并没有侵占童年的神圣空间：无论结果好坏，儿童就出生在这么一个商品的世界里。在资本主义经济环境里，童年（和成年一样）不是也不能独立于市场关系之外。而在我们的讨论中，消费好像成了独立在生活之外，而不是无可避免地根植于我们平凡却密切的社会行为中。

除了质疑大众讨论中所使用的语言，本书还对该领域的某些学术研究提出了挑战。有些心理学理论把儿童作为消费者的成长简单地看做他们向成年人标准看齐，本书对此表达了不同看法。我特别质疑了"影响"研究的研

第十二章 塑造孩子的消费习惯

究方法和假设，我认为，这种方法对社会世界的理解是简化的。与之相比，我更推荐文化研究方法，这种方法不仅考虑了消费者的观点和行为，还考虑了市场的运作，以及市场和消费者的关系，从而超越了结构和能动之间的二元对立，使一种更加活跃、更加关注大背景的研究方法成为可能。

我还提出，只关注广告和营销会模糊儿童和商业世界关系的复杂性。广告费用现在只是整个营销预算的一小部分，但是，广告作为营销最明显、最可见的一面，是儿童最容易理解的。在解读儿童消费时，我们需要看到更广阔的图景——不仅仅是营销和宣传，还有生产、分配、供应链条。我们还要考虑到公共部门和私人部门关系的变化。私有化、市场化已经成为当今新自由主义社会的暗语。现在，几乎没有政客会质疑这一假设：和国家相比，市场能够更有效地满足人们的需求。事实上，我在写作本书的时候（2010年年中），英国的联合政府似乎正试图用经济困难来为公共服务减少辩护。

但是，总的来看，市场体系肯定会加剧社会不公。当然，受到影响的主要是就业和家庭收入，而不是商品和服务市场。尽管如此，这些不公仍会导致不同家庭对企业的价值产生巨大差异。随着我们从大众市场发展到细分市场，营销者们逐渐能够分析出不同消费者的价值，从而把目标对准利润更大的消费者群体，这种现象也变得愈加明显。这肯定意味着不那么富裕的阶层的需求不会得到很好的满足，从而导致身体和心理健康方面的严重后果。比如，这已经导致了"食品沙漠"现象和工人阶级社区商业的衰落。

这样，我们就可以预期，来自贫困家庭的孩子的精神健康水平会比较低（无论精神健康是如何定义的）。但这并不完全是事实。比如，并没有证据表明，贫困家庭的孩子比富裕家庭的孩子更容易产生精神健康问题，也没有证据能说明他们更容易和家长、同龄人产生冲突——或者说他们更"物质主义"。许多有关这一问题的讨论倾向于将贫困家庭的消费病态化，认为穷人是不好的消费者，他们被市场欺骗，想要得到自己无法拥有或是没有丝毫价值的商品。陷入这种状况完全是他们自己的错。但是，研究显示，贫困的孩子可能反而没有富裕的孩子"物质主义"，他们知道自己的购买能力，因此学会了限制自己的消费欲望，或是根据他人的需求来调整自己的欲望。

有些人提出，这里的关键问题在于愿望和现实的差距：如果不断提醒一个人别人比他拥有更多，那他不开心的可能性就更大。当然，在满足孩子的消费需求方面，贫困家庭的家长无疑要面临更大的困难。家长们可能更倾向于减少自己的需求来满足孩子的需要；而且家长和孩子可能要面对很大的压力来购买昂贵的商品（比如名牌产品），来遮掩贫困的记号——但是，从这一角度来看，消费可以看做对社会不公及其导致的侮辱和伤害的抵抗。随着社会富裕程度提高，许多家庭的社会地位有所提高，在这些家庭中，家长可能很难习惯自己的孩子比自己小时候享有更多的物质商品：他们可能会给孩子买"自己小时候没有"的东西，但也可能为此感到很大的矛盾和愧疚。

这意味着，问题的关键主要在于相对剥夺，而非绝对剥夺——也就是说问题在于不公，而非贫困。正如我们所见，物质商品（或是缺乏物质商品）的重要性非常依赖社会对比——这种对比的对象既包括其他社会阶层，也包括自身之前的经历，以及其他家庭成员。如果知道其他人过得比自己好，那么贫困的感觉就不好受；而且，如果一个人知道自己无法拥有某个东西，那么，他对这件东西的欲望就会更加强烈。消费文化给人们提供他们无法拥有的东西的形象，激起他们对这些东西欲望，从而加剧了生活在贫困中所面临的压力。

为这一问题构建这样一个框架可以在政策和社会行动方面提供一些备选之策。在此就不再详细讨论可以采取的政策行动了，因为采取什么样的政策主要视所在环境而定[1]。但是，有必要再次把眼界放宽。禁止播放针对儿童的广告（某些社会活动家对此似乎非常执著）几乎不会改变什么

第十二章 塑造孩子的消费习惯

（除了可能会减少广告公司的利润），还会引发一系列的法律和逻辑问题。当然，对监管的需要一直存在——现在尤其需要对数字营销加强监管（无论是对成人的营销还是对儿童的营销）。还有一个可行的办法就是通过教育来培养儿童对市场运作方式的批判性理解——但是，如果仅仅把教育视作灌输思想的一种方式或是针对邪恶营销者的道德警示的来源，那么这种办法就无法实施。

但是，我们也需要考虑仅仅谈论儿童会带来何种风险。和儿童一样，成年人也会受到商业的影响。正如我指出的，家长和儿童消费密切相关，因为消费承载着关爱、渴望、怀旧的涵义。和孩子一样，成年人也常常将商品作为显示力量和地位，寻找情感安全和身份认同，甚至表达对权威的反抗的手段。好像和成年人相比，儿童所面临的危险尤其巨大，而控制儿童和市场的接触以及他们对市场的知识和力量就能解决问题似的。然而，就像埃伦·赛特所说，认为儿童可以远离消费的观点是中产阶级的妄想——中产阶级的儿童消费市场是由"优质"玩具和"教育"服务驱动的。

最后，我们需要避免混淆症状和原因。当代针对儿童消费的"道德恐慌"（比如在肥胖与"性化"方面）的主要问题在于它转移了人们对真正社会问题的注意力。就像有关媒体暴力的讨论，多维度的社会问题被简化为简单的因果关系逻辑；政客们为了显示自己对公众担忧的问题有所作为，把所有责任都推给媒体。在这一过程中，问题的深层次原因往往被忽略。对有些人来说，把资本主义的不良影响推给针对儿童的营销就能解决问题，但这种观点终归只流于表面，是错误的。

正如我指出的，多种社会变革（如资本主义市场的扩张，家庭生活的改变，私有化进程，以及日益严重的社会不公等）相遇并结合，导致儿童和商业市场的关系问题变得更加尖锐。这些变革的影响并不一致，它们也不是什么不可阻挡的力量。但如果我们真的想解决儿童消费问题，最需要做的就是理解并解决这些问题。

注　释

第一章　别让商家偷走孩子的头脑

[1] 相关新闻报道请登录以下网址：http：//news.bbc/co.uk/1/hi/scotland/2579137.stm 和 www.telegraph.co.uk/news/uknews/5732821/Parents－banned－from－sports－day－over－paedophile－fears.html。

[2] 参见 www.indenpendent.co.uk/news/education/education－news/authors－boycott－schools－over－sexoffence－register－1748267.html。

[3] 参见 www.telegraph.co.uk/news/yourview/1528718/Daily－Telegraph－campaign－to－halt－death－of－childhood.html。

[4] 参见 www.timesonline.co.uk/printFriendly/0,,1－2－363060,00.html（2002年7月23日）；www.archbishopofcanterbury.org/651（2006年12月13日BBC的《今天》节目）

第二章　孩子用消费表达自己的想法

[1] 我自己当时也参与了对他的批评：见 Buckingham，1993a；对 Willis 的回应，参见 Buckingham，1993b。

[2]《坏脾气老头》是英国一栏具有讽刺意味的电视节目，在节目中，某一年龄段的男性不停地抱怨现代生活让他们特别讨厌的地方。还有一栏节目叫《坏脾气老太太》。

第五章　数字时代：更大的消费压力和更少的亲子时间

[1] 利物浦维多利亚友好协会（Liverpool Victoria Friendly Society），儿童和教育占了其中超过半数，但是私立学校的费用没有包括在内。

注 释

[2] 这些数据来自呈交给儿童协会的《幸福童年调查：生活方式主体》（2007）的材料；以及英国国家统计局。

第六章 "小胖墩"是如何养成的

[1] 金·赛弗森（Kim Severson），《肥胖威胁美国国家安全：公共卫生局局长敦促文化转型》，2003年1月7日《旧金山纪事报》：www.sfgate.com/cgi-bin/article

[2] 值得注意的是，最近，英国政府预测报告（2007）中的警示性预测的严重性被下调。见2009年11月3日《卫报》的报道《报道称儿童肥胖预测言过其实》：www.guardian.co.uk/society/2009/nov/03/child-obesity-levelling-off

[3] 这本身指出了该论点的一个未经解释的缺陷：如果新的监管政策出台前，高脂肪。高盐、高糖食品广告就已经减少，而肥胖的发生率却在上升，这就意味着而这二者之间的关系并不是简单明确的。

[4] 需要强调的是，整体上的饮食可以被认定"健康"或是"不健康"，但是这种区分不适用某种具体的食物，即使这是人们经常做的。

[5] 就像马丁·里士满（私人通信，伦敦大学教育学院博士，2010）所指出的，这种闹着玩的"叛逆"会一直持续到孩子长大甚至是成年，不要的表现形式包括"狂饮"、恶瘾以及习惯性消费不健康的东西。

[6] 马丁·里士满，私人通信。

第七章 孩子穿着过于成熟带来的隐忧

[1] 更多例子，请参考以下网站：www.dailymail.co.uk/news/aricle-412195/Tesco-condemned-selling-pole-dancing-toy.html；www.gazetteseries.co.uk/uk_national_news/4668497.Tight_trousers_too_sexy_at_school/；http://women.timesonline.co.uk/tol/life_and_style/women/families/article6910040.ece。

[2] 更多例子，请参考以下网站：http://news.bbc.co.uk/1/hi/8521403.stm；http://www.mumsnet.com/campaigns/let-girls-be-girls；关于卡梅伦的评论，参见 http://news.bbc.co.uk/1/hi/8521403.stm 和 www.dailymail.co.uk/debate/article-1252156/DAVID-CAMERON-Sexual-

ization—children—too—young.html。

[3] 据报道，芭比原始设计的原型是德国成人卡通中的一个妓女形象（Clark，2007：111）。

[4] 比如，在日本，婚姻自主的法定年龄是十三岁。

[5] 有关对这些报告的全面评论，以及对该领域媒体影响文献的全面评论，请参见下书：Buckingham et al.，2010。

第八章　父母怎样摆脱孩子哭闹磨人的梦魇

[1] 下一小节提到了社会问题研究中心针对《商业世界对儿童福祉的影响》一文的两篇评论（社会问题研究中心〈Social Issues Research Centre〉，2009a，2009b）。这两篇评论中也有大量饮用，包括英国国家统计局的《综合家计普查》、《英国人口普查》、《年度人口调查》、《英国社会态度调查》、《英国时间使用调查》等。

[2] 应该注意的是，这些规范目前不适用于网上营销的某些方面，如购物网站上的"愿望清单"，至少在英国是这样。

[3] 在这种情况下使用结构方程模型尤其让人困惑。布伊阵和她的同事（Buijzen et al.）使用术语"道"来定义变量之间的联系；但是，"道"在日常生活语言中也可能会被假定含有"因果方向"的意义，但在这里，它不含这种意思。

[4] 这种区分方法中暗含社会阶级的内容，如果把这种心理学研究和针对育儿的社会学研究（例：Lareau，2003）进行比较，这就很明显了。

[5] 这强烈呼应了埃伦·赛特的研究（Seiter，1999），赛特发现，和工人阶级家长相比，中产阶级家长对流行电视节目更加鄙视，且更倾向于表达对其危害性的担忧。为不同社会阶级服务的教师和护理人员对此的态度也存在类似差异。

第九章　孩子之间的"面子经济"

[1] 这和埃伦·赛特有关儿童媒体文化将成年人排除在外的论点（第三章）有相似之处。

注 释

［2］见 Mintel 2010：《超市横扫童装销售》——www.mintel.com/press-centre/press-releases/488/supermarket-sweeps-up-childrenswear-sales。

［3］同上。

第十章 来自电视节目的冲击

［1］除了引用的出处，这一小节还用到了我学生 Rachel Bailey 的研究：见 Bailey，2010.

第十一章 学习如何花钱

［1］活动网站（www.obligation.org）提供了有关类似活动的丰富信息。

［2］英国的例子包括慈善活动"婴儿食品行动"，该行动出版了教学资料《看穿谎言》；以及英国教师工会，其出版了对使用商业化教学资料的批判性指导。同时，爱尔兰出现了非商业化教育运动，并在计划反对教育商业化国际行动日活动。

［3］www.cadbury.co.uk/EN/CTB2003/talk_to_us/faq/getactive_debate.htm.

［4］www.foodcomm.org.uk/cadbury_03.htm.

［5］www.brandrepublic.com/news/478730/superbrands-case-studies-walkers/.

［6］www.boxtops4education.co.uk/home.aspx.

［7］www.computersforschools.co.uk/：这一活动逐渐发展为既包括电脑，也包括体育器材。

［8］http://news.bbc.co.uk/2/hi/uk_news/education/1694388.stm.

［9］www.guardian.co.uk/education/2008/aug/15/sats.schools.

第十二章 塑造孩子的消费习惯

［1］英国政府报告（Buckingham et al.，2009）对监管和教育方面的潜在政策反应进行了充分的讨论。这一报告诞生于布朗政府的末期，我们有必要针对政府更迭和全球经济衰退的新情况对其中的论点进行重新考虑。